JN006692

近代日本メディア議員列伝 11

橋本登美三郎の協同

保守が夢みた情報社会

松尾理也

創元社

橋本登美三郎の協同——保守が夢みた情報社会　目次

凡例

①文中の表記で典拠が明らかな場合は、引用の文末にページ数のみ（＊＊）と表記した。

・すでに刊行されている主要な評伝三点については、それぞれ略記で引用を示すこととした。すなわち評伝・橋本登美三郎刊行会編『評伝・橋本登美三郎』評伝・橋本登美三郎刊行会・一九八九年については『評伝』、吉村正、山田栄三『水戸っぽ・橋本登美三郎の半生』日東出版社・一九七一年については『水戸っぽ』、橋本登美三郎『私の履歴書―激動の歩み』慈母観音出版社・一九七六年については『履歴書』とした。

・引用文献リストにある文献では、（〇〇：＊＊）は〇〇が著者、＊＊がページ数を示す。すなわち（浅川：395）は浅川博忠『自民党・ナンバー2の研究』講談社文庫・二〇〇二年、三九五頁である。また同一著者の文献は、「〇〇＋＋＋＋：＊＊」で刊行年を加えた。すなわち（田原 1981：27）は田原総一朗『マイコン・ウォーズ』文藝春秋・一九八一年、二七頁である。

・新聞からの引用については紙名に加えて発行日を示し、掲載面などの情報は省いた。

・橋本登美三郎自身の著作については、重複を避けるため引用文献リストには収録せず、著作年譜にまとめた。

・国立国会図書館憲政資料室所蔵の『古沢磯次郎関係文書』内の資料については、「古沢磯次郎関係文書目録」(https://rnavi.ndl.go.jp/kensei/jp/index_furusawaisojirou.pdf) の資料番号を示した。

・オンラインで公開されている『楠田實資料』については、「楠田實資料（佐藤栄作官邸文書）件名目録」(https://j-dac.jp/KUSUDA/kusuda_mokuroku.pdf) の資料番号を示した。

②議会における発言は特に断らない限り議事録からの引用であり、日時と会議名を示すことで出典表記にかえた。読み易さを考え、カタカナ表記は平仮名に改めた。

③引用文中の省略についてのみ（略）と表記し、「前略」および「後略」は省いた。

④幅広い読者を対象とする本書の性格に鑑み、読み易さを優先して引用文に濁点と句読点、難字にルビを補った。逆に、原文が総ルビの文章ではルビの大半を省略した。歴史的かな遣いは原文のままとしたが、旧字体の漢字は新字体（常用漢字）に改めた。また、極端な当て字、人名・地名などの明らかな誤字についても訂正を加えた。

⑤地名の「満州」は引用文中も含め「満洲」で統一した。

⑥数字の表記は引用文中も含め、とくに差し障りのない限り漢数字とし、「十、二十」ではなく「一〇、二〇」で統一した。

⑦引用文中に差別などにかかわる不適切な語句があるが、今日の視点で史料に手を加えることはしなかった。

橋本登美三郎の協同——保守が夢みた情報社会

序章

「枯れすすき」に花は咲いたか

潮来・稲荷山に立つ橋本登美三郎顕彰碑

「新たな文化と接触することで生じる道徳的な騒擾は、他でもない、まさにマージナル・マンの心の中に、もっとも明白な形となって姿をあらわすのである。そしてマージナル・マンの心の中――そこでは文化のさまざまな変化や混乱が常に進行しているのだが――を覗くことで初めて、われわれは、文明化と進歩の過程をもっとも良く十分に研究することができるのである。」（ロバート・E・パーク（町村敬志・好井裕明訳）「人間の移住とマージナル・マン」『実験室としての都市：パーク 社会学論文選』御茶の水書房・一九八六年）

1　漂泊の詩人とロッキード高官——境界に生まれて

水郷潮来バスターミナル——切断されたハイウェイ

東京駅八重洲南口からは、茨城・鹿島行きの高速バスがほぼ二〇分おきに出発する。バスは首都高速に乗り、さらに東関東自動車道に入って、そこからはまず渋滞もなく快適に走り続ける。市川、船橋、習志野、千葉、四街道、佐倉。成田空港を過ぎて、常陸利根川に架かる潮来大橋を渡ると、茨城県潮来市に入る。

そこで高速道路は突然、終点を迎える。バスは、終点を下りたところにある「水郷潮来バスターミナル」で何人かの乗客を下ろしたあと、そのまま一般道を進む。行く先は鹿島臨海工業地帯を抱える神栖、鹿嶋両市。乗客はそちらのほうがよほど多い。

見渡す限り水田がひろがり、ほかには物流倉庫が点在するくらいでがらんとした潮来が、東関東自動車道の終点になっているのには理由がある。

それは潮来が、運輸相、建設相、官房長官、及び自民党幹事長を務め、権勢を誇りながら、ロッキード事件で逮捕され、有罪判決を受けた橋本登美三郎の故郷だからである。少なくとも、地元住民はそう信じている。

「橋本先生のおかげで、なにもなかった潮来まで高速道路がやってきた」と感謝するか、「橋本がロッキードで失脚したから、本来鹿島や水戸に伸びるはずだった高速道路が潮来で止まってしまった」と肩をすくめるかの違いはあるが、いずれにしても、橋本という存在を高速道路の出現に重ね合わせていることには変わりはない。

新空港自動車道として宮野木ジャンクション—富里インターチェンジ間が開通したのが一九七一年。潮来までの整備計画が決定したのが一九七二年六月。翌七月、橋本は、佐藤栄作退陣を受けて誕生した田中角栄内閣の大番頭として、自民党幹事長の座に座った。

その後東関東自動車道と名称変更され、計画通り潮来インターチェンジまで開通したのは八七年一一月。このとき、橋本はロッキード事件で一、二審とも有罪判決を受け、上告中の身であった。延伸の動きはそこからぷつりと止まった。東京からの快適なドライブの突然の終了は、橋本の盛衰に重なっている。

潮来と聞いて思い浮かぶのは、水郷をゆく嫁入り舟、春に咲き乱れるアヤメの花、『潮来笠』や『潮来花嫁さん』などの流行歌といったところだろうか。だが、地名の由来は穏当ではない。その昔、東国平定のために大和朝廷が派遣した建借間命が先住民を滅ぼす際、「痛く殺す」と言った。それが「伊多久」「板来」と変わり、江戸時代、徳川光圀によって潮来と改められたという。

今は水田が広がるが、近代以前は利根川の氾濫に悩まされ、農業生産も安定しなかった。首都の安全を確保するための巨大な〝遊水池〟とみなされていたため、利根川、霞ヶ浦の治水が進まなかったからである。登美三郎少年が育った水郷ののどかな風景の向こう側には苛酷で殺伐とした歴史が横たわっていることをまず、記しておきたい。

とはいえ、江戸時代には物流の拠点として栄えた。巨大な江戸の人口を養う米、雑穀、海産物を東北から運ぶ必要があったが、房総沖は海流が強く、濃霧や暗礁が牙をむく難所だった。そこで太平洋にのぞむ銚子から江戸川を経て江戸に至る内陸水路がひらかれ、潮来はその中継地点となった（山本鉱太郎：318f）。

つまり、潮来はなにかを作り出すというよりは、交通によって栄えた町であった。さらに言えば、潮来は周縁に位置するけれども、都市の繁栄と隔絶した単なる田舎ではなく、むしろ絶え間なく行き来する人流や物品、そして情報によって、花の都の繁栄をのぞきみることができる場所であった。

周縁でありつつなお中心が視野に入るという地理的特性から生まれるにぎわいは、必然的に哀調を帯びる。

潮来は、香取・鹿島・息栖の三社詣で賑わう観光拠点でもあった。江戸の文人や関東各地の庶民が風雅を楽しみ、潮来は水郷遊覧という観光開発に成功した（潮来町史編さん委員会：373）。

一方で、三社詣は、男たちが羽目を外す隠れ蓑だった。潮来は、遊郭でも知られた。

潮来音頭にいう。

そろたそろたよ　踊り子がそろた　秋の出穂よりよくそろた
潮来出島の真菰の中に　あやめ咲くとはしおらしや
ここは前川　十二の橋よ　行こか戻ろか思案橋

潮来出てから牛堀までは　雨も降らぬに袖しぼる

JR潮来駅からほど近い西円寺に「衆生済度遊女の墓」と刻まれた無縁墓がある。潮来というトポスには、古代の武力討伐における喊声から、近世格差社会の中で望まぬ運命に屈従させられた女性たちのうめき声まで、さまざまな響きが交錯している。

二つの碑――マージナル・マンとしての生

利根川べりの潮来の町を眼下にみおろす稲荷山公園に、野口雨情の詩碑が立っている。

野口は、潮来から一二〇キロほど北に位置する磯原町（現・北茨城市）に生まれた。「シャボン玉」「兎のダンス」「証城寺の狸囃子」「あの町この町」「雨降りお月さん」など童謡の詩で知られる野口はまた、旅の詩人でもあった。中山晋平の曲を得て一九二三（大正一二）年に発売された『船頭小唄』、別名『枯れすすき』はもの悲しい調べで人々の心をとらえた。碑に刻まれているのは、水郷潮来を舞台にしたその詩である。

俺は河原の枯れすすき
おなじお前も枯れすすき
どうせ二人はこの世では
花の咲かない枯れすすき

死ぬも生きるも　ねえお前
水の流れに何かわろ
俺もお前も利根川の
船の船頭で暮らそうよ

枯れた真菰に照らしてる
潮来出島のお月さん
わたしゃこれから利根川の
船の船頭で暮らすのよ

なぜに冷たい　吹く風が
枯れたすすきの二人ゆえ
熱い涙の出たときは
汲んでおくれよお月さん

どうせ二人はこの世では
花の咲かない枯れすすき

水を枕に利根川の
船の船頭で暮らそうよ

真菰とはイネ科の大型水生植物で、利根川の川べりに群生している。花が咲かないままに枯れていく真菰を枯れススキにみたてたわけだ。

碑が建てられたのは一九六五年一〇月。雨情研究家の平輪(ひらわ)光三(こうぞう)は、「喰いつめて、最早再起の力もなく、死を求めて、この世の名残りに、その情調を好んだ潮来をさまよつた」時の雨情の思いが詩になったという通説を紹介した上で、実際には机上の作だとの見方をしている（平輪：95f）。ちょうど、関東大震災が起きた。『船頭小唄』のような廃頽的(はいたいてき)な流行歌がもたらした災厄であるなどと取り沙汰されもした。当時を席巻した「天譴論(てんけんろん)」のひとつである。

北茨城に生まれた野口が成功を夢見て東京へ出るとき、必ず利根川を渡ることになる。潮来は、その結節点にあたる場所でもあった。「下総。潮来。これは詩でんすね。水海道(みつかいどう)はこまりやんすね」。雨情はそんなふうに言ったことがあるという（平輪：94）。潮来がなぜ詩なのか、雨情は説明しない。

橋本の顕彰碑は、雨情の詩碑からすぐ、同じ稲荷山公園の中にひっそりとたたずんでいる。

手元に、顕彰碑が完成した際の記念式典の模様を伝える橋本の後援会機関誌『季刊西湖(せいこ)』一九七八年四月発行創立三十周年記念号がある。一九六六（昭和四一）年三月、稲荷山に橋本のレリーフが刻まれた顕彰碑が完成した。杉木立の間に「祝橋本先生顕彰碑竣工祝賀会」の横断幕が張られ、大勢の町民が集まった。機関誌には、誇らしげに微笑む正装した橋本の写真が載っている。雨情の詩碑完成の半年後のことだった。

早稲田大学教授を務め、橋本の終生の友人だった吉村正による碑文が刻まれている。

「先生は終戦とともに祖国再建の熱情にかられて政界入りを志し、衆議院議員に当選、じらい建設大臣その他の要職を歴任して、現に官房長官として佐藤内閣の柱石たる地位に在る。先生は高遠な理想をもって戦後におけるわが国の内政外交の推進上に指導的役割を演じ、また科学日本の将来にとり通信および放送の重要性を予見してその制度的基礎を確立し、さらに水戸鹿島鉄道、大洗港および鹿島臨海工業地帯の建設、利根川、霞ヶ浦、北浦の治水、延方高浜の干拓等に絶大な努力を傾け、本県をしてその面目を一新せしめた。先生は愛は人の和なりを信条とし、西湖塾を創設して多年青年を育成してきた。先生は雄渾な夢と綿密な計画と無類の誠実さをもった真の政治家、茲にその偉大な人格と不滅の功績を永遠に称えるゆえんである。　昭和四一年一月吉日　早稲田大学教授　政治学博士　吉村正」

ロッキード事件一色に塗りつぶされた現在とは違う橋本登美三郎観がある。「祖国再建の熱情」「愛は人の和」といった美辞麗句はともかく、通信・放送とのかかわり、地元茨城の鉄道・港湾など交通整備、陸の孤島と呼ばれた地に忽然と一大コンビナート群を現出させた鹿島臨海工業地帯の誘致、豊かな恵みであると同時に荒れ狂う脅威でもあった利根川、霞ヶ浦、北浦を押さえ込んだ治水事業、そして人材育成・教育の取り組み。これらは事実である。

一九四五年一月に世を去った野口と、橋本に面識があったとは思えない。が、成功を求め、茨城と東京を行き来した二人には共通項がある。野口は、稲荷山からのぞむ雄大な景色に風趣を覚えたという。眼下に広がる利根川の流れは、あるときは明るい希望を映し出すものであり、あるときは求めてもかなえられない絶望の象徴でもあっただろう。

東京との往還自体が、大志を抱えて地方に生まれた若者の人生そのものの写し絵であったのだとすれば、それはそのまま橋本の生涯にも当てはまる。潮来から利根川の対岸にある佐原中学、そして早稲田へ進学する。朝日新聞社に入って、中国特派員として名をあげ、政界進出を果たす。

シカゴ学派を代表する社会学者の一人、ロバート・E・パークは、世界中から集まった移民たちがそれぞれの文化を持ち込んだ二〇世紀初頭のシカゴを観察する中で、マージナル・マン（境界的人間）という概念を提起した。パークが生きた時代は、交通が世界を結び、新聞が地理的境界線を越えて文化を伝達し、ラジオがニュースや音楽をまき散らし始めた時期に当たる。シカゴでは、そして米国では、二つの世界を生きることになった人々が社会そのものを変え始めていた。同じ時期、規模の差はあったものの、雨情や橋本は、生まれた場所にとどまらず、そこを飛び出して都会へ、世界へ向かった。

むろん、それまでの人間がみな地元で生涯を過ごすことに充足していたわけではない。ただ、この時期、交通の発達とあいまってメディアが発達して地理的制約を超えて情報が飛び交いだしたことで、それまでは求めてもかなえられなかった地理的移動とそれに付随する階層移動が現実のものとなり始めていた。

その現実を観察したパークは、「決して完全には相互浸透し、一つに融け合うことのない二つの文化、二つの社会の境界で生きる」マージナル・マンの特性として、「精神的に不安定」で、「自己意識が強く、くつろぐことがない、そして何となくいつも気分が優れない」などを挙げている（パーク：109ff）。これから橋本の生涯をたどっていく過程で、われわれはそうした兆候をしばしば目撃することになるだろう。

ロッキード事件——塗りつぶされた自分語りの欲望

日本経済新聞の「私の履歴書」連載は功成り名遂げた事実を示すものと言っていい。一九七五年初秋、橋本は日経新聞から依頼を受け、原稿を書き始めた。

「七〇年の人生を二〇数回にまとめるのは至難のわざだった。ただ私は、代議士になる前、朝日新聞の記者として二〇年間、原稿を書いてきたので、マス目を埋めることをさほど苦痛に思わなかったことと、原稿を短く書く訓練を十分に積んでいたのが幸いした。（略）いずれ機会をみて本格的な自叙伝を草したいと思うが、今は政治活動とともに、私が終生の事業として取り組んでいる社会教化運動のよりどころとしての慈母観音を、確固たるものにするために忙殺されて、その時間がとれないのが残念である。本書は内容としては不十分だが、自叙伝出版までのつなぎとしてお読みいただければ幸いである。」（履歴書：はしがき）

原稿の依頼を受けた前年、『文藝春秋』が「田中角栄研究—その金脈と人脈」「淋しき越山会の女王」を掲載し、田中内閣で自民党幹事長を務めていた橋本は金権政治批判に直撃されるかたちで幹事長を外れた。だが、一方で橋本は地元・潮来に三万人の支持者を集め「慈母観音」を本尊とする「水雲山潮音寺」を開山するなど、政治的勢威は衰えていなかった。

すでに七〇歳を過ぎていた橋本が、「いずれ自叙伝を書きたいと思うが、今は時間がない」と述べているのは興味深い。朝日新聞の記者出身である橋本は、自分の筆力に自信を持っていたし、書き残すという行為にもこだわりを持っていた。

だが、自叙伝は書かれなかった。理由は言うまでもなく、ロッキード事件である。『私の履歴書』はしがきの日付は一九七六年六月。逮捕される二カ月前だった。

逮捕は、橋本の晩節を決定的に汚した。橋本は「汚職政治家」というイメージ一色に塗りつぶされるかたちで生涯を閉じた。

ただ、自身による「決定版」的な自叙伝は書かれなかったが、『履歴書』を含め、途中報告的な橋本の伝記は複数存在する。古い順から言えば、吉村正、山田栄三『水戸っぽ・橋本登美三郎の半生』が一九七一年に出版されている。著者として、稲荷山の顕彰碑文を草した吉村の名が上がっているが、吉村は「実はわたしは一読したくらいで」とはしがきで明らかにし、実際の執筆にあたったのは担当する新聞記者集団だったと述べている。「吉村正の名をつかって（橋本が）書いた自伝的半生記」との説もある。自分自身が書いたかどうかはともかく、橋本は取材を受けるだけにとどまらず、内容・表現にかなり深くかかわっただろう。

これについで、一九七六年に刊行されたのが、前掲『私の履歴書』である。さらに、米寿を迎えた一九八九年に、かつての自民党幹事長時代の担当記者らが集まって『評伝・橋本登美三郎』が刊行された。

『水戸っぽ』と『履歴書』は、まだ要職にあった中での記述とあって、わざわざ「これ以上はあきらかにできない」と断っている部分が多い。裏を返せば、橋本に事実を歴史として残すという意識があったということだ。だが、最晩年に書かれた『評伝』は橋本に染みついた黒いイメージの払拭に重点が置かれ、正直に事実を明らかにするだけの余裕はなくなっていた。

一方、批判的な視点からの「橋本登美三郎論」は、ロッキード事件前後を中心に週刊誌などに多くの記事がみられる。しかしながら、まず結論ありきで、黒色高官のイメージを前提とした構図に当てはめたものがほとんどである。ロッキードの主役である田中角栄については当時から、あるいは今でも多くの論考が出版され、そのうちには田中を一方的に批判するにとどまらず、功罪両面から再評価しようとしたものも少なくないが、橋本についてはそういった論考はほとんどみられない。

その中にあって、未刊行だが、山田真裕(まさひろ)・現関西学院大学教授の筑波大学大学院時代の博士論文「自民党代議士の集票システム：橋本登美三郎後援会、額賀(ぬかが)福志郎後援会の事例研究」は、例外的に実証的な研究として異彩を放っている。政治学者の大嶽(おおたけ)秀夫は、同論文をジェラルド・カーティス『代議士の誕生』を引き合いに、「後援会については、一九九〇年代に登場する山田真裕のものを唯一の例外として、(カーティスの)この業績を越える研究は現れていない」と高く評価している(大嶽：27)。ただ、山田の論点はもちろん、自民党代議士の集票システムとしての後援会組織論にあり、橋本はひとつの実例として取り上げられているにすぎない。その結果、橋本への色眼鏡的な好悪が除外されているという好結果につながっているにしろ、山田の関心はあくまで組織論にある。

2　書かれなかった自叙伝――保守政治家の二面性

リベラルさの底流――早大雄弁会、上海人脈、協同民主主義

現在の一般的な橋本のイメージを一言で言い表すとすれば、「地元利益誘導型の保守政治家」「郵政族のドン」「ロッキード高官」といったところだろうか。しかし、実際の生涯を眺めると、橋本の横顔はそうした単色のイメージには収まり切らない振幅に富んでいる。

たとえば、早稲田大学雄弁会時代、著名な政治学者で社会主義政治家でもあった大山郁夫（いくお）の指導の下、橋本はのちの社会党委員長、浅沼稲次郎（あさぬまいねじろう）らとともに学生運動に没頭した。戦前の学生運動や雄弁会の研究における橋本に関する研究、言及は少ない。だが有力政治家にのし上がりつつあった時期、『週刊現代』一九六四年六月四日号に、野球選手になぞらえたこんな評が載った。「橋本登美三郎―もと左翼だったが、今は足が衰えてライト」(15)。転向を茶化した寸評だが、その奥を探れば、朝日新聞から自民党幹事長というメディア政治家の軌跡の謎を解くカギがみつかるかもしれない。

橋本を朝日の大陸進出の陰の部分を工作した「上海人脈」の一員とみるむきもある。戦前の基軸メディアであった新聞が、戦争に協力するだけでなく、そこからどのように利益を引き出そうかと狂奔したかを端的に物語る事例が、新聞の大陸進出であった。一流紙朝日新聞は、上海での日本語新聞『大陸新報』発行などでその先頭を走った。山本武利『朝日新聞の中国侵略』（二〇一一年）をはじめ、この時

期の朝日の活動を明らかにしようと試みた研究は少なくない。橋本は南京通信局長、上海支局次長、本社東亜部長などを歴任しており、対中国工作でも中心的な人物の一人だった。

ただ、資料的制約もあって、当時の実態が十分に解き明かされているとは言いがたい。虚実入り交じるような物語の演じ手としても橋本はしばしば登場するが、すべてが実証的と言えるかというと、こころもとない部分は残る。

『大陸新報』を中心とした朝日の中国進出に、時の権力と結びついたどす黒い色彩があったことは事実だが、一方で、当時の朝日に連なる東亜人脈には、のちにゾルゲ事件で処刑される尾崎秀実（ほつみ）、近衛文麿内閣で書記官長を務め戦後社会党代議士となった風見章など、親中国的な立場を取る人々も数多くいた。戦前朝日の複雑なイデオロギーのもつれ合いを今一度整理してみることで、メディアと政治を結ぶ複雑な回路の新しい側面も浮かんでくるのではないか。

玉音放送を聞いた翌日、橋本は朝日に辞表を出し、まもなく「日本民党（みんとう）」を設立する。

そこで、橋本は「協同民主主義」を掲げる。協同主義とは、「助け合い」「お互いさま」の精神で民主主義や資本主義の矛盾を乗り越えようとする考え方と言えばいいだろうか。日本民党、および終戦直後の協同民主主義の潮流については、歴史学者の塩崎弘明による『国内新体制を求めて』（一九九八年）などの研究がある。塩崎は日本民党を、橋本らの早稲田人脈に依存した手弁当型政党と位置づけている。さらに、協同民主主義については政治学者の雨宮昭一が『協同主義とポスト戦後システム』（二〇一八年）などでその意義を現代に位置づけ直そうとする試みを続けている。

日本民党は、天皇制堅持を掲げてはいるものの、社会主義的色彩の強い政党だった。のちの保守政治家、それも地元利益誘導型の金権政治家というイメージからはほど遠いが、橋本の原点は社会主義にきわめて近い自由主義にあった。そもそも、橋本自身が早稲田雄弁会での知己である浅沼稲次郎から「そのうちに社会党からやるじゃろ」と評されていたし、本人も社会党ではなく自由党から出馬に踏み切ったのは当時の選挙区情勢や支援者の動向など、「なりゆき」であったと認めている（履歴書：173）。学生時代には国際聯盟の理念に共感し（水戸っぽ：21）、戦後も世界国家論者であることを堂々と開陳している（評伝：66）。

戦後保守に流れ込み、かたちを変えて生き残った革新成分の分析は興味深いテーマである。塩崎や雨宮の視点を参考にしつつ、橋本が演じたリベラルから保守への転回の内実を解明してみたい。

情報社会と教育──「アバウトのトミさん」が描いた未来像

橋本は郵政族のドンとして君臨し、電電公社やNHKに強大な影響力を及ぼすようになるが、実は郵政大臣を務めたことはない。戦後の情報産業育成は、通産省と郵政省の両輪、あるいはライバル関係の中で進められたが、橋本は両省の橋渡しをする立場にあった。

橋本の情報社会への関心を垣間みることができる資料としては、情報産業黎明（れいめい）期に業界の啓蒙に大きな役割を果たした『コンピュートピア』『情報化研究』などの雑誌への橋本の寄稿やインタビュー、特集記事がある。通り一遍の建前論に終始した部分は少なくないが、一方で橋本はしばしば座談会などで意外な専門家ぶり、あるいは情報社会への独特な洞察力を発揮することも事実である。

一九六〇年代ごろから本格化するわが国の情報通信産業の成長は、現在のIT産業の源流とも言えるが、バラ色の展望で化粧を施した未来予測の類は山のようにあるものの、本格的な通史は残念ながらほとんど存在しない。わずかに、『コンピュートピア』とも関係する業界紙『日本情報産業新聞』の編集長を務めた佃均による『日本IT書紀』全五巻（二〇〇四―〇五年）は、業界関係者の間に存在する歴史を書き残す重要性への訴えを映しだしたものになっている。橋本もその中に登場する。

メディア出身政治家を追う本列伝のテーマともっとも近いところにあるアングルのひとつは、「マスコミ対策」に狂奔する権力側の人間というものだろう。官房長官時代に日本テレビのベトナム戦争ドキュメンタリー番組の放送に圧力をかけ、中止に追い込むなど、橋本はしばしば言論の自由を圧迫することも辞さないコワモテの保守政治家として描かれる。

根津朝彦『戦後日本ジャーナリズムの思想』（二〇一九年）にも橋本はたびたび、言論の自由やジャーナリズムの重要性を踏みにじる頑迷な保守政治家として登場する。ただ、同書の中で突然、戦後北海道新聞論説委員として活躍した左派ジャーナリストの須田禎一が、道新への入社の際に受けた支援や厚意の中に、戦前の朝日で上司だった橋本のものがあったという記述が出てくる（237）。あらかじめ用意された善悪の図式や役割配置を飛び越えるところに橋本の重層性があり、真骨頂がある。

橋本のほとんど知られていない側面は教育家としてのそれである。中学生時代から実家に私塾を開き、地元の若者を集めていたという橋本は、代議士になってすぐに寄宿舎を開き、地元青年たちが中央で就職できるよう世話を続けた。利益誘導であり、後援会組織の強化と票集めにすぎないとシニカルに批判することは簡単だが、視界を広げれば、橋本は筑波大学に結実した新構想大学プロジェクトについても、あるいは英国のオープン・ユニバーシティに範をとり今や生涯教育の現場において重要な役割を果たしている放送大学構想についても計画段階から構想を主導し、私案を世に問うなどリーダーシップを発揮してもいる。

このような政策面での橋本の是非を真正面から分析・評価した文献は残念ながらほとんどない。あるのは橋本側からの礼賛記事か、権力につきまとう黒さ、薄汚さを強調する戦後革新陣営側の図式に当てはめたものばかりである。

そうした〈政策〉面での印象の薄さは、おりおりの〈政局〉で発揮した印象の強さとおそらくトレードオフの関係にある。「幹事長」としてのアングルは、人々の記憶にもっともよく残っている切り口だろう。宮崎吉政『№2の人―自民党幹事長』(一九八一年)、浅川博忠『自民党・ナンバー2の研究』(二〇〇二年)、奥島貞男『自民党幹事長室の30年』(二〇〇二年)、などでも、橋本に一章が割かれて論じられている。そこで描かれるのは、「アバウト」で「義理堅く」、「好人物」で「野人」の「忠臣トミさん」が、それゆえのワキの甘さから晩節を汚してしまったというストーリーだ。

これらはいずれも直接交流があった人々によって描かれた人物像であり、そこには橋本の「本心」や「素顔」が書き込まれている。しかし、橋本自身が「政治の論理」を「メディアの論理」が上書きしていく「政治のメディア化」を体現する政治家の一人だとするなら、「本心」や「素顔」に回収されない思惑や計算を見出していくことも必要だろう。

裂帛の氷柱割り――〝魔〟の向こう側

橋本の墓は、複数ある。二度の結婚の帰結だが、同時に、この複雑な内面を抱えるメディア出身政治家の本質を表しているようにも思える。

橋本は政治家時代を通じて、元ＮＨＫアナウンサーの後藤美也とのおしどり夫婦のイメージが一般的だった。が、橋本は早稲田大学を卒業して東京朝日新聞社に入社したころ、はやくも最初の妻であるつなと結婚していた。いわば橋本のメディア時代の連れ合いであるつなは銚子の富豪の娘で、橋本は早稲田時代からその富豪から援助を受けていたという。

新聞社時代をともにした先妻筋の墓はもともと千葉県香取市の大寺である観福寺にあったが、三三回忌を機に神栖市の太平洋を望む公設墓地に移された。橋本が建設を主導した鹿島臨海工業地帯の一角であり、終の棲家としては、伊能忠敬の墓所などがたたずむ苔むした古寺よりも、強風吹きつける海べりのこちらのほうがふさわしいと言えるかもしれない。

もうひとつの墓は千葉県市川市にある。政治家時代をともにし、行事などに姿を現すこともしばしばだった妻、美也は、明治時代に市川市議などを輩出した地元の有力な家系の出である。後藤一族の墓が林立する一角に、橋本の墓もある。ビルやマンションに囲まれた都会の中だ。

つなは不幸にも一九六〇年七月の離婚成立後一年も経たず翌年四月に亡くなってしまうが、橋本は以後もつなの係累とつながりを持ち続けた。地元の有力者の娘つなと、都会の才媛、美也。そのコントラストは、地方と都市、周縁と中心、保守とリベラル、策謀と規範、政局と政策、政治とメディアといった橋本がかかえる二面性と重なる。

それは橋本が「決して完全には相互浸透し、一つに融け合うことのない二つの文化、二つの社会の境界で生きる」マージナル・マンであったことのしるしでもあるだろう。

二〇二二年六月、茨城県潮来市の水雲山潮音寺で、開山四七周年を賀する開山会が開かれた。潮音寺は、橋本がロッキード事件で逮捕される前年に、浪逆、すなわち波が逆巻く難所と万葉集に詠まれた湿地帯を埋め立てた広大な空間の真ん中に作られた。が、橋本の凋落とともに「ロッキード観音」と不名誉な呼ばれ方をされ、一時荒れ寺同然に寂れていた。

二〇二二年の開山会は、地元中心にそれなりのにぎわいをみせたものの、半世紀前の活気には及ぶべくもなかった。二〇二二年は橋本の三三回忌でもあったが、創建願主橋本への言及は控えめだった。

わずかに橋本の存在を感じさせたのは、開会に際して、代議士時代に橋本の身辺警護に当たっていた地元の空手家による氷柱割りが披露されたときだった。会場の〝魔〟を鎮めるとして、本堂に氷の板が六段に組み上げられ、短く気合いが発せられる。振り下ろされた拳は、本来なら善悪も恩讐も越えていくはずの三三回忌を迎えて、なお消え去らぬ影を払いのけんとする一撃にもみえた。

あるいはそれは、「政治のメディア化」という〝魔〟を鎮めようとした儀式だったと言えるかもしれない。本シリーズを貫く「政治のメディア化」という分析視点を橋本の生涯に当てはめるなら、橋本の昭和二年から二〇年までの朝日新聞記者時代は、「政治のメディア化」の第Ⅱ局面（新聞の企業化が進み、記者がプロフェッションとして意識され、政治的野心とは別にメディアの社会的影響力の拡大が自己目的化する）に対応し、戦後保守政治家として重きをなしていくプロセスは同じく第Ⅲ局面（価値や理念の実現を目指す「政治の論理」から社会的影響力の最大化をめざす「メディアの論理」に左右されるようになり、たとえ報道の価値が強調されていてもそれが意味するものはプロフェッショナリズムというよりはオーディエンスの最大化をめざす経済的動機となる）への移り変わりに照応している。そして、次の第Ⅳ局面、すなわち「政治家はもはやマス・メディアに依存せず、「自己メディア化」によるパフォーマンスを展開する」状況こそ、金権批判やロッキード事件で田中角栄が引きずり下ろされ、後継をめぐって有力者たちが「クリーン」「国策捜査」などと人目を引くヘッドラインを掲げて暗闘を繰り広げた当時のドタバタそのものだったのではあるまいか。

ただ、「自己メディア化」という最終局面にメディア政治家、橋本登美三郎はうまく対応できなかった。良くも悪くも田中は「闇将軍」というパブリック・イメージの下に自分の影響力を最大化したが、橋本は潮音寺に詣でる退却戦の中で、仏の教えを説き、私心のなさをアピールする道を選んだ。『慈母観音』と題した季刊誌を発行し、自らを発信し続けたが、それは「自己メディア化」というよりは「自己モラル装置化」（佐藤卓己 2021：426f）とでも言うべきもので、道徳を真正面に掲げるそのアプローチ自体が橋本の発信力低下を如実に表していた。訴えは既存の支持者の間では機能したが、世間一般にはまったくと言っていいほど認知されず、死後あっという間に忘れ去られた。

もっとも、大衆の気まぐれを時に利用し、時に翻弄されながら、「メディアの論理」の膨張と二人三脚で権力ゲームを生き抜いてきた橋本には、今さら本心を吐露したところで世論は受け入れるはずがないというあきらめははっきりとあっただろう。現代メディア社会において、メッセージが相手に伝わるかどうかは「なにを伝えるか」よりも、「どう伝えるか」によって左右される。大新聞社で記事を書くとは、「どう伝えるか」の観点からすれば最強の武器を手にしていたということでもあった。最後にメディアからの手痛いしっぺ返しを食らったとしても、ならばこちらが本心でございとばかりに都合よく自叙伝を出せるわけもない。橋本が書かなかった、あるいは書けなかったのは当然である。

書かなかった／書けなかった部分をすくい上げようとするなら、断片的な発言や行動、全体状況との関係などから丹念に探っていくしかない。

橋本がまだ選挙で地元に張り付いて小規模な集会場を回っていたころ、聴衆の反応に手応えを感じたとき、しばしば渋い声で「枯れすすき」をうなったという。助け合いの精神を説きながら、同時に切った張ったの権力ゲームに生きた政治家・橋本登美三郎の〈正調・枯れすすき〉から、われわれは韜晦を読み取るべきか、それともナイーブさを見出すべきか。

「枯れすすき」に、花は咲いたのか。驚くほどの起伏に富んだ橋本の生涯をたどり直し、〝魔〟の向こう側に踏み入ってみることで、その答えを捜してみたい。

第一章

潮来発、佐原経由、早稲田行き

（一九〇一—一九二六）

佐原中学寄宿舎第４号室の寄宿生たちと、卒業にあたって記念撮影。中央が橋本（『水戸っぽ』口絵より）

「昔は四五人の学生があつまると、歌うことが歩くことであり、歩くことが歌うことであり、合唱が歩調にぴったりと合して、そこに時代的空気がひとりでにうきあがってくるように思われた。それにしても長谷川如是閑のいう気魄や度胸は到底今日の日本に介在をゆるさるべき性質のものではない。しかし、学生のもつ若さと情熱だけは同じ形で同じ方向にうごいてゆくように思われる。先日何かの新聞に、講演者の発声を阻むために講壇にあがって拡声器を片手でおさえている学生の写真が出ていて、その横顔が大写しになっていたが、あの顔には余裕があり、明るさがあり、思想的な真剣さよりも、むしろいたずら小僧のような印象がつよかった。ああいう実行力というものは案外、出たら目な感情の動きから生れてくるものであり、この出たら目さなしには学校生活というものは成立つものではない。否、学校生活だけではなく、青春そのものが乾からびてしまうのである。」(尾崎士郎「早稲田大学について」永井道雄編『近代日本の名著⑥日本の教育思想』徳間書店・一九六七年)

1　逆浪渦巻くところ――のどかさと修羅

陸の孤島の観音伝説

橋本登美三郎は、一九〇一（明治三四）年三月五日、二〇世紀の幕開けとともに、茨城県行方郡潮来村に生まれた。

この年、官営八幡製鉄所が操業を開始した。田中正造が足尾銅山鉱毒事件について明治天皇に直訴した。世界に目を向ければ、清が英米仏独露日ほか一一カ国と北京議定書に調印、外国軍隊の北京駐留を承認した。ノーベル賞が創設された。三年後には、日露戦争が始まる。

ただし、激動はまだ、潮来の地には及んできていない。潮来の中心部は、常陸利根川と北浦を結ぶ前川沿いにあたる。江戸の昔には仙台藩や津軽藩の蔵屋敷が建ち並び、高瀬舟が行き来してにぎわった。潮来は水の町。江間と呼ばれる水路が四通八達している。

その前川沿いに立つ廻漕問屋兼米問屋の「和田勘」が、橋本の生家である。母親は登美という。麻生町の出で、女学校教育を受けた。橋本は一九〇七年、潮来小学校に入学、一九一三（大正二）年に卒業する。この年、橋本は父、高次郎を亡くしている（山田：三章1(5)）。

のちに、「慈母観音」を本尊とする寺をこの地に建てることになる橋本は、自らの誕生を観音伝説と結びつけるのを好んだ。中日新聞記者出身の政治評論家、足立利昭が『月刊自由民主』に書いた評伝では、信仰心篤い登美がいつものように戸外の井戸で顔を洗い、浅草観音に安産を祈ると、常陸利根川に続く浪逆浦の上空、紫雲たなびく中に観音様の姿が顕われ、それから一週間後に橋本が生まれた——という。足立は、「その故をもって町の人々から『観音の申し子』と言われた」としている。これは当然橋本からの聞き書きだろう（足立 1991：145f）。

この出生譚にはいくつかのバリエーションがある。『水戸っぽ』は、「登美三郎が生れる数日前の夜、母親の登美は、家の外にある厠に立って、火の玉を見た。夜空を飛ぶ火の玉に登美は生れて来る子供の運勢を知った」と、ここでは観音様は火の玉となっている。

後年、小説家の森敦との対談で披露したエピソードは、やや散文的だ。『サンデー毎日』一九七五年四月二七日号で、晩年になって「おふくろから聞かされたこと」として、

> 「生まれるとき、なかなか生まれなくて。（略）だから観音様にお参りしているうちに、ある朝、生まれるずっと一週間くらい前だが、田舎は便所は外にあるんですよ。ある朝起きて便所にいって帰ろうとしたら、大きな音がして観音様を見たと。それで一週間後産気づいて、おまえが生まれたんだと。だからおまえは坊主になれと、しょっちゅういわれたもんですよ。」（54）

と述べている。

小さいころ病弱で、生まれた直後もなかなか乳を飲まないので、家族はおおいに心配した。「二週間以上もぬるま湯で口をぬらす程度でやせほそるばかり」だったので、出生届提出はかなりおくれた。まだ行政制度も完全には整備されておらず、その運用もさほど厳格ではない明治のころである。生後間も

なくの死亡率も高く、大丈夫かどうか見極めるまではわざわざ届け出はしなかったのである（履歴書：17）。母乳も飲まないので、登美はメソうなぎと呼ばれるうなぎの稚魚を煮てすりつぶし、油分を抜いたものを与えた。鰻は利根川の名産である。

橋本家は米問屋を営む一方で、富美回漕店という水上の運送業、回船問屋もやっていた。父親高次郎と母親登美が取り仕切り、五人の子供たちは年齢に応じて手伝わされた。橋本家の軒先は運河になっていて、米俵なら三百俵ぐらい積める機帆船が横づけになった。一方、近在の農家からは、次々とサッパ船とよばれる手こぎの小舟で米が運ばれてきた。あたりには俵の積み降ろしに力を合わせる景気のいい掛け声が響き渡り、使用人たちが汗を流して働いた（水戸っぽ：2f）。

橋本は、母につきまとって離れない子供だった。登美が弟を身ごもり、陣痛が激しくなって、いよいよ出産というときに、なぜか火のついたように泣きだした。だれがどうあやしても泣きやまず、これでは引きつけを起こしかねないようになったから、しかたなく登美は陣痛に耐えながら、橋本を背負った。登美は、橋本を背中にくくりつけたまま、弟、徳蔵を産んだ。

体もあまりじょうぶではなかった。気性もおとなしく、兄弟ゲンカもあまりしなかった。もっとも長兄の高治や次兄豊造、長女あさとは大きく年が離れており、ケンカの相手にはならなかった。

「和田勘」について、橋本は「全盛期には四、五〇隻の高瀬舟を配船したり、近在の農家がサッパ船で運んでくる米の値決めをするなど、たいへんなにぎわいであった」と述べている。その言葉からすれば、決して貧しい環境ではなかっただろう。

ただ、それが裕福とまで言えるものであったのかは検討の余地がある。潮来は江戸時代から水運の要所であったが、明治に入って急激な没落を経験しつつあった。

三方を水に囲まれた潮来は、前述のように江戸時代に東北諸藩の年貢米や諸物資を江戸に送る中継地として栄えた。東北から太平洋を南下した廻船は銚子で川船に荷を積み替え、潮来に至る。さらに江戸川に入って日本橋へと向かう。だが、江戸中期以降、房総沖の海路が開発され、東北諸藩の江戸廻米（かいまい）が江戸へ直航するようになると、潮来の繁栄に翳（かげ）りが見えだした。

水によって栄えた潮来は、明治中期以降に急速に形成されることになった国内幹線鉄道網によって繁栄から疎外されていく。鉄道ネットワークは東京や水戸から潮来、さらには鹿島・行方を意味する鹿行（ろっこう）地方を遠ざけ、「陸の孤島」化させた。その中で、明治から大正、昭和前期にかけての橋本家にどこまで経済的に余裕があったのかは、橋本を読み解く上で重要なポイントとなるだろう。なぜなら、当時の潮来において、かなりの秀才で中学校を出た者であったとしても、ほとんどは地元に就職して地域の有力者となり生涯を送るというのが通例だったからである。橋本のように東京の大学に進み、さらに地元に戻らず新聞社に就職して世界に羽ばたくというケースは、めったにあることではなかった。

そうした特異なケースがいかにして可能になったのか。橋本家はそこまでの財力を持っていたのか。あるいはほかの要因が働いたのか。橋本は自らの志を伸ぶるにあたって、どのような代償を支払ったのか。

だが、まずは幼い橋本と、その母、登美の様子を今少し、みておこう。

女常陸山と呼ばれた母

登美は責任感が強く、几帳面で、一方でがっしりした体格と豪傑肌の気性を併せ持ち、店の者から〝女大統領〟〝女常陸山〟とよばれるほどの女性であった。常陸山とは、「角聖」と称された茨城出身の名横綱である。

五尺五寸（一六七センチ）からの上背があり、体重二〇貫（七五キロ）。父親の高次郎は物静かで温厚な性格だったが、登美は豪快で賑やか好きだった（水戸っぽ：4）。

登美三郎が生まれたとき、橋本家の三番目の子供ということで、高次郎と登美は相談して、三郎と名付けることにした。ところが登美が役場に出向いたところ、数日前に生れた遠縁の子供に橋本三郎という同じ名前がつけられていた。役場の担当者は「三郎と呼んで二人が返事をするのはなにかと不便だから、家に帰って旦那さんと相談して、別の名前を付けたら」とすすめたが、登美は、「いや、私が産んだ子だから私がつける。亭主が三郎と付けたのだから、その上に私の名前〝とみ〟を付けて、登美三郎でいいだろう」と言って、さっさと「登美三郎」という名を届けてしまった（履歴書：17）。

登美の写真が残っている。堂々とした恰幅の、まさに女丈夫と言うべき外見である。

橋本は、「登美三郎」という名を付けてくれた母に感謝している。同姓同名がおらず、しかもわかりやすい。政治家にはうってつけである。ただ、トミサブロウの「ミ」を「三」と勘違いし、さらに「三郎」と混同して「登三郎」と投票用紙に書く者があとを絶たないのには、のちのち苦労した（履歴書：

後列右端が四男徳蔵、左端が登美三郎。前列右が次男豊造、左が長男高治（昭和4、5年ごろ）（同）

登美、55歳（『私の履歴書』口絵より）

18）。

ある夜、橋本家に泥棒が入った。高次郎と登美は物音に気づき、まず高次郎が賊にとびかかった。しかし小兵の悲しさ、太刀打ちできない。これを見た登美はものも言わずに賊に体当たりを食らわせ、一発で張りとばしてしまった。賊は逃げだした。追おうとする登美を、高次郎は止めた。なにを持っているかわかりはしない。が、登美は制止を振り切って賊に追いつき、つかまえて警察に引き渡してしまったという（履歴書：14）。

こうした情景を思い浮かべると、忙しく船が往き来する川べりの名家で、力を合わせ助け合って家業をもり立てる子供たちの元気でけなげな光景が目に浮かぶ。橋本が描く幼少時代は、おおむねそうした明るいトーンに彩られている。

が、さらに読み込んでみると、ところどころに決して明るいとは言えない、いや、むしろ修羅とも言うべき場面が、明治末期の橋本家の日常からみえ隠れするのも事実である。

橋本家の兄弟は、長男高治、次男豊造、長女あさ、三男登美三郎、四男徳蔵の五人だが、実はもう一人「つる」という女の子がいた。つるは橋本のすぐ上の姉に当たり、次女として生まれたが、幼くして近くの小川に落ちて死んでしまった。登美は自分を責めた。「このことが原因となって母、登美は観音信者になったようである」と橋本は言っている。観音信仰に彩られた橋本の出生伝説も、こうしてみれば違った陰影を帯びてくる。登美は、つるの命日には必ず東京・浅草の観音様へお参りしたという。

もうひとつ、悲しいできごとがあった。長男、高治は小さいころ、家の中を飛び回っているうちに囲炉裏にかけてあった鉄びんをひっくり返し、右足に熱湯をあびた。手当てが遅れたこともあって足の五本の指は爛れてくずれてしまった。

この事故は、高治の性格そのものを変えてしまったらしい。橋本によると、高治は本来、小心で、情のある性格だったが、「他人に心を閉ざしてしまい、粗暴な性格を表に出すようになった」という。「青年期に入るに従って、表面的な荒々しさが徹底していった。（略）非妥協性、超正義派ぶりは、一部の人のひんしゅくをかったものである。酒に酔って、ひとたび暴れだすと、もうだれも手のつけようがなかった」。

そのとき高治は三〇歳に近かったという。もはや若いとは言えない登美は、暴れる高治を押えつけて涙を流しながら折檻した、と橋本は回想している。「母は泣きながら、「私が悪かったが、だからといって他人さまに迷惑をかけるようなことは許せない」といって、高治を打ちすえた。兄はわめきちらしながらも、母にだけは手をあげるようなことはしなかった。このような、シラケた、もの悲しい場面が、わが家では数年間、続いたものである」。

こうした光景の描写に続いて、橋本は、「母の気持ちとしては、なんとかして明るい心を取り戻させ、兄の性格を本来の情の深い、親切なものへと心機一転させたかったのであろう。だから、高治を打擲（ちょうちゃく）しながらも、「おまえは頭もよいし、その気になれば、どんな優れた人間にもなれるんだよ」と、私たちからみると、もうどうにもならぬ兄と思えるのだが、母はあきらめるということがなかった」と、希望の感触をはさみ込んではいる（履歴書：148ff）。だが、客観的にいうなら、これはどうみても家庭内暴力であり、親子の抜き差しならぬ反目以外の何ものでもない。こうしたエピソードを『私の履歴書』に掲載すると決めた橋本に、他者の安直な理解を拒む複雑な内面をみることは自然であろう。

高治は突然、実家から四キロほど離れた小学校の、住み込みの代用教員になった。あれほど飲んでいた酒もやめ、医師の試験を受ける勉強を始めた。登美は毎日のように弁当を用意し、往復八キロもの道を歩いて宿直室を訪ね、激励したという。三〇歳を過ぎて、高治は途中で歯科医に目標を変え、試験に合格した。母は心から喜んだ——と橋本は言いつつ、「実際は生活の維持は容易でなく、次兄、豊造が面倒をみたのだが」と容赦のない説明を付け加えてもいる（履歴書：150）。

次兄豊造は、高治に代わって一家を継ぐことを期待された。豊造はのちに橋本の地元後援会で中核的な役割を果たすようになるが、一家の大黒柱の役目を背負わされたのは豊造であった。大黒柱と言えば聞こえはいいが、決して明るく前向きな境遇とは言えなかった。

豊造は橋本より一〇歳近く年上だった。豊造は一四歳で千葉県佐原市の商家に丁稚（でっち）奉公にやられ、満三年の勤めを果たして帰ってきた。登美は豊造に対しては大人扱いをした。言い換えれば、厳しくあたった。豊造はときおり母に向かって、「兄貴には甘いくせに」と文句を言った（履歴書：151）。豊造もまた、橋本家の修羅の中にあってみずからを押さえ込んでいた。

弱虫・秀才型

「僕はあまり変哲もない少年だった。〝弱虫・秀才型〟というかな…」（履歴書：161）。政治家としては、野山を駆けまわる元気なガキ大将だった、といったほうが通りがいいようにも思えるが、橋本は正直に、『猿飛佐助』とか『源義経』といった講談本に読みふける少年だった」と吐露している。

といって、おとなしく温和なだけとはかぎらない。

本好きの橋本は、小遣いをもらうと一冊一銭の豆本を買い、何回も読み返していた。あまりに読み返すので、本のとじ糸が切れてしまう。糸が切れると、畳針でつくろった。そのため机の上にはいつも畳針が置いてあった。

ある日、弟の徳蔵が「遊ぼうよ」とちょっかいをかけた。橋本は取り合わない。すると、徳蔵はいきなり講談本をひったくり、破いてしまった。『季刊慈母観音』一九七五年冬季号では、兄弟ゲンカの原因は徳蔵が豆本二冊を勝手に持ち出し、紛失してしまったことにカッとなったからだとしている（45）。瞬間、橋本は畳針をとって、徳蔵の手の甲を突き刺した。針は畳までとおってしまった。徳蔵は火がついたように泣き出し、橋本は逃げ出した。

逃げた先は今、橋本の顕彰碑が立つ稲荷山である。山といっても、標高二〇メートルの起伏にすぎないが、逃げ出したのは夕方だったので、うろうろしているうちに真っ暗になってしまった。夜の九時ごろ、「あやまるほかない」と覚悟を決め、家に帰った。登美はいきなり「このバカ野郎」とひっぱたいた（履歴書：20f）。

天気のいい日などはときどき、友だちと一緒に山にでかけたりした。山と言っても、さきの稲荷山や、似たような高さの天王山などである。天王山には須佐之男命をまつった素鵞熊野神社がある。小学五年生になったばかりの四月の暖かい午後、近所の子供たちと遊びに行った。神社には浪逆の湖から漁師が網で引き揚げたという神輿がある。と、千木のところに、体長一メートルぐらいの白蛇が巻きついていた。橋本がながめていたら、二、三分でその白蛇はスーッと屋根のどこかへ消えてしまった。

白蛇を見ると縁起がいいという言い伝えはあちこちにあるが、潮来でもそうだった。帰って、登美にそう言うと、「おまえ、石なんか投げなかったか」。「いや、石なんか投げる暇もなくスーッと隠れちゃった」と橋本が答えると、「それは神社のお使いだから、手を出さなくてよかった」と、みな安心した。

白蛇目撃談は珍しく、「錯覚じゃないか」などとも言われた。ただ、のちのちまで橋本は「事実、僕はその時、白蛇を見たんだ」とこだわった。実際に白蛇をみたかどうかより、白蛇目撃談に託して、将来人の上に立つという決心を大きくしていったということかもしれない（履歴書：166）。

一九〇七（明治四〇）年、潮来尋常小学校に入学した。勉強はできたが、体育は大嫌いだった。体操の時間はずっと「見学」で通した。「読本」や「算数」などはずば抜けて優秀だった。本来なら学年一番のはずだったが、「体操」は出席しないのだから零点だ。それでも、学術優秀ということで、郡長賞を三年生と六年生のときにもらった。

当然、進学をめざした。明治末期の学制では、六年間の尋常小学校を卒業した時点で分岐を迫られる。優秀な男子は高等学校や大学への進学を視野に中学校へ進むが、ほかに高等小学校へ進学することもできた。

体操以外は地域で最優秀の成績だったから、小学校を卒業したら中学校に進みたかった。尋常小学校の先生も「君の成績なら大丈夫だ」と、太鼓判を押してくれた。ところが登美が許さなかった。虚弱な体で勉強しても人に迷惑をかけるだけで、なんの役にも立たない、というのが登美の理屈だった。言い出したら、途中で考えを変えるような母親ではない。中学進学は断念せざるを得なかった。

ただ、登美には登美の理屈があった。いったん高等小学校に進学させるが、その間に体を鍛え、十分に丈夫になったと認められたら、中学受験を許すというのだ。「お母さんがみて、大丈夫と思えるようになるまで身体を鍛えなさい。二～三年遅れたからといって長い人生には影響はない」。登美の一言で、橋本は体力づくりに専念することになった（評伝：21）。

「中学校に行きたきゃ身体を丈夫にしろ」という登美の言葉は、進学せず家業に専念している次兄豊造への気兼ねも含まれていたかもしれない。空気を察した豊造は、「一人くらい中学へいってもいい」と、中学進学の希望を捨てないよう励ました（水戸っぽ：6）。

高等小学校に進み、相撲や剣道に励んで体を鍛えた。実家は米問屋、筋骨たくましい若い連中がいつも一〇人前後はいるから、相手には困らない。彼らにまじって米俵の積み降ろしを手伝ったり、夕方には手すきの連中の胸をかりて相撲をとったりする。そんな日々がつづくうちに高等小学校の二年が終わってしまった。それまで裸足にもならなかったのが村相撲の少年の部で優勝するようになった。剣道の腕も上がり、一人で六〇キロの米俵をかつげるまでになった。

高等小学校は二年で出たようだ。となると、卒業したのは一九一五（大正四）年三月となる。同級生には、のちに三菱石油社長を務める藤岡信吾らがいた。後年橋本の選挙の実質的な責任者として活動し、また無二の親友として心を許した本橋源弥も、小学校の同級生だった。

橋本は新たに中学を受験し、本来なら一二歳で入学するところを一五歳の新入生として一年から始めるつもりでいた。志望校は、利根川を渡った対岸にある佐原中学校（現・千葉県立佐原高等学校）。一九〇〇年開校の名門である。

ところが、思わぬハードルがまたもや課された。言い出したのは登美だったという説と、兄の豊造だったという説がある。「からだはだいぶ鍛えたから、もうそろそろいいだろう。ただし条件がある」。来年の春入学したとすると、正規入学からみると三年の遅れになるから、編入試験に合格して、三年から始めろというのである。それでもまだ一年の遅れは残る。しかし、まあ一年の遅れはなんとかなるだろう、というのだ（履歴書：24）。

少々ややこしいので、中学校を中心とした当時の学制の概要を整理しておきたい。まず尋常小学校がある。こちらは通常六年制で、その後五年制の中学校が接続される。ただ、当時の中学校はエリートのみが入学をゆるされる中等教育機関で、同年齢ながら初等教育の続きを教える学校として高等小学校

（二年）があり、師範学校や実業学校が主な進学先となる。

中学への正規入学の場合、尋常小学校を六年で卒業した一二歳の春に進学する。橋本の場合、高等小学校に進んだのだから、一四歳で卒業し、そこから中学編入を考えることになったわけである。『佐原高等学校百年史』によると、当時の編入制度は「中学校に在学していなくても、試験によって二年や三年に相当する学力があると認められれば、その学年に編入される」仕組みで、これは「明治の特に初期では、上級学校では入学試験の成績によって相応の学年に入学させるのが珍しくなかったから、この編入制度は当時としては当然であった」。

三年編入だけでなく、二年編入の場合もあり、また、二年への編入試験と一年への入学試験の両方を受験する者もいた。「小学校では当然やっていない英語などの教科を自学してくるのだから、かなりの努力を必要としたであろう。そのおかげか、編入生のその後の成績は概して良好」だったという(112)。編入制度は、各地に中学校が増加して志願者層が広がりをみせ、地域のエリート育成を独占的に引き受ける役割が薄くなった一九二〇年までつづいた。

三年への編入のためには、中学一、二年の全科目、一五科目ぐらいの試験を三日間にわたって受けなければならない。詰め込み教育の弊害やら生きる力の養成やらといった考えは、世の中にも橋本自身にもこれっぽっちもなかった。猛烈な詰め込み勉強であった。

ここで、少々疑問が出てくる。橋本は一九〇一年三月生まれであり、そこから計算すると、尋常小学校入学は一九〇七年四月、卒業が一九一三年三月となる。高等小学校入学が同年四月、卒業が一九一五年三月。半年ほどたって、編入ならＯＫと言われ、大急ぎで猛勉強して編入試験に合格したとすれば、佐原中学入学は一九一六年四月ということになる。橋本はそのとき一五歳ということになる。

ところが、『佐原高等学校百年史』には、橋本は一六回卒として一九一八年四月に編入したと記録されている。であれば、橋本は中学入学時に一七歳だったことになる。同書の記述は学籍簿等に基づいており、また一六回同級生の橋本に関する回想などもあるから、同書に示された時系列に間違いがあるとは考えられない。

興味深いことに、本人も目を通していたに違いない『評伝』に付されている年譜では、一九一三年三月に潮来町尋常高等小学校卒業としたあと、年月欄を空白として、「千葉県立佐原中学校三年に編入」とし、さらに大正九年三月、つまり一九二〇年三月と年月を復活させて「千葉県立佐原中学校卒業」としている。さらに興味深いことに、中学卒業後に進学した早稲田第二高等学院の入学年月が大正一〇年四月と、一年間の空白があるが、それについても『評伝』はなにも説明を加えていない。

真相は不明だが、多感な青年期における年単位の空白は、橋本の青春がそれほど単純な展開をたどったものではないことを思わせる。

小学校時代についてはほぼ通り一遍の思い出に終始する橋本が、晩年の回想で書き付けた幼少期の記憶がある。

小学校入学当時、入学式で目の悪い子と隣り合わせた。「警察分署の署長の子で岡見章君」とフルネームまで記憶しているから、よほど心に残っていたのだろう。岡野は弱視で、それを気にして友だちをつくろうとしなかったし、同級生たちもまた、仲間に入れようとしなかった。

当時の社会通念からしても、目の悪い子供に対する思いやりは薄かった。子供たちは今では口に出せないような侮蔑語を使って、からかい、いじめていた。これに対し、橋本は「私は人の喜びや悲しみ、痛さというものを自分の心身に感じ易い性質である。私は章君のつらさを、我が身のように感じて、かなり離れたところに住んでいたのだが、学校の往復を共にした。放課後もつとめて一緒に遊んだ」と書いている（履歴書：157）。

今であれば、社会正義の観点から、また人権尊重の観点から、岡野をいじめる子供たちを批判するのは当然であろう。しかし、当時にあって、橋本が岡野の友だちとなったのは、そうした観点とは微妙にずれていたようにも思える。むしろ、悪罵（あくば）を投げつけられ、障害をあげつらわれる岡野の境遇に、わが身を重ねて反応したとみるのが正確ではなかったか。

「私ごとだが、私の成績はいつでも一、二番だったので、大人しいといっても私が悪さをされることはなかった。少年時代は成績がよいということが一種の威圧である。章君はそれを感じてか、私から離れなかった。私も章君の目の不自由さからくる多くのハンデを目分のことのように感じていたわっていた。少年の日のいちばん鮮やかな印象は、章君との交わりであった。手となり、足となり、目となったといえば大げさだが、深い友愛であったようである。それは私の性（さが）の中に、人の痛さ、つらさ、喜こびを、直接に感応するものがあるからだろう。（略）だから人を信じ易い傾向にある。人を悲しませたくないという小乗的なところが非常に多いのである。」（履歴書：158）

橋本は病弱で、ガキ大将的なところが少しもないおとなしい子供であった。また、その家庭は食べるものに困るような貧しさとは無縁だったものの、外からはうかがい知れぬ摩擦や軋轢（あつれき）に満ちていて、そこで必ずしも充足した子供時代を送ったのではなかった。だからこそ、中学進学をめざし、外の世界へと針路を定めたのだろう。

橋本は体を鍛え、進学し、戦闘的な弁論を展開する若者に変貌していく。その像は、やがて中央政界で勢威を張り、数々の利権を取り仕切る金権政治家とのイメージに帰着していく。岡野との思い出が代表するようなナイーブな部分はその後も残っていたのか。残っていたとすれば、コワモテの表向きとどのように同居していたのだろうか。

決して相容れることのない二つの世界を持つマージナル・マンとしての橋本の内面に、分け入ってみたい誘惑に駆られる。だが今はまず、佐原中学校の日々を追いかけよう。〝弱虫・秀才型〟だった橋本は、みちがえるようなバンカラ学生として表舞台に登場する。

バンカラ中学生

すでに中学進学のころの時間進行に謎があることは指摘したが、『水戸っぽ』はこのころの経緯を次のように描いている。

「猛勉強が始まった。中学一年、二年の全科目を四カ月でマスターして編入試験を受けるのである。田舎のことで教えてくれる先生もいない。止むを得ず、彼は正則（せいそく）中学校の中学講義録を取り寄せ、それを頼りに勉強した。日中、数時間の睡眠をとり夜は徹夜で机に向った。身体を鍛えておいたことは、彼の猛勉強のために効果があった。

五〇人近い志願者の中から、彼は見事に編入試験の難関を突破した。ただ二人の合格者、しかも彼は一番で入学出来たのである。誰の指導も受けず、独学で五〇人の競争者を相手に一番になることは並大抵のことではない。」（水戸っぽ：8f）

入学式では新入生代表として挨拶する栄誉に恵まれた。と、ついてきた登美が「お前なんかに代表の挨拶が上手にできるわけがない。途中でしゃべれなくなったら助けてあげるよ」と壇上についてくる。横から教師が「お母さんはいいんです」と気を利かせても無駄である。そんな状況でうまく話せるはずもなく、あいさつは失敗してしまった。「なんだ意気地がない。つかえたりして」と叱られたが、反論するわけにもいかなかった（履歴書：26）。

佐原中一六回卒、橋本の同級生だった角田節夫という人物がその昔、同校の『学報』に残した文章が、『佐原高等学校百年史』に収録されている。そこに、当時の学校の空気をうかがうことができる。

「お互に文学熱からよくダヌンチオとかツルゲネフとか語つたものでした。「受験と学生」と云ふ雑誌の創刊されたのもこの時で大分読まれた。「オイ、士官学校」なぞ云ふニックネームさへ持った者があった程で、兵学校と士官学校とはこの頃中学界を高商高工と共に二つの流れに別けた感があった。（略）弊衣破帽で昔の造士館を思はせる型であった。然し僕達クラスからは、一人も軍国主義的入学者を出さなかった処を見ると、そろ〳〵世界が変りつゝあったのではないかと思はれ

る。」(199)

入学早々、担任に呼び出された。「君の編入試験の成績は実に素晴らしかった。近来君ぐらいの成績で入って来たのは珍らしい。それにしても英語の聴きとりはひどく悪かったが、どうしたのか」。理由は簡単、英語というものを音声で聞いたことがなかったからであった。他の科目はほとんど満点に近い。英語でも、英訳や、和文英訳、文法はよく出来たが、会話はてんでだめであった。

このコンプレックスは終生つきまとった。橋本の英語は、結局ものにならなかった。それは英語に限らず、外国語全般への苦手意識となった。朝日に入社し、特派員として中国大陸に飛び、また政治家として諸外国を回って歩いても、橋本はついに外国語というものを使いこなすことができなかった。

潮来から佐原中までは、徒歩で通学できないこともなかった。当時潮来から佐原中学に入った者は、朝五時ごろから起き出して徒歩通学する者と、学校の寄宿舎に入る者があった。

もっとも、歩けるといっても今ならとても無理である。登校するのに三回の渡し舟に乗る。道は細いあぜ道で、雨でも降ろうものなら泥だらけになり、雨の日は番傘をさして革靴を腰にぶら下げて歩く。通学するために往復四時間近い時間をとられるので、勉強はすべて歩きながらである。

それでも経済的な理由から多くの中学生は通学したが、登美と豊造は寄宿舎入りを許した(水戸っぽ：10f)。

このころから、橋本は内気だった小学校時代とは打って変わって豪傑・バンカラ学生タイプとなる。一七歳であったとすれば、一〇代での二歳の差は大きいから、そうした要因もあったのかもしれない。

橋本は文学少年というよりは、スポーツと弁論に熱中したようだ。弁論部員として社会正義を高らかに論じ、浪人中に励んだ剣道が実って対抗試合に出場するようになり、かたや全国的に盛んになりだした中学野球（いまの高校野球）に魅力を感じて野球部のマネージャーになった。今で言う監督のようなものである。おりしも一九一五年八月一八日から八月二三日まで、第一回全国中等学校優勝野球大会が朝日新聞社主催で開かれた。のちの全国高校野球選手権大会、夏の甲子園の始まりである。

橋本は、自身がマネージャーを務めていた当時の活動成績について、「佐原中学は宿敵銚子商業を破って関東大会への出場権を獲得した」と書き残している。

ところが、学校側は関東大会への出場に乗り気ではない。野球という新興スポーツごときに遠征費を出すのを渋ったらしい。

収まらない橋本は、宿寄舎内での抗議行動を計画した。寮の舎監（しゃかん）が毎晩、一〇時と一二時に、長い廊下を巡察する。橋本は寮長も兼務していたので次のような指示を出した。「寮生は野球のボールを持って、廊下の両端に集まり、一〇時に巡回する舎監に向かって投げつけよ」

消灯後の薄暗い廊下のため、なかなか舎監を直撃しない。ケガはなかったが、舎監室に呼び出されて、しこたま油をしぼられた。橋本は反省するどころか、さらなる挑発を企てた。部屋に戻り、「こんどは一二時を期して、全室の戸を竹刀（しない）でたたき続けよ」。一二時、全二〇室の板戸がいっせいに鳴り出した（履歴書：28ff）。

だが、『佐原高等学校百年史』は、そもそも当時の佐原中野球部は寮生中心のお遊びチーム程度にすぎず、関東の覇を競うような強豪ではなかったとして、関東大会への出場云々は誤伝あるいは誇張だとしている(177)。本質は、学校や舎監との対立、反抗、からかい、あるいはじゃれあいだったのだろう。

寄宿舎を舞台にした同じようなエピソードは、いくつも同書に載っている。橋本が入学する少し前に、伊達牛助という教諭がいて、ダテギューとニックネームで呼ばれていた。舎監を兼ねていた伊達が宿直の日、消灯後に当直室から一番遠い部屋から「ギュー、ギュー」と奇声がする。怒った伊達が赴くと、今度は反対側から「ギュー、ギュー」。伊達は長い廊下を何往復もさせられ、烈火のごとく怒ったという。(177)

寄宿舎は尚友寮と言い、一九三二(昭和七)年まで存続した。バンカラの気風は、当時のエリートたる中学生の共通項だった。上級生ともなると、こっそりドブロクを持ち込み、ランプを風呂敷で覆って夜の酒盛りを繰り広げることもあった(178)。

食べ盛りの寄宿生にとって、食欲を満たすことはなによりも重要だった。学校近くに桶松という食堂があって、用務員に小銭を渡して買いに行ってもらったり、時には抜け出して食べに行ったりした。今はメニューにないようだが、当時の名物は開化丼といって、具として親子丼の鶏肉の代わりに豚肉を使ったものだった。橋本はこの味が忘れられず、のちに建設大臣になったとき秘書官を連れて桶松に食べに行ったと同書にある(178)。桶松は今もJR佐原駅前に健在である。

ちいさいころの橋本は、いつもカスリの着物をキチンと着てすましていた。それを覚えていた豊造の妻たけが、中学生になって夏休みで帰ってきた橋本にノリのきいた浴衣を着せてやると、そのピンとしたのがうれしくて、奴凧のように両手をひろげて喜んだ。夏は白地のカスリ、冬は紺ガスリに小倉の袴をはき、白線が二本入った制帽をかぶって佐原の町を歩いた（水戸っぽ：12）。

中学生になって、橋本は親分的な性格を発揮し、郷里の後輩の面倒をよくみるようになった。潮来出身の佐原中学の後輩を引きつれて筑波登山をやったり、小学六年生の佐原中学入学希望者を集めて私塾のようなものを開いたりした。

夏休みや冬休みを利用して近隣の子供たちを集めて勉強会を聞いたのには、登美の助言もあった。迫ってきた進学のための勉強をしなければならず、心配した登美が、小学生や後輩の中学生の勉強会を行うということで、橋本自身の気持ちを勉学にふりむけさせたのである。

登美は夏休みで帰省してきた橋本のために、自宅のすぐ側にある回漕店の事務所を開放し、近隣の子供たちも集めた勉強場をつくった。地元の若い衆はここを「汽車」と呼んだ。小屋のかたちが機関車を思わせたのである。勉強が主目的であったものの、相撲をとったり、剣道や柔道をしたりして騒いで、隣家の爺さんから苦情を持ち込まれたのも再三であった。

ここに集って来た進学組からは、のちの潮来町長、潮来町議会議長などが出て、地元政界の人脈につながった。登美は、おやつの差入れや食事の世話まで、忙しい商売のひまをみては母屋からやって来て面倒をみた。「汽車」に行っていれば、仲間がいるということは少年たちが集まる最大の理由だったし、それに育ちざかり、食べざかりには、食事が出るのは大きな魅力だった。のちに橋本が早稲田の高等学院に入学してからも青年たちが変わることなく集まり、地元人脈の拠点となった（水戸っぽ：16f）。

昔の中学校の寄宿舎生活は、上級生の無理難題に悩まされるのがつきものだったが、三年編入とあって、さほど無理を言われずに済んだ。さらに言えば、同級生と比べ二歳程度年長だったとすれば、むしろ橋本が大いばりでいたずらも含めて先頭に立っていたことも腑に落ちる。

だが、それは中学時代があっという間に終わってしまうことと裏表であった。当時の中学校は五年制。与えられた中学生活の時間は二年間でしかなかった。

政治家を志したのは中学校のころだったと、本人は回想している。周囲は意外にとらえ、反対もしたようだ。「〝政治家志望〟を家族の者たちに告げると、みな意外がった」（履歴書：31）。

もっとも、これがほんとうであったかは疑問がある。『履歴書』に先立つ『水戸っぽ』では、「中学卒業も間近になり、彼は上級学校進学をふくめ、その生涯の方針を決める時期が来た。彼自身がこの頃から将来の目標を政治家に置いたかどうか定かでない。おそらくそのころはまだ将来の方針というものも確乎たるものはなかったろう。中学校に入るのが遅れ、いくら年令的には老成していたとしても、まだ少年期ともいえる時代であり、政治家を志すとしても夢の段階を出まい」と述べている（水戸っぽ：15）。こうした記述もまた、橋本自身の説明に基づいている。

かつて虚弱な橋本の将来を案じて、父の高次郎が易者に占ってもらったことがあり、「この子は坊さんにすれば、名僧智識になる」と言われた。観音信仰の強かった母は日ごろ「おまえは観音さまの申し子だから坊さんになりなさい」と言い、そうなることを願っていた。

ある日、登美に政治家になりたいと打ち明けた。「お母さん、宗教家も政治家も目的は同じです。世のため人のために粉骨砕身、悪をただし、善をたすけ、この世を住みよくすることです」。そのころ橋本は「歴史書を読みあさっていたので、孔子の例を引いたりしながら、わかりやすく説いたら、「おまえが信念を持ってすすむなら、それもよかろう」ということになった」。

「こうして私の針路は決まった。そして、そのためには早稲田大学の政治学科を卒業して、しばらくは新聞記者になって見聞を広め、一〇年ぐらいしたら代議士に打って出る（略）。私の人生の基本的なデッサンは、このとき描かれたのであった。そして、ほぼその通りにすすんだといえよう。」（履歴書：31f）

橋本はこのように政治家を志した原点を描写している。

さらに、そこに書かれなかった要因を推測してみたい。

先に、橋本が地元にとどまらず、外の世界へ向かう指向性を持っていた、大きく言えば交通＝コミュニケーションへの強い志向性を持っていたという仮説を立てた。とすれば、この時期の橋本にとって、進路は極めて大きな問題であったと思われる。

すでに小学校から中学校までの当時の学制について整理したが、ここで中学校以後の進学ルートについて整理してみよう。中学校は五年で卒業するが、四年修了時から高等学校への進学が認められていた。いわゆる旧制高校へのルートで、大学に直結する。だが、帝国大学への進学は極めて狭き門であり、またそれほどではないにしてもやはり、高等商業、高等工業といった専門学校への進学もおいそれと実現する道ではなかった。

旧制中学はもちろんエリートを輩出する機関ではあったが、その前に広がっているルートは進学だけではなかった。佐原中でも、かなりの地主や大きな商店の子弟であったとしても進学せず、地元に残って家業に精を出し、地域の中心人物となってゆくルートを選ぶ者が中心を占めた。彼らは地元社会のカナメを構成していくことになる。「ある意味では、全員近くが進学して、結果としては故郷を離れてしまうことの多い現在よりも健全であったと言うこともできよう」と、『佐原高等学校百年史』は述べている（216）。

当時の制度では、県立中学を優秀な成績で卒業した者は、官立の高等商業学校に無試験で入れることになっていた。神戸や小樽の高等商業がそれである。が、橋本にそのルートに進む気はなかった。母親や、兄弟たちからは医者になれと言われたが、それもがんとして拒んだ（水戸っぽ：17）。「医者がいれば周りの者はいいが、本人は大変だ」という理由だったようだ（水戸っぽ：6）。

『佐原高等学校百年史』は、大正時代の佐原中の進学状況をも明らかにしている。実際には未確認の進学者がさらにいると思われると断りがあるものの、橋本が卒業した一九二〇年に高等学校、大学予科に進んだ者は旧制第七高等学校（七高、鹿児島）に一人、水戸高等学校に一人のみにとどまる（212）。地元のエリート校にしてこの数字なのだから、極めて狭き門という表現も大げさとは言えまい。

だが、ちょうど橋本の卒業にあわせるように、大きな変化が起きた。一九一九年に施行された大学令がそれである。それまで法規的には専門学校であった私立学校の多くが大学に昇格した。早稲田、慶應はその先頭を切った。

少々ややこしいが、それまでも私立学校の中に大学を名乗っていた学校はあった。早稲田大学がもともと東京専門学校であったように、法律的には専門学校だったのだが、「大学部」を設置することで、大学という名称を使うことが認められていたのである。

大学令のおかげで、帝国大学だけだった正式の大学は大きくその数を増やすことになった。また中学校など中等教育を卒業した学生の進学先として専門部が、大学進学への準備機関としての大学予科とは別に設けられ、専門部としての完結した高等教育を授けるようになった。

早稲田はちょうど、この大学令を受けて日本の私立大学の雄として走り出していた。一九二〇年、大学令による大学昇格（「早稲田大学」という名称自体は、一九〇二年の東京専門学校からの改称以来使用されていた）にともない、大学予科としての高等学院が設置され、一九二一年に三年制の第一部と二年制の第二部に分け、さらに一九二二年にそれぞれを第一高等学院、第二高等学院とした。

橋本は「わたしは中学編入で一年遅れているので、二年制の第二高等学院を選んだ」趣旨のことを書いているが、正確とは言えない。そもそも、中学校四年修了者を対象とする第一高等学院と卒業者を対象にする第二高等学院は明確な役割分担があったのであり、中学を卒業した橋本が第二へ進学するのはもともと想定されたルートだった。

一方で、橋本は帝国大学入学につながる旧制第一高校（一高）を受験したとの記述もある。本人がのち官房長官に就任した際の『週刊サンケイ』一九六四年一二月七日号インタビューで、「中学卒業のころから政治家か弁護士になろうと考えておった。毎日、政治論を戦わせ、ために一高を受験して落ち、浪人がいやで早稲田に入った」と述べている(41)。

ともかく、橋本は東京行きに照準を定めた。それは、大半の中学卒業生が選ぶ地元エリートとしての道を大きく外れる、チャレンジングな道だった。

だが、先立つもの――資金はどうしたのか。

橋本は晩年になって『季刊慈母観音』一九八二年冬季号に、米問屋の庭先にこぼれた米粒を拾い集め、「チリも積もれば」式に貯金したところ、四〇円近くにもなり、それが大学へ行く学資の一部になったというエピソードを披露している。としても、それだけで学費全体をまかなえるはずもない(12)。

ここで、橋本に一年の空白があったことが意味を持ってくる。「浪人がいやで」と述べているが、そもそも中学を卒業してすぐに早稲田に入ったわけではないのである。

簡単ではなかった東京行きの道のりを今、詳(つまび)らかに知ることはできないが、ひとつ、重要な証言がある。早稲田に行ったのは、銚子に本拠を構える富豪の援助によるものだった、というのだ。

それは二人の妻、二つの墓につながる。その富豪の娘が、最初の妻である。だが戦後離婚し、政界でのし上がっていく橋本の連れ合いとしては、まったく表に出ないまま一九六一年に亡くなった。

舞台を東京に移そう。

2　早稲田の杜の人生劇場――大山郁夫門下生

雄弁会に入る

尾崎士郎の研究で知られ、自らも尾崎に師事した経験を持つ都筑久義によれば、一九一六年四月に早稲田高等予科に入学した尾崎はその年の夏、堺利彦が経営する売文社を訪ねている。「いわゆる「文学青年」というよりも、「思想青年」「政治青年」としてその中学時代を送っていた」尾崎は、大学入学当初からその社会主義的傾向があらわだった（都筑：96）。

橋本が早稲田第二高等学院に進学したのは、尾崎から遅れること五年、一九二一年四月である。すでに早稲田の杜（もり）には、社会主義の風が強く吹いていた。

尾崎が学生運動を「ロマンチシズムとしてとらえた」という都筑の指摘は一面の真実をついているが、一方でリアリズムとして社会改革を考えた側面もみねばなるまい。

のちに社会党機関誌局が出版した『早稲田大学建設者同盟の歴史』の「刊行のことば」として、三宅正一は次のように世情を描く。すなわち一九一〇年の大逆事件以後、社会主義の「社」と言っただけで書店から本が押収されるほどの社会主義に対する厳しい弾圧がつづいた世相は、第一次世界大戦の終結とともに一気に大正デモクラシーの明るさに変わった。日本が連合国側に加わったことによって、連合国側の「デモクラシーを守る」という大義名分が国内にも浸透し、さらにロシア革命の衝撃によって、社会革新思想の激動期を迎えたからである。また戦争で大もうけした成金が続出する一方、格差が拡大し、ストや争議が続発するようになった。その中で、東大の新人会は一九一八年、早稲田の民人同盟、建設者同盟は翌一九年に、初めはデモクラシーの研究・拡充の組織として発足したが、やがて実際の運動にも飛び込んでいく。新人会は主に労働運動に入っていったので、建設者同盟は早稲田的気風も加わって主に農民運動に入っていき、「民衆の中へ」を実践した（建設者同盟史刊行委員会：刊行のことば）。

後述するように、橋本は雄弁会に入り、中心メンバーとして活躍する。前後には浅沼稲次郎、戸叶武ほか、のち社会主義陣営で活躍する人々が並んでいた。また当時の雄弁会を指揮監督していたのは早大教授で、のち労農党党首となる大山郁夫であった。この中で雄弁会が左傾化することは極めて自然であり、事実、公安当局に目をつけられ留置場にぶち込まれるメンバーもいた。またしばしば右翼・体育会系の団体と衝突し、乱闘騒ぎを起こしたりもした。

とすれば、むろん、まだイデオロギーが社会的立場と完全に結びつくまえの時代ではあるものの、橋本が、各種の事件で指導的な位置を占めつつも、最終的には社会主義と自らの立場との間に一線を引いていたことは、少しばかり奇妙に思える。

いささか唐突だが、若かりしころの橋本の男女観、恋愛観をみてみたい。『履歴書』で橋本は、笑いに紛らしながら、「もてないわけじゃなかったんだが（笑）僕は三番目だから、嫁であれ、婿であれ、どっちだっていい立場にあった。あんまりいい立場にありすぎたのと、もう一つ、（略）比較的そう関心がなかったんだ。だから友だち的なものはたくさんあるんだが、そういう発展するようなことにならななかったね。（略）普通のサッパリしたガールフレンドは当時から何人もあったけど、ついにそういうこともなく、大学に入ってからは学生運動を中心になってやったから、残念ながらロマンスはなかったんだよ」と語っている（履歴書：168f）。

だが、これはやや、事実に反する。

橋本には二人の妻がいたことは既に述べた。最初の妻の名は、つなという。一九〇四年八月二九日生まれ。父親は千葉・銚子の名望家、田邊五郎松であった。

田邊五郎松について、詳しいことはわからない。しかし、資料をたぐっていくと、銚子銀行の副頭取兼大株主であったことや、銚子市議会の議員だったことなどが浮かんでくる。

一九四三年の人事興信所編『人事興信録』第一四版に、橋本登美三郎の項が立てられている。それによると、つな（同記事では「ツナ」と表記されている）は千葉、田邊五郎松長女。銚子高女卒。

橋本とつなは二男二女をもうけた。長男太郎は一九九三年に亡くなるが、その妻美耶子は茨城県神栖市で健在である。美耶子によると、つなは生前、橋本の早稲田への進学自体、銚子の富豪である田邊五郎松の援助によるものだと言っていたという。

このあたり、想像を逞しくすべきではないと戒めつつ、資料を集めてみる。橋本家と田邊家との経済格差はどうだったのか。それを推測できる手がかりとして、納税額をみることができる。普通選挙が施行される前、有権者は一定額以上の国税の納税者に限られていた。一八九〇年に初の総選挙が行われた際、有権者は国税を一五円以上納めている二五歳以上の男子のみであった。納税額による制限はその後、一九〇〇年に一〇円以上、一九一九年に三円以上と緩められ、それに比例して有権者層は拡大していくが、それでも普通選挙施行まで、有権者とは名望家に等しかった。

当時の紳士録をみると、有権者名簿が掲載され、同時に納税額が掲載されている。橋本高次郎も田邊五郎松もいずれも地元の名士であり、実業家であったから、紳士録にその名前と納税額をみつけることができる。

富岡如夢編『茨城県紳士録』（大正元―二年発行）によると、潮来町の橋本高次郎の納税額は二一〇円七三銭。柴田太重郎編『房総紳士録』大正一一年版に、銚子町の有権者として田邊五郎松の記載がある。納税額は三九一円。発行時期に一〇年の違いがあり、単純な比較はできないが、少なくとも田邊の財力をうかがい知ることは可能だろう。

橋本美耶子の証言によると、田邊は橋本の東京行き、早稲田での勉学を支援し、同時に長女つなとめあわせたという。一方的な証言ではある。しかし少なくとも、橋本がつなと結婚していたのは事実である。しかも、その時期はかなり早い。結婚の日付は不明だが、長男太郎は一九二八年三月に出生している。橋本が早稲田を卒業し、東京朝日新聞社に入って一年も経っていない時期である。学生時代からなんらかのつながりがあったと考えるのが自然だろう。

とすると、「もてないわけじゃなかったんだが」という橋本の回顧は、事実に反するとは言えないまでも、話の筋をそらしている。もてないわけではなく、もてるもてないという話の成り行き自体から離れたところにいたのである。さらに想像を逞しくするならば、大スポンサーとして長女をめあわせるほどの影響力を持った銚子の名望家の存在は、以下でみていくような橋本の自由奔放（ほんぽう）な政治の指向性にも一定の歯止めとなっただろう。それが、周囲のほぼすべての者が社会主義に影響される状況の中で、がんとして一線を越えなかった、あるいは越えることができなかった理由だったのではあるまいか。

それは、二つの世界に生き、新しい世界にはばたきながらも決して旧い世界を忘れ去ることができないマージナル・マンの悲哀だったとも言える。

一九二一年、早稲田第二高等学院に一期生として入学した。同期生に、のちに朝日新聞社長となる長谷部忠（ただす）がいた。同じく朝日の名文家として名を馳せた荒垣秀雄は第一高等学院の二年に在学していた（履歴書：35）。

当時の総長、田中穂積は、新時代の早稲田は弊衣破帽を誇るのではなく、実社会に通じるジェントルマンシップをこそ養わねばならないと説いていた。関連して、橋本が入学した時に、新しい学生規則が発表された。

そもそも中学時代にバンカラの気風にどっぷりと浸かり、在野精神にあこがれてはいってきた橋本にとっては、おもしろくない。入学早々に開かれた創立記念祭で祝辞を述べることになった橋本は、不満をこめた演説をぶった。「早稲田精神に大きなあこがれをいだいて入ってきたが、校内の木を折るべからず、校舎を汚すべからずにはじまって、子供だまし同然の規則がわれわれをしばろうとしている。これは学生の自由と自治を規制するものであり、早稲田精神の伝統にそむくものである」。

学校側は処分すると息巻いたが、学生たちが怒りだした。「橋本の言うことは間違ってはいない。われわれの意見を代表してくれたのだ。学生の代表であるクラス委員に難クセをつけるとはけしからぬ」。結局、まあまあということで収まった。

勇名を馳せた橋本はさっそく学院の弁論部（大学での雄弁会にあたる）の幹事長をおおせつかった。当時雄弁会を牛耳っていた戸叶武（のち社会党参院議員）らが高等学院の弁論部との連携を強化しており、高等学院のクラス委員をしている橋本に目をつけたらしい。戸叶は橋本と一緒に長谷部忠にも注目して雄弁会入りを勧めたようだが、長谷部は入らなかった。橋本も当初は、雄弁会入りをしりごみしたが、戸叶に熱心に誘われて承諾した。

のちの日本社会党委員長、浅沼稲次郎は三年生だった。浅沼は雄弁会の幹事長であると同時に革新学生の親分でもあった。

当時の雄弁会は、政治に志をいだく青年の集まりでもあった。浅沼、戸叶のほか、日本労農党、社会大衆党を経て社会党に属し、衆院副議長を務める三宅正一、社会党衆院議員となる稲村隆一らを擁して早大雄弁会の全盛期だった。弁論部員は、毎週一、二回「弁論例会」を開いた。のち革新系代議士を輩出したことからも明らかなように、革新の声花ざかりの観があった（履歴書：37）。

同時期に早稲田に入り、橋本とともに雄弁会で中核的な役割を担った渡辺利太郎は、当時を「第一次世界大戦の直後で、いわば北国の春のような時代であった」と表現している。

「永い冬眠から醒めて百花一時に咲き競う北国の春は、梅桃桜とか、何れがあやめかきつばたを見分け難い様に、その頃は熱狂的なソビエット革命の影響や民族自決の解放運動が、急激に世界の隅々や社会組織の末端にまで浸透して、一方には資本主義、国家主義、民族主義、軍国主義等の興隆があるかと思えば、他方にはデモクラシー、社会主義、共産主義、無政府主義等々の諸思想が、未分化のまま混然と一時に開花した時代であった。」（渡辺利太郎：63）

橋本、戸叶の二人は、後年朝日新聞の記者として同じ職場に働き、また戸叶は中国大陸における朝日の協力紙『大陸新報』政治部長兼論説委員長として朝日新聞上海支局次長だった橋本と近しい間柄を続けた。終戦直後には日本民党を結成して政界への志をともにした。

二人の友情を物語るこんなエピソードがある。橋本が官房長官だった一九六〇年の参院選で、社会党の参院議員だった戸叶は公認されなかった。これに憤慨した早稲田出身議員が激励会を開いたのだが、見ると橋本が真ん中に座って「誰々君は演説に行け」「何々君は金を出してやれ」と指示を飛ばしていたという。「これはかなり話題になったが、それでも自民党内で橋本を非難する声は聞かれなかった。橋本のあけっ広げの友情には文句のつけようがなかったからである」（宮崎：288）。

戸叶は橋本について「雄弁会の幹事としてもすばらしい統制力があった。面倒なことは嫌いで、何でも割切っているが、難をいえば、少し独裁的なところがある。それが親分的なところへ通ずるのだろうが、親分としての統制力があり過ぎて、そのために問題がおきると主謀者とみられた。だが彼にはいわゆる権謀術数をもてあそぶ政治屋的な臭（くさ）みは全くない。何よりも友情に厚い男だ」と評している（水戸っぽ：21）。

橋本は雄弁会の幹事のほかに「国際聯盟学生支部」を組織し、「反軍事教育学生同盟」や「新聞会」

にも関係していた。

のち、橋本は『雄弁会八十年史』に寄稿して、次のように当時を回顧している。

「私の雄弁会時代は中野正剛、永井柳太郎、田淵豊吉諸先輩の雄弁を競う時代から、久しぶりに百家諸子の弁論時代が出現したといってよい時代であった。毎晩のように、二〇番教室で、弁論と野次の応酬が行われた。それが雄弁家の勉強会で、毎週一回はどこかの大学で、対抗弁論大会が開催された。この時代はようやく、社会科学が叫ばれ、共産主義の波が学生間に大きくうねり始めた時代である。（略）まさに中国の戦国時代の百家諸子の観があった。」

新時代の弁論は、「討論会的弁論」であるところに特徴があった、と橋本は書いている。単に華麗なる雄弁術、というだけではもはやだれも相手にしてくれず、思想的内容、つまり社会主義や共産主義といった「社会科学」の味付けが必須であった。形式にも変化があった。「ため」や「間」は昔のものとなり、今や機関銃的、速射砲的スピードこそが重要であった。でなければ、聴衆にやじり倒されて、最後まで演説をつづけることができないのである。言い換えれば、講演と演説との区別がはっきり分かれてきたのであった（八十年史編集委員会編：61f）。

橋本のスタイルももちろん、機関銃タイプだった。が、少しでも気を抜くととんでもないことになる。ある日、各大学の弁論部が集まって、東京学生弁論大会が行われた。「壇上に立って熱弁をふるい、ヤマ場でこぶしを振り上げ、名文句を吐こうとしたとき野次がとんだ。「あーら、登美ちゃん、いやだわ」。これでドッと爆笑となって演説はメチャクチャ。速射砲演説が必要なゆえんであった」（履歴書：39）。

さきに橋本が社会主義と一線を画した理由と考えられるものとして銚子のスポンサーの存在を挙げたが、だからといって、ほかのすべての雄弁会学生が社会主義に流れていたわけではもちろんない。

この時代は、日本の学生運動が華やかな脚光をあびた時代でもあった。東大では志賀義雄らの新人会、早稲田では浅沼らが雄弁会を根城に主催した建設者同盟などが学生運動を指導した時代の直後でもあり、橋本らの時代もまた、大なり小なりその影響を受けていた。ドイツ帰りの左翼理論家福本和夫のいわゆる福本イズムが左翼陣営を風靡し、それが後に共産党再建大会の指導理論にもなる時代であったから、早稲田大学もこの福本イズムには多くの心酔者を出していた。雄弁会もまたその影響を受けて共産党に入党するものが続出したが、橋本や戸叶はこの点では一線を画していた。

高等部から大学に入ってから橋本は国際聯盟に共鳴したが、ひとつの理由は「福本イズムに対抗するためであった」という。「橋本が学生時代に没頭したと思われる学生運動や、雄弁会の活躍は、あくまで軍部官僚の独善に対する反対運動で、左翼陣営に属しての活動ではなかった」（水戸っぽ：21）。

典型が、一九二三年の反軍事教練事件である。

ワシントン軍縮会議で軍備縮小が進行し、過剰将校の処遇問題が深刻化した。軍部人員の温存、予備役将校の確保に加え、学生たちの思想対策をも兼ね、計画されたのが軍事教練である。早稲田では一九二三年五月一〇日、軍事研究団が発団式を行った。これに反対して立ち上がったのが「反軍事教育学生同盟」である。その中核は社研（社会科学研究会）グループと雄弁会であった。当時、社会科学とはすなわちマルクス主義のことであったから、社研は完全な左翼である。雄弁会はそれとは違ったが、近い位置にあった。当日の大学構内には「軍閥と闘った大隈の遺志を護(まも)れ」「軍閥の走狗(そうく)を葬(ほうむ)れ」などの立て看板やビラが掲げられ、不穏な空気が漂った（八十年史編集委員会編：30）。

一九二三年五月一一日付『読売新聞』が伝えている。

「「早稲田を売るな！」昨日早大の講堂で開かれた軍事研究団の発会式に猛(たけ)り立つた聴衆の一人が叫ぶ。「青柳恥を知れ」壇上に立つた同教授の面上に正面から悪罵の一矢が飛ぶ。「私は…」挨拶の皮切りをやらうとするのを弥次はすかさず「軍閥主義者であります」とどつと起る笑声…「大隈が泣くぞ」「学校は人を殺すところか」「軍閥のお太鼓持は止(よ)せ」」

五月一二日には雄弁会主宰の学生大会が計画された。これに対し、相撲部、柔道部の一部は、「国家の基礎を危うくする徒輩(とはい)をこらしめよ」などのビラを学内の各所に貼りめぐらし、雄弁会との対決を打ち出した。

当日、戸叶が大隈の銅像を背にし、集まった学生たちを前に開会の辞を述べた。つづいて、浅沼が宣言文を朗読する手はずになっていた。

と、相撲部、柔道部の学生たちが襲いかかってきた。浅沼、戸叶らは彼らから袋叩きにあった。眼鏡は吹っ飛び、血だらけになった。さらにバケツに入れた黄色い糞尿がブチまけられた。学生大会はめちゃくちゃになってしまった（八十年史編集委員会編：30）。

この時期、橋本と親交を築いた一人に、古沢磯次郎がいる。のち、終戦直後に橋本が朝日を退社し新政党「日本民党」を結成した際、実務を取り仕切った。橋本とは終生近しい間柄を保った。

古沢については、塩崎弘明が詳しく調べている。一九〇三年二月一三日、北海道旭川市生まれ。一九二二年旭川中学卒業後上京、明治大学から早稲田大学に転学し、早稲田大学政経科卒業。国民新聞、都新聞、さらに東京新聞で編集局長を務め、一九四四年「日本新聞会」に入り編輯部長となる。新聞統合で統制を主唱した一人である。

古沢は、学生運動が盛り上がった当時の空気の中で、馬場恒吾（つねご）（国民新聞社編集局長、戦後読売新聞社社長）が主宰する「学生時局研究会」（麻生久（ひさし）、三輪寿壮（じゅそう）、稲村隆一、浅沼稲次郎、中村高一ら）に参加し、そこで早稲田大学の戸叶と親しくなった。

古沢と同い年の戸叶は、一九二二年早稲田大学政治経済科に入学し、建設者同盟や早大文化会に関係する。浅沼稲次郎に説得され早大雄弁会に入り、のち幹事。「軍研反対運動」では浅沼らとともに中心的役割を果たした。

古沢が早稲田に転学したのは、戸叶のすすめだったという。塩崎は、転学の背景に「共産系とは距離をおき」、「古い形を革新的な方向に展開しようとした」戸叶らの活動に対する共感があったのではないかと推測している。まさしくそれは、橋本がとっていたポジションでもあった。

一九二四年から一九二五年にかけて古沢が関係したころの早大雄弁会は、会長大山郁夫、幹事を戸叶と橋本が務めていた。

橋本は毎日学校へは出て行くが、講義にはほとんど出席せず、もっぱら雄弁会事務所を根城にしていた。二学期の終わりごろ、学生課長に呼び出された。「君は出席日数が足りぬ。三分の一以上出なくちゃならぬのに、十分の一も出ていない。この調子だと落第だぞ」「そんなことはない。ぼくは毎日学校に出ている。弁論部の部室で熱心に社会と歴史を考えている」「それじゃあダメだ」。そんな調子だったが、なんとか落第はせずにすんだ（履歴書：38）。

大山も心配した。「君は雄弁会には熱心だが、講義には出てこない。何故だ」と聞いたことがある。橋本は答えた。「プリントを見れば、先生の講義はわかります」「プリントでは質問ができないだろう。教室なら質問もできる」「先生は講義が終ると、いつもさっさと帰ってしまいます」。

一九五一年、まだ入閣する前の陣笠代議士時代の橋本は『早稲田学報』九月号に寄稿し、「自由党早稲田派」という言葉を使っている。「特別のグループがあるわけではない。（略）然し、大体としてはつぎのやうな傾向をもつとはいへるだらう。即ち自由主義左派である。別の表現では新自由主義者である社会民主主義と紙一重のところにある」（23）。むろん、ここでいう新自由主義とは現在用いられるようなネオリベラリズムのことではない。

全国制覇、そして大陸へ——遊説という冒険

学生運動にロマンチシズムとリアリズムの両方の側面があるという指摘に従えば、橋本の早稲田時代のクライマックスは、二度の遊説旅行だったと言える。ひとつは、一九二四（大正一三）年の夏に敢行した北海道、樺太（からふと）への遊説。もうひとつは一九二五年の台湾、中国、満洲、朝鮮半島をめぐる大陸遊説である。

社会改革の志はもちろんあったが、同時に、旅というロマンチシズムがそこには横溢していた。さらに言えば、橋本の特性としての交通＝コミュニケーションへの指向性の強さもみることができるかもしれない。

一九二四年、清浦奎吾内閣が倒れ、加藤高明のいわゆる護憲三派（憲政会、立憲政友会、革新倶楽部）内閣の出現にいたるまで、橋本らの雄弁会は慶應その他の大学、高等学校と呼応して、護憲三派政権の実現のため論陣を張った。橋本は茨城県担当で、早稲田、慶應と、水戸高等学校の弁論部員など約一〇名で茨城県内各地を遊説して、護憲三派支援の演説をブチ上げた。学生が社会から敬意を集めていた時代でもあり、演説会はどこでも多くの聴衆を集めた。

夏休み中、国内遊説を数班に分けて実施するのが毎年の行事であった。全国各地を遊説することを雄弁会では「全国制覇」と呼んでいた。

一九二四年、橋本たちは宇都宮を振り出しに北海道から樺太へかけての反軍遊説旅行に出かけた。戸叶武が団長で、メンバーは橋本登美三郎、古沢磯次郎、渡辺利太郎らであった。どこに行っても警官や憲兵が監視の目を光らせていた。にもかかわらず聴衆は二〇銭の入場料を払って詰めかけた。

橋本の演題を追ってみよう。大日本雄弁会講談社（現在の講談社の前身）が出していた雑誌『雄弁』一九二四年一〇月号に一覧が掲載されている。

七月五日　宇都宮（下野新聞講堂）「民族意識に現れた日米問題」

七月七日　函館（市公会堂）「政治的闘争とその意義」

七月九日　小樽（小樽倶楽部）「政治の新展開と社会的意義」
七月一〇日　札幌（札幌時計台）「政治的闘争期に於ける社会諸相」
七月一一日　旭川（第二神田館）「現代政治の虚盲（ママ）性と民衆生活の不安」
七月一三日　名寄（電気館）※橋本の登壇なし
七月一七日　豊原（豊原高女講堂）「生活意識よりの自由解放」
七月一八日　大泊（おおどまり）（大泊記念館）「今日の政治及社会を俯瞰（ふかん）して」（253f）

北海道から樺太・豊原についたときには手持ち予算も少なくなってきていたので、日程を繰り上げて海路大泊から小樽に引き返した。おかげで一行は命拾いをする。七月二七日午後八時過ぎ、大泊から小樽に向かう連絡船大礼丸が、濃霧のため衝突事故を起こして沈没、乗客乗員一七五名が死亡する惨事となった。それは一行が乗るはずだった便であった。

翌年、台湾、中国、満洲、朝鮮の遊説旅行を敢行した。七月五日から約二カ月にわたる大旅行だった。第一次世界大戦終結による民族自決の意識の高まりは、一九一九年三月一日の朝鮮半島における三・一運動、同年五月四日の中国における五・四運動に発展し、東アジアでは新しい国づくりの思想運動が大きなうねりになりつつあった。そこで大陸の実情を視察かたがた、中国や朝鮮半島、台湾の学生や指導者と意見の交換をしようと計画を立てたのである。

台湾から大陸の広東に入り、上海、南京、北京と北上して、旧満洲を巡り、朝鮮半島を経由して帰国するという遠大な計画だった。橋本が団長を務め、渡辺利太郎、伏見武夫、植田公男、大賀駿三の五人が参加した。

当時の金で二万円が必要だった。そんな大金があるわけがない。そこで大学側に交渉したら「一〇〇〇円までは出してやるが、残りは先輩たちのところを回るなりして君たちが集めたまえ」という答えが返ってきた。

さっそく先輩のところに押しかけた。大正末から昭和にかけての深刻な不況期で、反応が鈍い。学生たちは理想の高さと計画の大きさに酔っているから、寄付が集まらないことにだんだん腹が立ってきた。

そこで、荒っぽい手段に出た。「ある先輩が、別宅にかくれて住んでいるのを知って出社前を押えようと、朝早くおしかけた」。今で言う愛人宅である。「先般お願いした寄付五〇〇円をたまわりたい。お会いいただけない場合は、ここでいつまでも待ちます」とメモを残した。数日後、早稲田大学総長から呼び出しがあった。「君らは少し無茶だ。学校の信用にかかわることをしては、まことに困る」。こごとは食ったが、五〇〇円はいただいた。

予定の半額を集めたところで時間切れとなったが、貧乏旅行は覚悟の上である。五人は勇躍出発した。まず台湾に渡った。到着して、新竹で独立運動に挺身している青年グループに会った。驚いた総督府から、台湾まで来て不穏分子の扇動をするとは何事ぞと叱責され、講演会、座談会は一切まかりならぬということになった。

次いで厦門（アモイ）に着いたが、危険だから上陸は見合わせよと足止めを食らってしまう。無理に頼み込んで上陸し、市中を観察した。橋本とともに行動した植田公男は、「華僑の本拠だけに豪奢（ごうしゃ）な邸宅などもあつたが、初めて接した支那の民衆といふものは惨めな生活をしてゐるものだと感じた」と書き残している（植田：91）。

香港を経て、当時排外運動の根拠地と目された広東へ行こうと試みたが、総領事から生命の保証はできないと言われた。四人はあきらめたが、中国専門家をめざしていた渡辺利太郎だけは最後まで広東入りを策した。渡辺は二週間待ち、軍艦に便乗を許されて初志を貫徹した。手引きをしてくれたのは、のち産経新聞副社長を務める当時同盟通信特派員の横田実だった。「夜は空き家となっている沙面島の日本領事館に起居し、昼は単身広東市内に潜入」して国民党幹部や広東大学長らと会ったりした（渡辺利太郎：65）。

一方、香港はと言えば、緊張はしていたものの、市中では森永のキャンデーストアに「日本のアイスクリームは美味しい」とやってくる現地のモダンボーイ、モダンガールで賑わっていた――と植田は書いている（植田：92）。

橋本は『雄弁会八十年史』所収の「革命の戦火―くすぶる中を」と題した一文の中で「思想的には共産主義勢力が学生間にも多少波立ってきた初期である。雄弁会としては思想団体でもないので革新派的傾向ではあったが、進歩的自由主義といった程度であった」と述べているが、あまり気楽な情勢でもなかった。ただ、そこは学生であり、冒険心、好奇心が一行を支配していた。「蔣介石が革命勢力を導いて中国の大半を席捲しようとするその前年であったので、この青年勢力と懇談し、日本の新鋭勢力に結びつける使命であった。勿論、これは結果的には夢であったが、遊説班としては重要な意義があったし、僕としては後年、朝日新聞特派員として、南京、上海等各地に駐在したのであるから大いに助かったし、参考になった」（八十年史編集委員会編：172f）。

橋本が国際聯盟協会の一員だったことは先に触れたが、機関紙『国際知識』一九二五年一〇月一日号に寄稿を見つけることができる。

「［読者の手紙　北京にて　橋本登美三郎］日本電通北京支局の濱野氏の御骨折で、北京メトロポリタン、ホテルで上海学生団代表三名と会見し、各種の事情及び思想に関して懇談した。一両日の内に、北京学生団代表と会見する事になつてゐる。且事情さへ許せば日支学生の大懇親会を開きたいと努力してゐる。（略）北京は愉快ですよ。自由はあるし、時局は相当面白くあるので仕事が多い。ロシアの赤化の手が学生団にのびてゐるのだと云ふことは日本の資本家と英紙の宣伝にすぎない。何もロシアの手を借りて同じまねをせずとも、支那新人は自分の力で自分の智識で革命できる。何もロシアがどうのかうのと宣伝するのにも困つたことです。又支那の学生及び新人の恐れるところは、日本が英と同盟或は提携して、支那を武力的圧迫をするのではないかと言ふ杞憂です。勿論そんな馬鹿なことはあるべきではないが、日米の資本家の或一部でおどし文句にそれを宣伝するらしい。我々は万一にもそんな馬鹿なことはさせることはできないのみならず、今日の支那を苦しめている不平等条約、租界回収は全然認めてやるのが至当なことである。」（128）

これを読むと、当時の橋本が後の保守政治家として重きを為すとは思いもつかない、革新派の青年だったことがわかる。

「大いに革命的精神を感受したわけで、この一行から後年、共産主義的行動に出るような人が出たのも、この革命戦火の煙を身に受けたためと思う」（八十年史編集委員会編：173）。北京の学生の思想は急進的で、蔣介石を助けてはいたが、次への踏み台以外には考えていない、と橋本は観察した。

満洲に渡った。満洲は日本の勢力下にあって表面上、無事泰平であった。橋本の眼にはなんとも物足りず映った。

「革命勢力が北上しつつあるにもかかわらず、高位高官は真昼の夢の中に安んじていた。雄弁会一行も手の出しようもなく満鉄の宿屋に、南京虫にくわれて満洲見物だけが仕事であり、話し合うべき満人も勿論、みつからなかった」（八十年史編集委員会編：173）。

朝鮮でも独立に賛成するような演説をやって大問題になった。戦時下で橋本は中国特派員として大陸を飛び回り、戦後、佐藤栄作内閣、田中角栄内閣において日韓、日中国交正常化にかかわっていく。そこに若き日の東アジア遊説の記憶は何らかの形で作用していたのではないか。

「僕は当時を追想するたびに、政治行動は必ず民族主義を伴うものであることを思うと共に、民族主義を伴わない思想行動は政治行動として成功しないであろうという見解に立っている。当時の新中国運動も、今日の毛沢東主義も民族主義を基調として政治行動が思想化されていると思う」（八十年史編集委員会編：173）。

のちに旅を総括して、橋本はこんなふうに回想している。

最終学年になっても、遊説に精を出していた。いくつかが記録に残っている。

一九二六年度国際聯盟協会会務報告（国際聯盟協会）によると、五月二一日に早大支部において、橋本は「階級精神の帰一性と国際運動」と題して講演を行っている。続いて論壇に立ったのは、鶴見祐輔で、演題は「理想主義と現実主義との十字街頭に立てる現代米国を論ず」であった（21）。

九月二六日には、足利市での下野立憲青年党大会に出席した。この際、田中正造翁の墓前にて一同記念撮影をしたと『新使命』一九二六年一一月号にある（104）。

一二月一〇日には午後三時から早稲田大学支部で講演会が開かれ、「聴衆堂に溢れ例によつて盛況を極めた」。橋本の演題は「戦争思想と日米帝国主義」。市川房枝が「国際労働機関と婦人」の題でそれに続いた、と『国際知識』一九二六年一月一日号に残っている（125）。

> 「当時、建設者同盟があり、浅沼稲次郎等が中心であったが、雄弁会とは別の団体であり、雄弁会は学校のクラブ活動の団体であったので、私は出来るだけ区別して運営にあたっていた。もちろん、雄弁会の有力メンバーが、建設者同盟に関係をもっていたことから、誤解を受けることもしばしばであった。ともあれ、当時の雄弁会は革新思想の燃え上がった時代であり、百家諸子が談論風発の、いくつかの思想がもみあっていた混迷の世相であったので、青年の情熱に熱気を吹き上げ、蘇秦、張儀とは別種の論客を生み出した時代である。」（八十年史編集委員会編：62）

この文章を書いたころはすでに代議士として重きを為していたころである。いくら大学時代のこととはいえ、左翼青年ではなかったことを強調しておく必要があったのだろう。

「当時は学生運動のれい明期で、ここから農民運動や労働運動の幹部になったりした。（略）しかし私は初めから別の道を歩いていたのだ。私は雄弁会その他で何百回何千回の演説をしてきたが、「革新」という言葉はつかっても、決して「革命」という言葉は使わなかった。私は自由主義者であり、自由な社会というものは、改良、改革、革新によって永続的につづいていくべきものであると考えていた。」（履歴書：59）

もっとも、青春の日常はそうした政治的命題よりもしばしば優先された。家賃節約のため五、六人で鬼子母神の近くに安い家を一軒借り、水滸伝にならって「梁山泊（りょうざんぱく）」と称した。天下国家を論じつつ、腹を満たすのはもっぱら盛りそばで、二週間に一度のカツライスが最高のぜいたくだった（履歴書：43）。行きつけは、卵とじカツ丼やカレー南蛮の発祥の店とされ、多くの早大生が通った一九〇六年創業のそば屋「三朝庵（さんちょうあん）」。同店は二〇一八年七月三一日、惜しまれつつ閉店した。

大山事件と卒業

橋本は東京で反軍事教練運動のリーダーということになっていたので、特高の監視下にあった。夏休みで郷里の潮来に帰り、例の「汽車」に近在の青少年を集めていた時のことである。毎日のように同じ人間が二人ずつ、橋本家の周りをうろついていることに登美が気付いた。

「あなた方は朝から晩まで、わが家の様子をうかがっているようですが、なんですか。用があるなら話しなさい」

「それでは申し上げますが、息子さんの登美三郎君は、警視庁の要注意人物です。私は警視総監の命を受けて、あなたの息子さんを監視しているのです。私は特高の者です」。

登美は敢然と反論した、ということになっている。

「私が産んだ私の子供が、どういうことをするかは私がいちばんよく知っています。（略）お国の迷惑になるようなことをする子供では絶対にありません。あなた方が何日間もここにいるのは、国の費用のムダです。（略）安心してお引きとり下さい」

特高が引きあげていったあと、登美は、「おまえは何か悪いことでもしているのか」と橋本をただした。

「いいや、決して悪いことはしていません。ただ軍隊教育を学校の中にまで入れることには賛成できません。国を守ることと、軍隊教育をすることは別のことです。ぼくは、その二つを混同する考えの人に反省を促すために行動したのです。社会を破壊するような考えはありません。ちっとも天に恥じることはしておりません」

「おまえの言うことを信ずるから、決して国に迷惑をかけるようなことはしなさんなよ」（履歴書：44f）。

ある夏、戸叶武、渡辺利太郎ら雄弁会の同士十数人を引き連れて生家に帰った。あいさつに出た母は「登美三郎はおとなしい子で、人前ではろくに口もきけない子です。みなさんよろしくご指導下さい」と言って、深々と頭をさげた。みな神妙な顔をしてその言葉を聞いていたが、母が立ち去るや、「橋本がおとなしいとは」と爆笑になった（履歴書：44-47）。

一行は一週間ほど泊まり込んだ。登美は機帆船を仕立てて、みなに銚子や水郷地帯を見物させた（水戸っぽ：30)。

卒業を控えた橋本の大学時代の最後をゆるがしたのは、「大山事件」である。

早稲田大学のホームページなどを参考に、経緯を概観しておきたい。

一九二六年一二月一二日、早稲田大学教授の大山郁夫は四六歳で労農党の中央執行委員長に選出された。当初、早稲田の学生はお祝いムードであった。一二月一六日付『早稲田大学新聞』は「稲門(どうもん)の屋台から送り出さるる無産党の闘士」と見出しを掲げた。

となると、教授を辞するということになるというのが、当初大山、大学当局に共通する気分であった。ところが、社会科学研究会の学生を中心に留任運動が盛り上がった。

どうも、大山にはあいまいなまま状況に流される傾向があったらしい。年が明けて一月二四日、大山の辞任問題を検討する政治経済学部教授会が招集された。これを察した学生たちが大山留任を教授会に訴えようと、学生大会を開いた。

一月二七日付『早稲田大学新聞』は、「「都の西北」の合唱裡に／第一回学生大会開かる／教授会の公開を求め／薄暮に到るも去り止まず」との見出しの記事を掲げている。中央校庭に学生約三〇〇〇人が集まり、当局側の監視人員を見つけ出してつるし上げたりしているうちに、四〇〇〇人にもふくれ上がった。

大学側は大山の解職を強行したが、これに対して学生たちの反対運動が盛り上がり、告別演説として大山が激烈な大学批判を口にするなど、大騒ぎになった。

二月二三日付読売新聞は「大山教授の辞職問題から糸を曳いた早大の紛糾」を取り上げ、第一、第二高等学院の学生二〇人以上に退学を含む厳しい処分を発表したことから、いったん沈静化しつつあった騒ぎが再燃したと伝えている。橋本は一九一六年卒ですでに衆院当選一回だった西岡竹次郎らとともに学校当局を糾弾する決議をまとめた。校友一〇〇〇人以上があつまった緊急会合で、橋本は座長を務めた、とある。

ここからは橋本の説明に拠る。大山は雄弁会の会長だから、雄弁会のメンバーとはもちろん極めて親しく、師弟関係にあると言ってよかった。「雄弁会を中心とする進歩革新派の学生は、学校側の措置に対して非常に憤慨した」。橋本は「実力行使やむなしとハラを決め（略）木刀のようなステッキを持って教授会に乗り込んだ」。なぜステッキかというと、当時バンカラを気どって学生たちがよくステッキを持っていたからだという。後には三〇人ぐらいの学生がつづいた、と、記憶は具体的である。さすがに大山も「キミたちはなにをするか」と驚いた。教授会は流れたが、その後、騒動はさらに大きくなる。紛争の途中で雄弁会の幹部を集めての激論があったという。橋本は「先生は大学に残るべきである」と主張した。

橋本によると、「先生の力で、今の古い大学を新しい姿に変えてほしい。新生早稲田の人柱になっていただきたい。そのためなら私も全力をつくして協力いたします。しかし、先生が社会主義政党の先頭に立って旗を振られるということになれば、残念ながら私はついてまいりません。はっきり言うならば反対である」（履歴書：57）と述べたという。

橋本の意見は、急進化していた学生たちの中で異端であった。一瞬の沈黙のあと、当時の建設者同盟系の数人が発言した、と橋本は回想している。「橋本。君の考えは間違いだ。新しい思想にもとづく新しい政党によってしか、いまの日本の政治は救えないのだ」。だが、橋本は意見を変えなかった、と自ら述べている。

「私は大学には残らない。同志のすすめる政党を組織して、政治革命のために乗り出す。どうしても橋本君はついてこれないのか」「私はこれまで述べてきた信念を変えることはできません。したがって、先生が決意されたことについて、これ以上申し上げることはございませんが、残念ながら、ここでお別れするほかありません」(履歴書：58f)。

このように橋本は、大山との決別を名場面風に描いている。

「大山事件」の最中に、朝日新聞社の入社試験に合格した。大学側は一五名を退学とする処分を行ったが、橋本や、渡辺利太郎はすでに卒業していたので、処分を免れた(水戸っぽ：26)。

大山は、労農党の委員長になって四国の香川県から立候補し、一九三一年にはアメリカに亡命した(水戸っぽ：27)。

学生時代の橋本を取り上げた『万朝報』(大正一五年一月一四日付)の記事がある。「各学校の雄弁会を訪ねて」と題し、「冷やかに輝く瞳に妥協の隙を与へぬ早大の橋本登美三郎君」という見出しが付いている。

「頑強な軍教反対運動の第一線に立ち、衣(ころも)破れ、肉裂けてなほ屈せず冷やかに輝く瞳に反逆の燃ゆる熱血を注いで、一言一句も抜きさしならぬ論理的明快の弁、論いよいよ深み、熱いよ〳〵加はり、過激極度に達して論者先づ声を挙げて泣き、聴衆また共に泣くものに橋本登美三郎君がある。――早稲田政治科三年に在籍して傍ら、社会科学研究会員となり（略）――君は純然たるマルキストだ。君がマルキストたる又如何なる方面から見るも当然すぎる程当然の事だ。」

ここでは橋本はマルキストと描かれている。『水戸っぽ』は、「橋本はマルキストであったことはないし、また社会科学研究会にも加入していない」と大急ぎで付け加えているが、後世から処断できるほど、当時の立ち位置は明確ではなく、揺れ動いていたものだったのではないだろうか（水戸っぽ：32）。

名古屋地裁の裁判官であった坂本英雄による『思想的犯罪に対する研究』によると、「共産主義系統図」のページに「早稲田自由協会」の団体名が立てられ、メンバーとして大山郁夫、戸叶武、渡辺利太郎らと並んで橋本登美三郎の名が上がっている。もとより誤差はあるだろうが、このページに登場するそのほかのめぼしい名前を拾うと、中野重治、鹿地亘（かじ わたる）（日本プロレタリヤ芸術聯盟）、青野季吉（労農芸術家聯盟）、難波英夫（東京記者聯盟）、亀井勝一郎（新人会）、野坂参弐（参三の本名、産業労働調査所）らの名前がみえるから、橋本をマルキストと呼ぶのがまったくのでたらめというわけではなかった（坂本：164f）。

その傾向が朝日新聞記者時代にどうつながり、二〇年近くに及んだ記者生活でどのように変容し、さらに政治家としての後半生にどのようにつながっていったかは、これからみていくことになる。

『水戸っぽ』が明らかにしている秘話がある。

戦後、長い亡命生活から大山郁夫が日本に帰ってきたときのことだ。一九五〇年の参院選に、大山は日本社会党、日本共産党などで構成される全京都民主戦線統一会議（民統）の支援を得て立候補、当選する。そのとき、橋本は吉村正に託して、秘かに大山の政治活動費の一部を支援したという。『水戸っぽ』は、「いまとなっては表面に出してもいいことだろう」と書いている。つまり、橋本はこの事実を歴史に残しておきたかったのである（27）。

第二章

戦前朝日の「行政官」
（一九二六―一九四五）

東京朝日新聞　昭和十二年八月十七日

重圍の南京を脱出す

青島にて橋本・山本兩特派員十六日發

嗚呼遂に最後決意の時

聲涙共に下る悲壯の袂別

鐵塔に飜る日章旗に祈る

辛くも虎口を脱す

皇軍空爆の三時間前

ピストルを擬して

大砲が殷々として

南京の日本大使館

南京脱出記（東京朝日新聞 1937年 8 月 17 日付）

「大衆とは人民でも社会でもなく、通行人の群れにほかならず、革命的な群集の一団が理想的形態を取るにいたるのは、生産現場においてではなく、街路においてである。それも、彼等が一時的に機械の技術的中継具であることをやめ、自ら発動機（突撃機械）すなわち速度生産者となるときに。」（ポール・ヴィリリオ（市田良彦訳）『速度と政治』平凡社・二〇〇一年）

1　朝日入社、満洲事変、札幌通信局――〝特ダネ〟の内実

朝日新聞社に入る――生意気盛りの社会部記者

一九二七（昭和二）年、朝日新聞社に入社した。早稲田の先輩にあたる美土路昌一、鈴木文史朗（本名は文四郎、文史朗は筆名）らから入社を勧められたという。

朝日新聞の入社は、当時すでに試験入社となっていた。最初の試験入社は一九二三年で、その一期生だった細川隆元が当時のもようを書きとめている。二五〇人くらいが受験し、採用になったのは一五人というから狭き門であった。

昭和戦前期の朝日は、名物記者、名文家がきら星のように並んでいた時代だった。東京朝日を仕切っていたのが緒方竹虎、そして美土路。緒方に連なる政治部を中心とする硬派の系列に関口泰、野村秀雄、香月保、白川威海、細川隆元、壁谷祐之、長谷部忠、田畑政治といったところがいた。社会部など軟派の代表格が美土路で、その下に原田譲二、鈴木文史朗、北野吉内、荒垣秀雄ら、これまたそうそうたる面々が続いた。

以上は細川の見立てだが、そこに橋本は入っていない。戦後の執筆であり、代議士になっていた橋本を書きづらかったのかもしれないが、どうも橋本は「一選抜」、あるいは「トップランナー」というわけではなかった気配もある。

朝日新聞の同期生には、長谷部忠、荒垣秀雄らがいる。長谷部はのち社長、荒垣は戦後の「天声人語」を任される名文家として名を成した。

橋本が入社したころの東京朝日は緒方が主筆であったし、であればそこに連なるラインとして硬派が主流だった。硬派の政治部記者は、「人殺しや火事場記者と、天下の政治を扱う記者といっしょにされては困る」といいばる。軟派がおとなしくしているかというとそんなことは全然なく、「どうも行末は大臣の鞄持ちか、陣笠代議士しか狙っていない癖に、壮士記者などといっしょになれるか」などとケナす社会部記者との間には、絶えず対抗意識があった（細川 1958 : 28）。その関係性は、今でもさほど変わっていない。

『履歴書』によると、初めは宮内省詰めの記者になれと言われて届け出をしたところが、却下されたという。早稲田時代の武勇伝が邪魔をしたのかもしれない。当時の社会部長は鈴木文史朗だった。鈴木は一九一七年、美土路の誘いで東京朝日に入社し、伝説的な特ダネ記者として知られた。第一次世界大戦の終結を決めたパリ講和会議の際、西園寺公望全権団に同行し、オランダからベルリンに単身入って講和成立後のドイツの政情を伝える記事を書いたり、日本が講和会議に提案した人種差別撤廃案に反対したオーストラリアのヒューズ全権と単独会見したりするなど活躍した（今西 : 239）。「国際派社会部記者」とも言うべき鈴木の活躍の軌跡は、その後中国を舞台に橋本が進んでいく道のお手本になったようにも思える。

とりあえず遊軍に一年くらいいた。主な仕事は出先から電話で吹き込んでくる原稿取りである。これが案外難しい。まず、茨城県人には「い」と「え」との区別がつかない者が多かった。事件現場や警視庁から続々と電話で原稿が送られてくるが、「「い」ですか「え」ですか」と念を押しているうちに、向こうはイライラして怒り出す。

朝日の先輩として、のちに代議士として同期となる篠田弘作(こうさく)がいた。篠田は貧しい境遇から緒方に見出された経緯があり、早稲田専門部に通いながら記者をするなどしていた。年齢は橋本の二歳上、入社も橋本より四年先、しかし早稲田の卒業は橋本より後、と少々ややこしい。橋本の入社当時、篠田は社会部長の鈴木と衝突し、「出社に及ばず」ということになって警視庁担当となり、本社にはまったく上がってきていなかった(篠田:195)。

当然、原稿は電話で送ってくる。電話番は橋本である。ハイハイと受けていたが、篠田はペラペラと原稿を読み上げるし、速記でもとれと言わんばかりにまくしたてるので橋本は何回も聞き返す。篠田は「このバカヤロー。そんなことじゃ間に合わねえ、替われ、替われ」と怒鳴った。

新入社員だから、まずは「どうもすみません」といって替わったが、釈然としない。橋本も本来は気性が荒いから、篠田に「おれがとれなかったのは悪いが、バカヤローといったな」とケンカをふっかけた。篠田は「なんだ、文句があるのか」などといったものの、逆に仲良くなった。「わかった。おれはバカヤローというのが口ぐせだから気にすんなよ」ということだった(履歴書:170f)。ちなみに篠田はのち日本初の砂浜での掘込み港として苫小牧港を完成させ、その系譜が橋本が深くかかわった同じく掘込み式の鹿島港開発につながる。

入ってから三、四カ月目に徳冨蘆花(ろか)が死んだ。絶縁状態にあった兄の徳富蘇峰(そほう)と、臨終の際に和解したという感動的なストーリーでもあり、かなりのニュースであった。「一代の文豪だから大事な記事だぞ、三段、四段になる記事だ」と言われ、勇んで取材に行った。帰ってきて、鈴木に「何してるんだ、締切りに間に合わないぞ」とせかされながらともかく五、六〇枚書いた。「ところが部長はその原稿を読んでは片っぱしから捨てちゃうんだ」。結局残ったのは三枚ぐらいしかなかった。鈴木は「これは使えるが、しかしこれだけでは記事にならん。夕刊に記事が載るから、それをよくみて勉強しろ」と言う。原稿を書いているのは自分だけかと思っていたら、別なだれかがもうすでに行って原稿を出していたのだった。夕刊をみたら、知らない原稿がちゃんと四段抜きで載っていた。その後もしばらく電話番が続いた(履歴書：169f)。

昭和初期の朝日では自動車などもふんだんに使えた。首相官邸や政党の担当記者には、一日中自動車が付いていた。一杯飲み屋にも待合にも自動車がお伴していって、飯も食わせ酒も飲ませた。

当時の朝日に、近藤武夫という社付きの運転手がいた。新米の記者あたりが近藤を知らずに、記者然として車にでも乗り込もうものなら、いきなり「君はいつ入社したんだイ」とやられて、まずぺしゃんこにされてしまう。橋本も、「入社間もなく近ちゃんの自動車に乗り、「青二才のくせに」とやられて、日比谷公園の真中で車からおろされてしまった」と細川隆元は書いている(細川 1958：40)。

初任給は七〇円だった。半分の三五円を、「これで何かおいしいものでも…」と添え書きをして、登美に贈った。のち母の登美がガンを患い六五歳で死んだ通夜の日、兄の豊造が仏壇を盤理していたら、紙に包んだ三五円が出てきた。

社会部時代の橋本の思い出を、しばらく後に入社し社会部に配属され、のち芥川賞をとった小説家の倉光俊夫が書いている。

「内閣官房長官の橋本登美三郎さんは社会部の先輩だった。だからこっちは、口をきいたこともあるし、僕たちが警察から入れた第一報で橋本さんが現場にとんできたり、僕たちの電話をとってもらったこともある。当時の朝日社会部は、荒垣秀雄、渡辺紳一郎、門田勲といったような名文家をそろえていて僕なんかにいわせれば戦争前期の（昭和六年ごろから十二年にかけての）朝日の社会部の黄金時代だった。こういう時代に、僕は新聞記者として育てられたことを、いまでも幸わせにおもっているが、橋本さんも、そういう大遊軍のひとりだった。正直いって、そのころの橋本さんはこわい人だった。もともと口数のすくないひとだったのか、無駄のことはいわないというひとだったのか、その辺のところはよくわからない。が、いつもたいていむっつりとしていてペイペイどもには近づきがたいものを感じさせた。」（倉光：10）

自伝や評伝の類に登場する橋本には、一貫したイメージがある。熱血漢で、張り切り屋で、情誼（じょうぎ）に厚く（忠臣トミさん）、万事鷹揚（おうよう）（アバウトのトミさん）というイメージである。だが、そうしたパブリック・イメージをかすめるように、突然予想できないような素顔が出てくることがある。この、いつもむっつりしていて近づきがたいというのもそのひとつだ。政治家当時の橋本の印象をきくなかでも、そうした印象がたまに飛び出すのは共通している。橋本登美三郎という人格は、一筋縄ではいかない複雑さを抱えているようである。

特ダネにかけた青春――満洲に飛ぶ

一九三一年九月一八日夜、満洲事変が起こった。日本の方向を一夜にして動かしてしまった大事件だが、新聞社にいた橋本も人生が変わるほどの影響を受けた。そもそも、新聞社自体が変わってしまった。満洲事変は、ニュースを伝える速度の変化がメディアを呑み込み、大衆を呑み込んだ事件だった。

そのもようは、朝日が事変を総括して出版した『上海・満洲事変全記』に、整理部長に昇格していた鈴木文史朗が書いた前書きによく現れている。名文家で知られる鈴木だが、まさしくこのときの筆は〃踊って〃いる。

事変第一報が至急報として東京朝日の編集局に入ってきたのは、一九日午前二時ごろだった。最終版の締切が過ぎ、一風呂浴びようかという頃合いだ。新聞人ならおなじみの、切れ目なく緊張が続く日々の中で、わずかながらほっとできる瞬間だ。

鈴木は書く。

「「奉天で日支軍衝突！」「原因は支那正規兵の満鉄線爆破…」（略）編集局員は総立ちとなつた…同じく印刷局員も総立ちとなつた。あらゆる機関は即時に動きはじめた。この総立ちこそは国民総立ちの第一であつたに相違ない。」（朝日新聞社編：1）

この、人も物も高まる速度に巻き込まれていく興奮の中で、遊軍の中核として存在感を示していた橋本に現地派遣の指令が出た。橋本は現地に飛ぶ。それは、朝日新聞記者としての方向性を決定づける。

というのは間違いないのだが、朝日が現地に派遣した特派員は、橋本だけではなかった。橋本ら数名、でもなかった。鈴木によると、「弾丸の中を文字通り第一線に立つ特派員は満洲及上海に前後百余名も派遣された」。この中にはもちろんカメラマンも含まれているだろうし、おそらく移動や機材管理運営にあたる業務担当者も含まれる数字だろうが、それにしてもすさまじい物量作戦である。さらに、「本社の飛行士六人と一五台の飛行機は、吹雪の満洲の曠野を関東平野の如く、朝鮮海峡を琵琶湖の如く見るかのやうに飛び交うた」（朝日新聞社編：3）。橋本は、圧倒的な物量作戦のうちの一人にすぎなかった。

加えて、橋本は一度、派遣を断っている。これには、登美が絡んでいる。

朝日の紙面によると、事変突発翌日の九月一九日にはすでに記者、写真班員合わせて八名を現地に急派している。この便には橋本は入っていなかったが、その後も続々と増派される中、声がかかった。登美に知らせるため、かつ、心配させないため、生家に電報を打った。「社の命で満洲へ特派員に…しっかりやってきます。ご安心下さい」。

翌日、登美が上京して来た。「おまえの部長さんと話をしたい」と言うから、橋本はてっきり、特派員にしてくれたお礼のあいさつだと思って、社会部長に取り次いだ。鈴木の後任として、社会部長は北野吉内に変わっていた。登美はいきなり北野に告げた。「私のせがれを戦地にやるわけにはいきません。戦争がこわいからではありません。私は戦争がきらいなんです。残しておいてほかの仕事をさせて下さい。どうしても親が嫌いなところへやるというのならば、きょう限りでやめさせてもらいます」

これには橋本も北野も困ってしまった。相手は登美である。説得がきくような相手ではない。「お母さんのお気持ちはよくわかりました。取りやめることにしましょう。安心してお帰り下さい」北野はそうとりなして母を帰したが、「弱ったね。君どうする」。

満洲事変はさらに拡大の兆(きざ)しをみせ、やはり北野は、ぜひ行ってくれと言い出した。橋本も行きたい。「今度はとにかく、おふくろには黙っていきましょう」と、奉天に飛んでしまった。これを知った登美は即刻上京、夜の九時ごろ大森の北野邸に乗り込んだ。

「あなたはけしからぬ。やらないと約束しておきながら息子を戦地にやった。すぐに呼び戻して下さい」

北野は困った。「息子さんを兵隊にしたわけではない。息子さんは戦争の様子をみなさんに知らせるために行ったのです」。もう橋本は現地に飛んでしまっている。登美はあきらめて部長宅を出た。腹が立って仕方がなかったのであろう。大森駅近くの踏切を渡るとき、レールにつまずいて転んだ。軽いケガではあったが、還暦を過ぎていた登美は、病院にかつぎこまれた（履歴書：65）。

満洲行きの時期について『履歴書』では、いったん派遣を断ってからすぐ、本社から第二陣の現地便が出るときに出たと書いているが、記事の出方などをみるとそうではなく、現地に着いたのは一一月中旬だったようだ。

ともかく無事に満洲に着いた橋本は、第二師団付の特派員を命ぜられた。満洲事変の初期最前線で活躍した部隊で、奉天、ハルビン、チチハルなどを転戦、師団長多門二郎中将の名とともに武勲赫々(かっかく)たる師団であった。この多門師団麾下の長谷部旅団に従軍した。

特派員に出るとは、社から期待されたということだが、同時に結果を出さなければならないというプレッシャーがのしかかってくるということでもある。とりわけ、若手記者が大挙して投入された事変では、圧力は並大抵ではなかったに違いない。早稲田の同窓である荒垣秀雄も、京大卒で一期下の門田勲も派遣されていた。門田はのち、「朝日で一番無愛想で、一番かんしゃく持ちで、一番筆の立つ男だ」と評された名文家だ(河谷:93)。

彼らに比べれば、橋本は、さっそうとした若き特ダネ記者、というような存在では必ずしもなかったようだ。「ニュースのタネを取るのは苦手だったね。一番乗りなどの記事はいつも他社に抜かれる」と、正直に述べている。

後述するように、橋本はいくつかの特ダネものにしているし、スター扱いされて講演会を回った時期すらある。だが、橋本の特ダネは「アイデア勝負」あるいは「企画モノ」といった色彩が強かった。新聞記者の内面を分析するなら、それが大きく扱われたとしても、「抜いた・抜かれた」の勝負よりは一ランク落ちる。もちろん、それは新聞記者同士の内輪の価値観にすぎず、だいたいしばらくすればもうだれも覚えていないのだから、当時の現場のつばぜり合いをわざわざ「いつも抜かれる」などという必要はふつうはない。よほど正直者か、あるいはよほど苦しかったかのいずれかだろう。

ひねり出したのが、「長谷部旅団長陣中手記」である。「正に征旗の将軍が刻々衆敵を追迫しつつ、その力戦の跡を自ら簡潔につづった勇壮なる生きた陣中日記」というリードで、チチハル突入を前に市街戦の是非に悩む指揮官の胸中などを描いた。

もっとも、実際に旅団長が新聞に載せて感興をそそるような日記を付けているはずがない。現実は副官にみせてもらった「作戦日記」をもとに、民俗、風習、風景などを織り込んだふくらみのある読み物を、と考え、橋本が随想風の読み物にして旅団長の許可を得たものだった。そもそも作戦に関係することは書けないし、書いても日本の読者にはほとんどわからない。橋本は一晩かかって長文の原稿を書き上げた。原稿は、一九三一年一二月二四日付朝刊外電面のトップを飾った。

掲載まで一カ月以上かかったのは、軍の検閲のせいだろう。橋本は「これで私は大いに声価を上げることができた。当時は「奉天陥落」とかいうようなニュースや写真号外はよく出たが、ふくらみのある読み物はほとんどなかった。さまざまな資料を駆使して書いた私の原稿は従軍記者のものとして異色だったと思う」と自賛している（履歴書：69）。

しかし一方で、表現は紋切り型だし、そもそも頭の中で考えた内容なので、あっという驚きはない。アイデアマンだが、デスクや、読者の予想を裏切ってまで書くような思い入れあるいは迫力には欠ける、とも言えようか。

もっとも、満洲事変では、そうした記事はほとんどなかったし、あったとしても軍部ににらまれたり、社内で書き直されたりして、日の目をみなかった。せいぜい、オブラートにつつみ、わかるかわからないかのようにぼやかしてでしか書けなかった（池田：36-49）。さらに、抜擢（ばってき）を受けて勇躍海外に飛び出す若手記者橋本登美三郎にとっては、事変発生時に現場に詰めていたベテラン記者たちが持った事実と報道の乖離への疑問よりも、派手に紙面を占拠せんという功名心や、期待に応えねばというプレッシャーのほうが大きかっただろう。

満洲取材には約二カ月にわたって従事した。ハイライトは、馬占山単独会見である。馬占山とは当時の満洲を支配していた有力な軍閥ないしは馬賊の頭目で、事変で進出した関東軍にとって対応が急務となっていた。まず、『履歴書』をもとに、橋本の動きを再現してみよう。

場所はチチハルの龍沙旅館、となっている。アンペラ（むしろ）の上に寝転んで、橋本は東京本社の記者、カメラマンの二人とあくびを噛み殺しながら、どんな取材をしようかと考えをめぐらせていた。「おい、馬占山に会ってみようか。面白いニュースになるぞ」。話はすぐまとまった――。描写はこんな調子だ。

準備完了、三人はハルビンの日本料理屋で酒を酌み交わした。いざ実行となると、悲愴な気持ちになって、「人生よさらば」などと口ばしった。

翌朝四時、ソリに乗ってハイロン行きの汽車が出る駅へ行った。が、改札口に数人の保安兵が立っており、「ここから先へは一歩も進んではならぬ」。鉄砲を向けられて引き返した。

すると、板垣征四郎の使いの者が来た。「関東軍はいま極秘裏に和平工作を準備中である。話がまとまれば軍使が出発することになっている。君たちの行動は交渉の障害になるから中止してもらいたい。話がついたら必ず一緒に連れて行くから、それまで待機していたまえ」という。

さすがは日本の特務機関だと感心はしたが、「はいそうですか」と引き下がるわけには行かない。一日おいて、こんどは朝暗いうちに出発、列車の窓から乗り込んだ。車内は奥地へ逃げる避難民でいっぱいだった。成功したかにみえた。

ところが、この列車は二、三時間発車が遅れた上、途中の駅で動かなくなってしまった。おかしいと思って窓外を見ると、板垣らの姿がみえる。

「君が乗ったのは知ってたよ。君の行動でわれわれの行動も早くなった。ハイロンの馬占山司令部ではまだわれわれを迎える状態ではないと言ってきているが、いつまでも時間を空費するのはむだだ。君も向こうの了解なしで飛び込んでいくのだから、われわれも押しの一手で行けば、おのずと道が開けるであろう、と思ったのだ。まあ君の無鉄砲さに刺激されたようなものだ。目下連絡中だが、どうやらハイロンにはいれそうだ。もう君も逃げ隠れせんでもいいよ。それにしても君は無茶だよ」(73)。『履歴書』ではこんなふうに板垣が声を掛けたことになっている。

『満洲・上海事変全記』は、危険な取材に赴く記者たちの内面描写を含む読み物ふうの仕上がりになっている。同書の中で橋本は「馬占山の印象」という一章を書き、次のように自らの内面を描いている。

「支局からは「万全を期して決行せよ」と注意の電報があつたが、新聞記者の職務に全幅の信頼と安全性を自信して出発した。小野君が駅まで送つてきてくれて「成功を祈るよ」とあらためて握手されたときフーと臆病風が胸を撫でた。」(394)

ところで、こうした冒険譚めいたストーリーとはちがった筋書きも存在する。そもそも、敵将との単独会見など、「馬占山に会ってみようか」と思い立って実現するような気楽なものであるはずはない。

『履歴書』の中に気になる記述がある。

「私はひそかに馬占山の本処地ハイロン（海倫）に潜行して、単独会見をしようと計画した。当時馬占山の写真は日本に一枚もなかったし、日本人記者がいまだ会ったことのない人物であった。目的の一つは写真を撮ること、そしてもう一つは、会見して和平の気がうかがえたら、オレがそのきっかけを作ってやろうと思ったことであった。ところが私は満洲語はもちろん中国語も出来ない。さっそく満洲語の達者な日本人を捜した。「橋本さんの計画はおもしろい。男一匹、同行しようじゃないか」という協力者が現われた。私はその若い協力者に、彼が予想もしない高額の前金を渡した。その額は、当時の記者の一年分の給料に相当した。」（70f）

協力者とは、だれだろうか。

山本武利は、朝日新聞の社内資料を引用するかたちで、「馬占山と板垣征四郎が会談する特ダネをもらい、ふたりでチチハルまで飛んだ」存在として、福家俊一という人物の名を挙げている（山本：48f）。福家は一九一二年生まれで橋本の一一歳年下。「若い協力者」という表現と、平仄は合っている。

福家は、のち代議士。戦前は大陸浪人のような振る舞いをして、一時朝日新聞と協力関係にあった上海の現地紙『大陸新報』の社長を務めることになる人物である。福家は、関東大震災のときにアナキストの大杉栄らを殺害した「甘粕事件」の首謀者で、その後満洲に渡っていた甘粕正彦による「満洲国偵輯室」の一員でもあった。表向きは政友会の機関誌であった『政界春秋』の満洲特派記者ということにしてもらい、その名刺をちらつかせてどこへでも出入りした（小堺：197）。

大言壮語、虚実入り交じった人物で、その言にどこまで信用がおけるかはむずかしいが、一方で、代議士まで務めた人物が完全な虚偽を申し立てるということも考えにくい。

福家をモデルにした小説に小堺昭三『破天荒一代―ごじゃな奴』がある。小説なので当然脚色は入っているだろうが、一方で主人公の福家が布施俊吉という名に代わっているほかはほとんど実名なので、一定の事実は踏まえているとみていいだろう。そこに橋本が出てくる。

福家(小説の中では布施だが、わずらわしさを省くため福家で統一する)は、事変後満洲に渡り、甘粕のもとにいた。当時の満洲は、馬占山が抗日軍を組織し、蔣介石からもソ連からも支援を取り付けて挙兵した、という情勢だった。そこで関東軍総司令部は関東軍参謀副長になっていた板垣征四郎をチチハルへ派遣した。そのとき、甘粕が「おまえも別行動でチチハルへゆけ」と福家に指令を発したという。

福家は満洲に特派されていた駆けだし記者の橋本に声をかけた。「若い彼はいつも特ダネをほしがっては、功名心にはやっていた」とした上で、「橋本はん、顔色が冴えまへンなあ。特ダネがほしいんでっしゃろ。目ン玉がひっくりかえるようなやつを進呈しまひょか」と出発の前夜、新京のおでん屋「安兵衛」でばったり顔を合わせて持ちかけたという。

「橋本は盃をもったまますぐに飛びついてきた。俊吉は板垣征四郎のことを語った。「げえーッ、ほ、ほんとうか!」「嘘やと思うならそれでもかましまへん。毎日新聞に話してやってもよろしま」「ま、待ってくれ、おれも行く」。二人は翌早朝チチハルへ。俊吉は二挺拳銃を腰に、橋本は首にカメラをぶらさげていた。馬占山と板垣会談は世紀の大スクープとなった。」

と、こんな工合である。

会見に成功した橋本は「両手を合わせ、「お礼に安兵衛でおごるからね」と小躍りしながら新京へもどっていった」と描写されている。福家はチチハルに残り、ホテルで白系ロシア人の女性ふたりと組んずほぐれつ…という描写に続く（小堺：199）。小説の中だが、一方で福家は戦後に『週刊読売』の連載で実話として紹介しているからご愛敬だ（福家：34f）。

福家の大風呂敷をそのまま受けとるわけにはいかないが、馬占山会見の特ダネが、血気に逸る若者の蛮勇が実を結んだ結果と描く橋本の説明を鵜呑みにするのもナイーブである。福家はその後実際に大陸新報の社長となり、橋本とは上海でともに仕事をする。福家の説明がどれほど正確かはわからないが、幾分かの真実はそこに含まれていると考えてよいと思われる。

といって、戦場取材が気楽な珍道中であったわけはない。たとえば、橋本がすれ違った毎日の記者の運命に、特派された者たちがどんな日々を過ごしていたかが浮かび上がる。

橋本はのちに一〇月ごろと回想しているが、正確には年末の押し迫ったころである。橋本は錦州攻略戦の取材に向かった。ちょうど部隊を乗せた装甲列車が来たので無断で乗り込んだ。そのまま行けば錦州一番乗りとなって大特ダネだ。が、急停車したはずみに胸を打ち、痛くてたまらない。軍医に診てもらおうと下車した。

すると毎日新聞の特派員がいて、「乗っていいか」と聞くから、「許可する権限はないが」と笑って入れ替わった。列車は錦州に向けて走り出したが、一時間くらいで引き返してきた。なんでも、敵兵が残っており、日本側の何人かがとらえられたという。その中に、入れ違いに乗り込んだ毎日の特派員がいた。

行方不明となったのは茅野栄。一一月、事変拡大に応じて大阪毎日新聞社会部から抜擢された遊軍記者だった。つまり東京朝日の橋本とほぼ同じ立場だ。当時大毎社会部長は伝説的な特ダネ記者とされた徳光伊助（衣城）。徳光は「社会部員として特派されるのだから、尋常の働きではダメだ」と言い渡して茅野を送り出した。期待に応え、茅野は連日特ダネを送ってきたが、元旦に届いたのは、錦州一番乗りの知らせではなく、「カヤノ、ユクヘフメイ」の電報だった。徳光は「自分のはなむけの言葉が、彼を冒険的行動に追いやったのでは」と悩み続けた（社会部史刊行委員会編：107f）。

茅野の遺体は二月に入ってみつかった。大毎の歴史で最初の従軍殉職者である。茅野については、元毎日新聞記者だった池田一之がくわしく調べている。池田は「戦争報道の特派は社会部員としてであって、社会面での事件のスクープ競争と同様と考える。（略）戦争報道を、いやな言い方だが部数競争の核とする」と当時の新聞ジャーナリズムの状況を書き表している（池田：115）。

競争の中で、生死は紙一重だった。橋本は晩年、『季刊慈母観音』一九八八年夏季号で、自分が「たいがいであれば頑張る方の性格なのにあっさり弱気で降りた」ことが不思議だったと回想している（9）。

本書を含むメディア出身政治家列伝の出発点となる『近代日本のメディア議員』（二〇一八年）で、私は大阪系全国紙、つまり朝日、毎日出身の代議士群像を分析するなかで、「特ダネ主義」という概念を提起した。

私自身、過去に新聞記者をやっていた。その個人的な感覚から言えば、新聞記者は「無から有を生み出す」感覚にいつもとらわれている。

取材とは、ネタをとることとほぼ同義である。なにかを得ることは、ふつうはなにかの反対給付があってなりたつ。ギブ・アンド・テイクといってもいい。一方的に取る（テイク）だけの関係性は通常なりたたない。

ところが、新聞記者とは、テイクするだけの存在に近い。

むろん、「書いてもらって喜ばれる」場合はある。ただ、そうした記事は通常、「書かれると困る」記事に比べて価値が低いとみなされる。では書かれると困る場合はどんな反対給付がなりたつのか。

ふつうに考えれば、まずリークということがある。当局がなんらかの意図を持って「書かせる」という場合だ。それが匿名になると「たれ込み」ということになる。あるいは、不正な手段をもって入手したというばあいもあるかもしれない。隠し撮り、盗聴などがそうだ。新聞記者の武勇伝として、ゴミ漁りというのがあるのも、これにあてはまる。

あるいは反対給付として、「ジャーナリズムの発揚によって社会が得る利益」を提示する場合もあるかもしれない。情報提供者としては気乗りがせずとも、結果として社会正義の実現につながると説得するケースだ。

ただ、すべてがそうかというと、感覚的には、そうした例は圧倒的に少ない。ないとは言わないが、例外にすぎない。

では、なぜ反対給付なしにネタが取れるのか。それは、記者が「コミュニケーション」を供給する存在だからだ、と思う。

記者はなにも差し出す材料を持ってはいない。しかし、いろいろなところに出入りする。その行動が、思わぬ、さらに言えばしばしば記者自身すら予想せぬ情報の流通という結果をもたらす。取材先も、とくに新聞記者がなにを持っているか、あらかじめ知っているわけではない。だから、それは交換ではなくむしろ贈与である。その中から価値は生まれる。

なにも与えるものがない。ネタ元にはなにも利益がない。にもかかわらずネタをとってくることができる。その不思議な現象こそ、取材という作業の根幹にある秘密だ。

橋本が生まれた潮来は、「なにもない場所」だった。ただ、そこは交通の結節点であり、人々が行き交うことによってなにかを得るところであった。交通＝コミュニケーションが無から有を生み出す、そんな感覚が橋本にあったのではないか。

当時の橋本の政治的、思想的立場について、戸川猪佐武は「軍事力によらない王道楽土の建設であり、五族協和の実現であった。具体的には満洲民族を独立させて、ここを日本と中国との共同建設による経済圏とすべきである――というのが彼の主張で、これはのちに首相となる犬養毅の理想に近かったといえよう。いってみれば自由主義的な平和外交的な基礎の上に、橋本は満洲事変をみつめていたのである」と述べている（戸川：202）。にしても、福家がちらつかせる特ダネに目を輝かせて飛びつく橋本は、あるいは毎日の記者と敵陣一番乗りにしのぎを削る橋本は、政客・論客・壮士というよりは、サラリーマン記者として成功のために特ダネを追う新時代のメディア人だった。

政治の論理からメディアの論理へ、という本シリーズのフレームワークにあてはめるなら、満洲事変というメディアの転換点をみずからの新聞記者生活の出発において経験した橋本の原点は、メディアの論理を最優先し、そのために政治の論理をアップデートしていく「政治のメディア化」の第Ⅲ局面にあったということができるだろう。

アイデア支局長の脱皮――札幌時代

満洲事変は拡大の一途をたどり、新聞は大きく様相を変えた。記者たちは日本の先行き、戦争の行方に不安や批判を持ちながらも、自らの出世や成功をそこに重ね合わせていた。橋本もその一人だった。ところが、橋本は年初に帰国してから一年も経たない一九三二年九月、札幌通信局への異動が内示される。

この異動をどうみるかは、考え方が分かれる。『水戸っぽ』は、そもそも大栄転だったのだとしている。だが、ニュースの中心地である東京、それも大陸での事変勃発で風雲急を告げているさなかに、北海道行きを本心から喜ぶ若者がいるとすれば、やはり例外だろう。橋本自身、内命を受けたときに相当ゴネた。「北海道くんだりまで行きたくない」とむくれたのである。「私が新聞記者を志したのは、東京で新聞記者をしようと思ったからで、何も、北海道の支局長にならなくてもいい。新聞記者に向かないから管理職にするというなら、やめてもいい」とまで言って抵抗している。(50f)『履歴書』にも、「入社五年目にして次長待遇に準ずるような地位ではあったが、私は戸惑った。(略)にわかに静かな北国へ赴任することに一抹の寂(わび)しさを感じたのである」と書いている。当時の編集総長の美土路昌一に「なんでオレが北海道へ行かにゃならんのか」とゴネたが、「革新的な若手抜てき人事だよ。二、三年がんばってくれ」と言いふくめられて出発した(履歴書：78)。

が、『水戸っぽ』が言うように、「大体新聞社の人事などは、こうしたものだ。そのとき、そのときの思いつきで人選をする。あとは任命したものも他に転じて、下僚に約束したことなどは、決してその通りには行われない。一年か、せいぜい二年ならと引受けた橋本も、そのまま北海道には足かけ五年も置かれるし、「あまり本社からは干渉しないから好きなようにやれ」といった約束も、次から次へと本社から注文が来て、結構忙しい思いをさせられる」(51f) ことになった。あるいは、橋本の身辺になんらかのトラブルがあったのかもしれないが、それは記録からは見出せない。

とはいえ、さほどの深刻なトラブルはなかったのではないか。というのは、橋本にはまったく萎縮したところはなく、むしろ会社に対して思い切った行動をとるようになるからである。たとえば、好きなようにやれと言われたのに、いざ着任すると、本社がけっこう細かくタガをはめようとしてくる。そこで一策を考え、連絡と称して、一日何回も本社に電話をかけ始めた。それも全部特別至急報の電話を使った。何通話も話し込み、しかも一日に何回もやる。とうとう本社も「支局長の判断でやってもらいたい」となった(水戸っぽ：52)。

伊東圭一郎『東京朝日新聞通信部の思出』の昭和七年の項に、「四通信局長披露」とあり、千葉、福島、仙台に並んで札幌通信局の新局長橋本登美三郎披露の件（くだり）がある。「新局長橋本登美三郎君の披露は九月二二日札幌市豊平館（ほうへいかん）に開催、来賓は佐上北海道長官、各部長、村上道会議長その他三七名、本社側から緒方編輯局長、木村次長、橋本新局長、福田北海道販売局長その他出席」とある（伊東：11）。当時の朝日新聞社内における札幌通信局長の地位、そして道内における社会的地位がなんとなく浮かんでくる。

企画にも熱中した。「進め北海道」という唄をコロムビアレコードに吹き込ませ、発売した。そのころ北海道は数年つづきの凶作に襲われていた。橋本は「道民の士気を鼓舞するために何かをしたいと思った」。そこで、北海道大学のクラーク博士の有名な言葉「ボーイズ・ビー・アンビシャス」にヒントを得て詞を募集、その中から一つを選び、曲を付けてレコードに吹き込んだ（履歴書：79）。

ヒグマ吠えるか　大雪山の
雪を吹きまく　ソラ　おいらの意気だ
嵐と吹きまく　おいらの意気だ
進め北海道　意気で行け

鯨潮ふく　オホック海の
波を押し切る　ソラ　おいらの腕だ

グングと押し切る　おいらの腕だ
進め北海道　腕で行け

駒ヶ岳かよ　夜でも日でも
空に火を吐く　ソラ　おいらの熱だ
燃えて火を吐く　おいらの熱だ
進め北海道　熱で行け

水が浸かろが　飛礫（つぶて）が降ろが
男意地だよ　ソラ　笑ってかかれ
そこは意地だよ　笑ってかかれ
進め北海道　意地で行け

山幸海幸　六千方里
百万一心　ソラ　汗だよ血だよ
赤い一心　汗だよ血だよ
進め北海道　挙げて行け

企画は当たったが、本社から苦情がきた。「そんなことは新聞記者の仕事じゃないぞ」。橋本は反論した。「こちらには記者の仕事はあまりない。たまにあっても二日遅れの新聞ではどうにもならん。地元紙が詳しくやっている。むだな競争をやるより、レコードでも配った方が朝日の宣伝になる」。そうは言っても、組織としての新聞社は合理性だけでは動いていない。「それは困る。やはり新聞記者だから、適当に電報を送ってくれ」

ならばということで一転、山のように原稿を送った。また経費がかさむ。そのうち本社が音（ね）を上げた。こうした強気のやりとりができたのも、ある程度の地位を築いていたからこそだろう。

北海道赴任直前に二男豪二郎が誕生した。橋本は「ゴーチャン」という漫画を二年間続けた（水戸っぽ：53)。子煩悩な側面もあったのだろう。残念ながら、漫画の現物は確認できていない。

本社から遠い北海道という立地条件は、速報を至上価値とした当時の新聞界にあっては、死活的な問題だった。橋本は、距離とその克服という課題に直面することになった。速報では太刀打ちできないということで、平版（へいはん）印刷で週一回の北海道版を現地で発行したりもした（履歴書：80)。

橋本が新聞ジャーナリズムについて語った談話が残っている。

「最近のジャーナリズムには一つの新らしい傾向が出て来た様に思はれます。従来の新聞は殆（ほとん）ど警察記事が中心になつて居て常に事件に引ずられて新聞を作つて居たのですが、最近は大分之れが変つて来た様です。例へば一つのニュースを取扱ふ場合に従来の行き方は事件を中心としてあとから

〳〵と事件を追つて行くと云ふ風で――私は之れを事件型と言つて居ますが此フオーマルタイプとは別に事件に対して計画的に且つ一つの統制のもとに取扱ふと云ふことが最近の新聞界に於ける新らしい傾向であらうと思ひます。如何なる事件に対しても一つのプランの下に之れを取扱ふと共に之れに対する活動も一つの統制の下にやると云ふ傾向、之れでなければよい新聞が出来ぬと思ひます。（略）殊に吾々の如く本社の中央に在るものはどうしてもニユースが遅れるのだから特に此点を痛感する様なわけです」（茶碗谷：394f）

一九三四年三月二一日、函館が大火に見舞われた。風速二〇メートル以上の東南の烈風に煽られて火勢激烈を極め、全市の三分の一が烏有に帰してしまった。罹災戸数二万五〇〇〇戸、罹災者一二万五〇〇〇人に達し、死者二〇五四人、行方不明者六六二人。当時は関東大震災に次ぐ大災害と受け止められた（北海道社会事業協会編：27ff）。

ここで橋本は手腕を発揮している。まず通話手段を調べた。すると電話は不通、当分の間開通の見込みはないことがわかる。そこで東京行きとは反対方向の根室の無線電信を使うことを思いついた。原稿を札幌支局から根室通信部に電話で送り、根室の無線から若狭局経由で東京本社に送るのである。

三月二二日付東京朝日新聞朝刊二面で伝えられた函館大火の初報は、【根室通信員落石無電局発至急報】というクレジットが躍り、「本社札幌通信局よりの電話によれば」という書き出しとなっている。落石とは、根室に設置されていた北海道初の無線送信所である。他社が気づくまで一時間以上も早く生の記事の送稿ができ、大きく紙面を飾った。

この頃はニュース映画が重要な新聞社の事業だった。大事件があると、特別映写会を日比谷公園や各劇場で実施した。ただ、通常なら北海道のニュースでそこまでの事態はなかなかない。だからたいていは事件が起きてから押っ取り刀で慌てふためくのだが、橋本はちがった。あらかじめ、北海道に撮影機材がどこにどれくらいあるか調べていたのである。

橋本は、当時ニュース映画の撮影などに使われていた一六ミリ撮影機「アイモ」が、札幌に一台、小樽に一台しかないことをあらかじめ知っていた。火事が起きて、さっそく二カ所に連絡を取り、機械と人を借り切り、函館に特派して生々しい映像を撮らせた。フィルムは本社の飛行機に託して、東京に送った。取材用の機材をいち早く調達し、さらに他社をシャットアウトする二重の特ダネだった。切歯(せっし)扼腕(やくわん)する他社の記者たちが目に浮かぶようだ。

のちに橋本は「私は取材記者としての能力にはあまり自信がないが、こういう企画力、行動能力には特別の感覚があったようだ」と後になって語っている(評伝:49)。こうした特性は札幌のあと、中国大陸に派遣された際に遺憾なく発揮される。

北海道在任中に、登美が六五歳の生涯を閉じた。直腸ガンで、二年の闘病生活のあとだった。橋本は北海道から帰省して登美を入院させ、手術もしたが、手術後半年で再び悪化して一九三五年二月、不帰の客となった(水戸っぽ:54)。

2　大陸に羽ばたく――南京取材の現地キャップ

南京通信局長――〝怖がり屋〟の冒険譚

母親を喪った翌年の二月、橋本は再び海外特派員を命じられた。札幌にいる間に、時代は険しさをましていた。今度は南京通信局長である（評伝：49）。

抜擢、とみてよいだろう。ただ、橋本自身は困惑していた。といって、札幌赴任を断ろうとした以前とはニュアンスが違った。当時、三五歳。怖いもの知らずで未知の世界に飛び込んで行った五年前とちがって、むしろ「自分で大丈夫なのか」と自問するところがあったようだ。若手支局長として札幌に四年、その前は社会部の遊軍記者、初期の満洲事変での従軍記者という経歴は、橋本登美三郎という記者が報道の最前線に出た場合に活躍するための「専門」を養っていない。入社早々の若者なら元気印の無鉄砲でもいいが、一〇年選手となれば、それだけではすまない。

やはり札幌で記者として重要な時期を過ごしたのは痛手だった。本来なら、政治部で永田町の権力闘争の中に分け入って独自の人脈を築いたり、社会部であってもホームグラウンドとなるフィールドを警察なり行政なりの持ち場で築いていく。遊軍であったとしても、名文家として名を挙げる者もいる。あるいは国際報道の内勤記者として、たとえ外電をみているだけであっても、地域の専門家としての蓄積が身につき、海外に出たとき自他ともに認める記者としての説得力となる。

そうした「専門」は一朝一夕に築けるものではなく、やはり日々の紙面作成の積み重ねから生まれる。ひとつひとつは小さいかもしれないが、締切や他社との競争といった重圧に直面する修羅場をどれだけ、どのように切り捌（さば）いてきたかによってしか、手に入れることはできない。

ところが、橋本のそれまでのキャリアをみると、ところどころ光るものはあるにせよ、橋本でなければならないという専門性を築き上げるまでには至っていない。本人もそのあたりは自覚しており、「政治外交面については記者生活を体験していなかったので、重荷に感じたようである」と『水戸っぽ』は指摘している。

加えて問題になったのは、前にも触れたが語学であった。中学編入入試で英語のヒアリングで零点をとって以来、語学が大の不得手だった。

本来新聞社では、海外取材のために語学のできる社員を抱えているのだが、戦線の拡大で、中国語のできる者だけ中国に出すというわけにはいかなくなっていた。戦争取材という修羅場にあっては、単なる語学上手よりも橋本のように機転が利き、旺盛なアイデアを持った人材が必要でもあった。

そこで中国語のできる局員を一人つけてもらって、南京に向かった。一九三七年三月のことであった（水戸っぽ：56）。

前年の九月には遊軍として戦争取材に赴いている。広東省で起きた日本人惨殺事件をめぐる緊張を取材するためであった。

広東省北海（現在の広西チワン族自治区）で商店を経営する日本人中野順三が店舗を襲撃した暴徒に

よって殺害されたというもので、「北海事件」と呼ばれている。日本政府は軍艦を派遣、現地調査を行ったが、その派遣艦に橋本は特派員として搭乗し、艦上から原稿を送ったのである。

「〈全支報道陣を強化〉全支に漲る抗日気勢の結果テロ事件の頻発を見るにいたり、ついに上海に於いてわが陸戦隊員の殺傷事件を惹き起こし、支那の事態は容易ならぬものがあるので、本社はこの際全支各地の常駐特派員の外にさらに南遣艦隊に橋本登美三郎（略）を特派配置」

という東京朝日新聞一九三六年九月二五日付社告とともに勇躍現地に向かい、同月二三日付に

「【〇〇艦上にて橋本特派員二二日午前六時一六分発】〇〇艦を先頭に海口発の各艦は消灯し陸戦隊は銃剣を磨きつゝ最悪の場合に備へ全員非常なる緊張の中にあり、本部隊は二二日午前六時半北海着の予定、全員意気軒昂、士気益々旺盛である」

との現地電を載せている。

派手な現場ではあるが、新聞社としてはとりあえず現地に派遣したというクレジットが重要な場面とも言える。ここでも専門的な知識学殖が必要とされていないことは興味深い。こうした使われ方に、橋本はいくぶんか忸怩たるものを憶えていたかもしれない。

南京への着任は、いくつかの資料によって異同があって、明確に特定することはできないが、まず単身で現地入りし、その後家族も連れていったようだ。

南京について、橋本は「街は必しも悪くありませぬ。人口は約一〇〇万位ありまして、いはゆる支那の中央政府のあるところであります。この中央政府があるといふことをいへば、大体人間の常識からい

へば、普通に仕事が出来、不愉快な感じを持たないで生きて行かれるところであるべきはずであります」と、好意的な見方をしている。

ところが遅れてやってきたつなは、あまり気の休まらない日々だったらしい。

「ところが私の家内は女ですから気が弱いのでありませうが、丁度去年の一〇月子供を連れて、私より二月位遅れてやつて来ましてから、七月二七日日本に帰るまでの約一年といふものは、残念ながらこの支那政府の所在地である南京で、家の座敷から而も二階の座敷から一歩も出ることが出来ない。便所は二階にありますが、絶対に二階から下に降りられなかつた。小学校に通つてをつた子供も、学校と家の間を往復するだけで、それも歩いて行けば危険な為によぎなく本社の自動車を借用して自動車で通はせる。さうしなければ子供は途中で何んなことで虐められるか分らない。そんな例は幾らもあります。勿論帰ればこれも二階以外には出られないのであります。」（朝日新聞社編1937：107f）

上海特派員というクレジットが付いた橋本の記事もこの時期、みつけることができる。東京朝日新聞一九三七年一月一三日付。橋本らしく、現地の美女を紹介する柔らかい記事である。

「〈世界麗人訪問　上海特派員橋本登美三郎〉写真の趙金英嬢はミス・チヤイナの中心型と推薦されたわけだが楊貴妃の型と少しばかり趣が異つてゐる、趙嬢は復旦大学の文科学生、彼女は佐藤春夫、武者小路実篤氏等の作品を愛読するといふ。彼女にいはせると「小説に現はれる東洋女性は陰気で余りに服従的だあんな家庭生活によく自分を殺してゐられる」と批評「妾は此頃の現代支那のある種の行過ぎたモダーン女性は好きでないが思想的に過渡期にある支那では当然な存在であると思ふ」といふのである。」

一九三六年一二月、西安事件が発生した。日本軍によって満洲を追われた張学良が蔣介石を逮捕監禁した事件で、これをきっかけに、蔣介石政府は中国共産党軍との連携を行い、日本の対中国外交が壁につきあたることになる重大事件である。

西安事件に際して、蔣介石の生死をめぐっていろいろの憶測が流れた。一部ではすでに殺害されたという見方が有力になり、新聞にもそれが報道された。だが橋本は生存説をとり、本社にあてて、蔣介石生存監禁の電報を打ったという。物議をかもしたが、まもなく国民政府の政治顧問である英国人W・H・ドナルドが、蔣介石夫人の宋美齢と一緒に西安に飛び、蔣介石を救出して南京に帰った。「物議をかもした」という電報がどのような内容であったのか、どのような記事になったのかは明らかではない。当時の朝日紙面をみると、「蔣氏の安否、諸説帰一せず」（一九三六年一二月一五日付夕刊一面）など必ずしも橋本の見立てを大々的に採用しているわけではない。

『水戸っぽ』は、「当時中央では、確信は持たぬまでも、大体（蔣介石が）死亡したものという判断で、政局を指導していたから、彼（橋本）の電報は俄然問題になった。とくに軍部や外務省は橋本の書いた記事に対して強い憤りを持って非難した」としているが、本人は深刻に受け止めていたとしても、紙面全体としては、死亡説、生存説あわせて断定を避けるような編集ぶりとなっている（水戸っぽ：57）。

盧溝橋事件発生を受けて伊藤昇という遊軍記者が南京入りしてきた。伊藤は当時の橋本を「あの人、比較的怖がり屋でね」と回想している。橋本は伊藤に対し「いま南京政府で新聞記者に会う人はいないし、外を歩くと危ないぞ」と言って、自分も一歩も外へ出なかったという（伊藤昇：21）。

橋本の南京駐在はわずか一年ほどで終わってしまった。一九三七年七月七日に盧溝橋事件が発生し、日中はみるみるうちに戦争の泥沼に入り込んでいったからである。

上海以外の邦人はすべて引き揚げるよう命令が出た。大使館から至急館内に入らぬと保護の責任は負えないとの連絡があった。だが、橋本は南京に残った。

「引揚命令を受けたわけであるが彼自身は別な考えを持って、残留することを決意した」（58）と『水戸っぽ』は書いている。「もちろん新聞記者として最後まで成行きを自身の眼で確めたい気持もあったが、彼が南京支局長として着任してから知り合った中国人、とくに親交を結んだ外交部の唐日本課長らの強い要望に応えたこともある。唐課長ら、アジア局の親日家たちは橋本の日頃の考えを知って、両国関係の改善のためにも最後まで残ってもらいたいと要請したのである」（58f）。ここで日本課長として名があがっている唐とは、慶應義塾を卒業し、国民政府で外交部常務次長を務めていた唐有壬を指すものと思われる。

緊迫する情勢下で、まさしく映画の一場面のような活躍ぶりである。当時、日本大使館からは大使らはすでに引揚げ、日高信六郎（しんろくろう）参事官が責任者になって残留邦人の面倒をみていた。朝日にも大使館に入れという指示が来たが、橋本は断って支局員とともに市中に滞在し続けた。

電報を打つことも禁じられているし、その上、昼間は日本人とみると、どんな危害を加えられるかわからない情勢なので出歩くこともできない。街を歩くと悪口雑言を浴びせられるし、石をなげられたりもする。だから昼間は支局の中でじっとしていて、あたりが暗くなるのを待った。夜になると、中国の要人たちが迎えに来るのである。

彼らは夜おそく、こっそり支局の戸を叩いて橋本を誘い出して飯を食いに連れていく。橋本は、中国服に着換えて出ていく。すでに新聞電報を打てるような状態ではなく、記事にはならないが、最後を見届けたいという気持ちからだった、と橋本は述べている。

「昼間は危なくて出歩けない。夜になると、親交のあつかった国民政府外交部亜州局長の高宗武氏や日本課長の董道寧氏らが私を誘い出し、南京市中を流れる河に遊船を浮かべ、歌女とともにもてなしてくれた。」（履歴書：83）

このあたり、深読みする誘惑に駆られる。そもそも、橋本は語学ベタでもあり、また自分の専門性の欠如を自覚しつつ、自信のないままに赴任したはずだ。たしかに、後年政治家として発揮した度胸や判断力は備わっていたのだろう。しかし、日中交流史に名を残す高宗武や董道寧が緊迫の非常事態下で橋本を誘い出し、船上で密談を重ねるというのは、サスペンス映画の一場面としては面白いが、あまりに飛躍している。そもそも、橋本が中国の高官とどのような話をしていたのか、どこにも触れられていない。また、特派員が自分の判断で現地に残るということも基本的にはあり得ない。最終的には本社の判断、指示に基づいているはずである。

かといって、橋本がすべて作り話をしているとは思えない。実際のところは、朝日新聞の政治力がそこまで大きくなっていたということだろう。朝日の南京通信局長とは、それだけの重みを持つ職責であったのである。のちにも触れるが、朝日そして毎日は支那部を東亜部に発展させ、報道に力を入れるとともに、調査会を発足させ、シンクタンク的機能を充実させていた。毎日新聞が東亜調査会を創設したのは一九二九年、会長は本山彦一が就任した。朝日が東亜問題調査会を設立したのは一九三四年で、主筆・緒方竹虎の肝いりであった。メンバーの一人に尾崎秀実もいた（土屋：115, 119）。こうしたかたちで、単に新聞発行というだけでなく増大しつつあった全国紙の総合力が、武勇伝の背後にあるとみて間違いはないだろう。

ただし、そうした場面も長くは続かなかった。八月一四日、日本海軍の渡洋爆撃隊の南京飛行場爆撃によって日中は全面戦争に突入してしまったのである。午前六時ころ、十数機の海軍機が飛来したのを、橋本は「やんぬるかな」の心境で、下からみ上げていた。国民政府側の親日派も、日本大使館も、これ以上の滞在は危険であるという結論を出し、在留邦人全員の南京引揚げが決まった（水戸っぽ：59f）。

一五日、最後の日本人たちは窓をクギづけにしたかん詰め列車で南京を脱出した。「嗚呼（ああ）遂に最後決意の時　声涙共に下る悲壮の袂別（べいべつ）　鉄塔に翻る日章旗に祈る」との大見出しで掲載された特ダネ「南京脱出記」はその時のことである。記事は八月一七日付東京朝日新聞の一頁全面を埋めつくした（履歴書：84f）。

「ホームから数十名の男女の声で「この汽車に日本人は居ないか、日本人を打ち殺せ」と喚（わめ）いて居る。汽車の中ではヒヤツと風が通つたやうにヒツソリ声を呑む。又「日本人は居ないか」と叫ぶ。

真剣な気分が電気のやうに百四十五名に瞬間に流れた、その時列車は間一髪走り出したのだ。誰もがホツとする、二三十分も停つて居たらどうなつたであらうか。死の第一関門を逃れた気持だ。」

もっとも、これを「特ダネ」と呼ぶのが適当かどうかは、論議が分かれるところだろう。とくに深い分析をしているわけでも、秘話を発掘しているわけでもない。ただ、みたままを書いているだけである。しかし正しいときに、正しい場所にいたということ自体が「特ダネ」であった。大げさで空疎な美文調の原稿だったとしても、正しい時と所を得たものであれば、むしろ内容のなさは望ましい。内容よりも形式というメディア論的な感覚は以後、一貫して橋本の行動原理を形成していく。

帰国後すぐ、講演会に引っ張り出された。危機一髪の戦地を脱出してきた橋本は、日中戦争で沸騰する世論の中で英雄だった。一九三七年八月一八日の大阪朝日会館での橋本の講演内容が、他の特派員のものとあわせて残っている。

「顔は我々と同じく黄色いけれども、その精神に至つては何ら東洋人の色彩を持たない支那人です。例へば蔣介石の如きは西安に監禁された時に、彼は宋美齢夫人と共に、その中において何をやつて居つたかといふと、賛美歌を歌つてアーメンといつて居つた。かういふやうな既に東洋人の精神を失つた、東洋人たる所の資格のない、かういふ人によつて率ゐられる所の南京政府が、到底我々日本人種とは相容れない、日本主義と相容れることの出来ない政権であることを深く我我は認識する必要があると思ふのであります。」（朝日新聞社編 1937 : 116）

講演会で、橋本は時にユーモアを交え、時に日本人の優越感情をくすぐるように中国を批判し、武勇伝を組み立てた。早稲田時代の大陸遊説で、日中友好を説き、連携をさぐった面影は、もはやない。ここで橋本の言辞の是非を云々しても虚しい。すでに、橋本はみずからが朝日新聞というメディアを通して現出させた世論の動きに身を任せている。それは、心地よい体験であっただろう。橋本は「メディア化」のプロセスを、身を以て、急激かつ大規模な形で経験した一人だった。

ただ、単なる中国蔑視だけではなかったことを、最低限の弁護として、同じ講演録の中から書きとどめておく。

「けれどもたゞこの支那といふものは、少くとも一〇年前とは非常に変つて、なか〳〵強くなつて来た。今までちやんころ、ちやんころとばかりいつてをつたのでありますが、現在の支那ははつきりとは申せませぬまでも、大体一人前に近いところの格好になつて来たといふことは事実であります。私達が非常に珍らしく思つたのは、軍政部――つまり日本の陸軍省です――や、中央党部――これはこつちでいふ丁度政友会と民政党を一緒にしたやうなもので、あそこでは国民党ですが――等に参りますと、お湯を出して来る。それで私は初めはどういふ訳か知らなかつた。（略）いろ〳〵研究して見ますといふと、現在では蔣介石が頭になつて新生活運動といふものをやつてをりまして、軍人はお茶を飲まない、酒も殆ど飲まないといつてゐるのであります。（略）かういふように支那は、少くともこの満洲事変以前よりは変つて来てゐる。今までは小指で押倒されるやうな支那だったのが、今度は薬指か中指が要るやうになつたのであります。」（118f）

橋本は時代の子であり、たとえば朝日を退社し社会変革にのめり込んでいった尾崎秀実のように時代を超えた反戦の勇気などは持ち合わせなかった。おそらくあったのは、日本という国全体、そして朝日新聞社というメディア全体が狂騒の渦に巻き込まれ、浮き足立っていくのと同じように自らも熱狂に身を投じ、頭角を現してやろうという野心や願望だった。だが、その底の方には、人間対人間の対等な関係性を認める礼節や、そこはかとない申し訳なさ、居丈高に時流に乗る野放図さを戒める節度も残っていた。

橋本は自分では「自分は弱虫なんだ、勇気などはない。ただよく考えて計画を立ててよしと思ったら他からみて無茶だと思うような事でも断行した」といっている。「三分の安全度があれば、七分の危険度は心の注意と、冷静な行動。残りは運命が決めてくれる」というのが人生哲学だった（評伝：52）。「私なりに計算をして、まず大丈夫だという建前でやっている。いろいろなデーターを調べて九分通りは安全だ。一分の危険はあるが、それは細心な行動で補うことが出来るという判断であった」とも語っている（水戸っぽ：62）。当時に限らず、従軍記者は豪胆さを競い、無謀さを誇示するところがある。橋本はそうした意味でも本流からは少し外れたところにあり、またそれを自覚するだけの冷静さも持っていた。

南京攻略戦取材現地総司令

一九三七年九月、「国民精神総動員運動」が始まった。陸軍は八月三一日に新たに北支那方面軍を編制し、華北の日本軍は三七万人の大兵力となった。上海派遣軍も増強されて九月には陸軍だけで約一九万人の大軍になった。

河北省を中心に北はチャハル省、西は綏遠省の一部と山西省、南東は山東省を含む広大な地域が、「北支戦線」と呼ばれた当時の戦場である。広大な戦域を取材するために、つぎつぎに特派員が投入された。一〇月一九日の朝日新聞社告には「北支と上海を含む特派員の総数は一二二人になった」とある。

一二月一日、大本営陸軍部は南京攻略命令を下した。上海エリアに入っていた特派員のほぼ全員と、杭州湾上陸に加わった特派員全員がこの南京作戦に従軍した。前線取材本部が起ち上がり、橋本が統括することになった。前線取材本部は記者、カメラマン、無線技士、庶務部員、連絡員などで構成され、無電機を積んだ大型バスが移動拠点となった。

前線本部となったバス「朝日号」（東京朝日新聞1934年3月22日付朝刊）

戦場取材はすでにロマンチシズムの範疇を超え、物量とロジスティクス、収支と採算がものをいう世界に変わっていた。そこで「行政的」なセンスが役立った。橋本は、もはや単に特ダネを書いて満足する立場にはなかった。

新聞記者の特ダネという概念への拘泥は、速報が主になった大衆新聞の時代が到来して以来、ずっと強まり続けてきた。新聞が速報という意味でインターネットに完敗したことが明らかになった現代において、ようやくその呪縛は解けつつあるものの、まだまだ影響力は残っている。

だが、特ダネといっても、内実にはいろいろある。極端に言えば、「独自の論」も特ダネであるはずだが、それは大衆新聞という枠組みには包摂されないため、一般的には特ダネとはみなされなかった。重要なのはまず同業他社から「追いかけられること」であり、言い換えれば、情報が社会全体に行き渡ること、つまり情報の「量」についての勝ち負けであった。

ここで、報道の勝ち負けを図る基準として、「質」＝内容より「量」＝形式を重視する考え方が成り立つことになる。戦争の最前線における深い洞察、知られざる事実の発掘、世の大勢に抗する視点を提供することよりも、とにかくまず、現場で展開していること、そこにいる者だれもが当たり前に見聞きしていることであっても、なんらかの手段でいち早く伝えることができれば特ダネとなるというわけである。

橋本がこの時期、取材競争の中で見出した活路とはまさしくそれであり、具体的にはテクノロジーやロジスティクスへの傾倒であった。それは、メディアにおける勝ち負けとは根本的には物量、速度の戦いであり、テクノロジーの競争なのだという発見だった。

戦闘は苛烈で、取材は危険を極めた。一一月二五日、朝日新聞映画班嘱託前田恒は、京滬線の要地無錫城内の市街戦を撮影中、中国軍による機銃の連射を浴び、頭部に貫通銃創を受けて撮影機を握ったまま殉職した。三〇歳。一二月八日、名古屋支社写真課浜野嘉夫が殉職した。二六歳。南京城外約一二キロの小村、高管頭で、中国軍戦車にカメラを向けて前頭部からの貫通銃創を受けたのだった。

南京郊外の句容に朝日新聞の前線基地として設営された一軒の民家を徳川義親が訪れた記録が残って

いる。徳川はマレー半島で虎・象狩りに興じる冒険好きの殿様として有名だった。貴族院議員の皇軍慰問団長として現地入りした徳川は虎狩りで鍛えた度胸で、蘇州河を朝日号モーターボートで遡江してきたのである。

徳川が句容の城門のところまで来ると、朝日新聞の旗を立てた自動車が停まっているのをみた。

「句容城の城門を入ると、路幅は狭く三間位なものであらう。両側には商家が低い軒を竝べてゐる。（略）壁や塀に白墨で記された目標を便りに支局をさがしながら行つたが、ぢきに門口に朝日の社旗が立てゝあつたので分つた。四五人ほどもゐて、火が焚いてある。相当な家で、入つた処は天井の高い三〇畳以上も敷ける位の室で、例によつて正面には祭壇があつて、床は瓦敷になつてゐる。（略）支局に帰るとまもなく橋本登美三郎氏がやつてきたし、一一時頃には無電機を積んだバスも到着した。（略）句容の戦では一切を他社に譲つたが、南京城攻略こそ名誉にかけて、朝日が報道の一番乗りをと志して、策戦を凝らしてゐる。」（徳川：218）

朝日取材陣の中に名古屋支社社会部から派遣されていた藤本亀がいた。藤本ももちろん、南京一番乗りに闘志を燃やしていた。句容から南京入場には二つのコースがあった。ひとつはメーンロードとも言うべき中山路。もうひとつは光華門路である。中山路は自動車も使えるし、前線通信本部となったバスとも連絡はつきやすい。が、正面からのルートだけに敵は頑強な抵抗を試みると予想され、南京一番乗りはまず不可能と判断された。対して光華門路は山の中の道を歩かなければならないし、バスとも連絡が困難という不利はあったが、それだけにやりがいのあるコースだった。橋本を中心に協議が重ねられ、藤本はカメラマンの浜野とともに光華門路ルートを行く六人のうちの一人に任命された。浜野が殉職したのは、指示を受けて猛烈な銃撃戦を進む中でのことであった（藤本：131f）。

一二日、日本軍は南京城街に肉薄し、戦闘部隊は城壁にとりついた。一三日夜から一四、一五両日、激烈な掃討戦が行われた。「南京アトロシティ」が起きたとされる瞬間である。橋本はその場にたしかにいた。

南京事件の真相については諸説紛々としか言いようがなく、本書が新しい知見を付け加えることができるわけでもない。ただ、当時の報道と、橋本の軌跡を重ね合わせてみることができるくらいである。

朝日取材陣の中に、今井正剛という記者がいた。南京陥落後の一三日、現地発で「上海→南京　弾道下を突進の記」という勇ましい記事を載せている。「南京包囲の態勢が整つていよ〳〵最後の一戦に対する準備のため上海支局に帰つてゐた記者は六日午後再び南京を掩ふ戦雲をのぞんで」出発した。二台の「自動車で真暗な夜道を疾走」する。「どうしても南京まで持つてゆかねばならぬ自動車だ、皆であとを押しながら、いたはりつゝ車を進める」。途中の句容に「先発した橋本南京通信局長一行の大型バスが進軍してゐるはず」と思いきや、途中で追いつく。

さらに前進を続け、途中浜野カメラマン殉職の知らせを聞き、「嘘であつてくれ、濱ちやん生きてゐてくれ、と念じつゝ」膝を抱いて夜明けを待つ。一〇日、いよいよ中山門三〇〇メートルの最前線にとりつき、「眼前に起る突撃を観戦」するが、「一寸頭が高くなると、ピユピユツとチエツコ機銃の狙撃がやつてくる」。一二日夜半、ぱつたりと銃声がやんだ。

「一二月一三日、上海に事変が起つて今日で四ケ月目、輝かしい日だ、南京城中山門に二本も三本も輝く日章旗、続々入城しては城頭で叫ぶ将士の万歳のとゞろき、胸に、首につるされた戦友の遺骨も白布に微笑をつゝみながら軍靴の音も高く入城してゆく、続く兵士、続く兵士——。」

上海から南京への道中と、南京入城という大舞台を勇壮な筆致で描いた今井は、戦後、「南京大虐殺」を目撃したと証言している。

「入城式を挙行するために、二、三日前から南京城内に敵の一兵たりとも残存するを許さず、という軍令が入城部隊に厳達されていた。敗残兵が軍服をぬぎ捨てて便衣に着かえ、市内にかくれひそんでいるかもしれぬ。徹底的にこれを調べあげて掃蕩すべし、というので、南京突入の一三日夜から、一四、一五日の両日は殊にこの〝残敵掃蕩〟が苛烈であった。一四日の日は、兵隊さん達も入城したばかりだったから、国民政府だとか、軍官学校だとか、市内の要所要所を経回っては万歳を唱えて歩くのに忙しかったが、一五日は、いよいよ入城式を明後日にひかえて行動は掃蕩に集中された。南京大虐殺事件というのは、この一五日の夕刻から深夜にかけて行われたのである。」（今井：51）

今井の証言は、南京事件をめぐる論争の中で何度も取り上げられ、おびただしい反論もなされている。繰り返すが、当否を判断する能力は本書にはない。ただ、今井が、無電設備を搭載した大型バスに陣取って南京攻略戦取材の取材現場を統括していた橋本の指揮下にあったことは事実である。

一八日付朝刊に【南京国民政府前にて橋本特派員一七日発】記事が掲載された。朝香宮の南京入城の記事である。

「首都南京への入場式を記者は国民政府の前に堵列して見た。三軍を統べさせられた朝香宮殿下の御乗馬の蹄の音がカツカツと程近くに聞えてきた。不動の姿勢で堵列する兵士の顔にはひしと感激がこみあげて来る、何という荘厳さ。部隊長が戦場で叫んだだらう「突撃」の声は今日はさびを含んだ「頭ツ右」の号令となつてこの歴史的光景に似つかはしい。」

文章としては、ありきたりと言うしかない。だが、朝香宮入場という公式の場面を記録する筆者として選ばれたことが、何より橋本のポジションを物語る。

南京攻略戦取材には朝日から五〇人近くが参加した、と後に橋本は語っている。従軍記者が一五人くらい、連絡員はそれ以上いた。南京に入ってからは街中の無人の旅館を仮の支局にして、上海から持ってきた米を炊いて食べたという（畠中：20）。

東京朝日新聞一九三七年一二月一七日付に特派員たちの座談会の記事が残っている。そこで橋本は、「南京総攻撃は全く猛烈だった、藹水鎮前面で敵前七〇〇メートルの近くに陣を布いた三国部隊の砲兵隊の傍らで〇〇部隊長が号令をかけている勇壮な姿は今でも目に残るね」と述べている。

橋本は八〇歳を過ぎて、ジャーナリストの畠中秀夫（阿羅健一）のインタビューに応じている。南京事件について聞かれ、「南京での事件ねえ。全然聞いてない。もしあれば記者の間で話に出るはずだ。記者は少しでも話題になりそうなことは話にするし、それが仕事だからね。噂として聞いたこともない。朝日新聞では現地で座談会もやっていたが、あったのなら、露骨でないにしても抵抗があったとかそんな話が出るはずだ。南京事件はなかったんだろう」と答えたことになっている。今井正剛についても、あまり話した記憶はないと述べている（畠中：20f）。

橋本は、ジャーナリスティックな方向性とは別の「行政官」としての道を選んだ。橋本は朝日時代の自分を振り返って、「文章をよくする新聞記者というよりも、行政官としてなかなかすぐれた才能を持つていた」と評している（細川 1960：43）。一つには、そこまで「内容」にこだわるだけの作家的な資質ではなかったということがあるだろうし、昭和前期の新聞が帯びた大衆性を強く感得したためかもしれない。大衆性とはつまり読者が感じる熱狂であり、書き手にも共有される甘美ななにかであった。

魔都の日々――上海支局次長時代

南京攻略戦を取材した橋本は、スターとなった。橋本は日本にとって返し、沸く日本の読者に冒険談を供給してまわった。当時、各地で橋本が講演会、報告会に招かれ、話を披露した記録が残っている。

五月、上海支局次長の辞令を受け、上海に渡った。ちなみに、長男である太郎の妻で今も健在である美耶子の記憶では、南京に続き家族で赴任したと太郎が語っていたという。すでに日中戦争に突入していた時期だが、上海は日本の占領下にあり、むしろ安全と考えられていたのかもしれない。太郎は楽しかった記憶をしばしば語ったという。

上司となった上海支局長は、のち大阪編集局長に上り詰めた白川威海。取材の必要から機関車を買ったという伝説があるほど、金遣いの荒いことで有名な名物記者だった。

白川の下で、橋本は通信機の開発に取り組んだ。

無線機の出動となると、当時はトラックに乗せるか、大型自動車に乗せなければ、戦線には運べない。中国戦線は、しばしば膝を没するぬかるみである。トラックなどではとても前線までは無線機を持っていけない。そこで橋本は、なんとかして人が背負って歩ける程度まで小さくならぬものかと考えた。

携帯無線機については、南京攻略戦にまにあわすために金に糸目を付けず、大急ぎで完成させたという記述が残っている。おかげで朝日は速報戦で連戦連勝だったというのである。しかし、『履歴書』では無線機開発に熱中したのは上海支局次長時代の一九三八年と書いている。技術者の確保という観点からも、あるいは注ぎ込む予算の観点からみても、開発作業は上海支局で行われたとみるべきであろう。現実に、南京攻略戦取材では通信の不備から各社に後れを取ったという記述が出てくる。そうした反省も含めて開発を急いだというところが真相であろう。

白川は大物だった。橋本が相談したら、「登美さん、やれよ。任せるよ。本社から文句があったらオレが引き受ける」。橋本は上海にいる外国人技術者を使って、秘密裏に開発をすすめた。ケチケチして時間ばかりかけては意味がないので、「金に糸目はつけない。短期間でやってくれ」と、三カ月で十数万円の巨費をつぎ込んで完成した。そのころの十数万円は、上海支局が一年間ぐらいまかなえる額だったという。

朝日の上海電は他社を大きく引き離し連戦連勝。本社から感謝電報が百数十通も来た。得意満面でいると、しばらくして本社で「十数万円の乱費」として問題になった。大阪本社へ呼びつけられ、叱責された橋本は「それだけのカネがかかることを事前に言ってしまえば、許可されないことがわかっていたからである」と、やおら百数十通の感謝電報を持ち出して、「これが十数万円の結果である。カネを使ったことだけに文句をいうが、上海電は連戦連勝してじゅうぶん社に貢献しているはずだ。私は銀時計をくれるものと思って帰ってきたのだが…」と切り返した（履歴書：86）。

魔都と呼ばれた戦前の上海で、朝日新聞上海支局は単に特ダネを追いかけるだけの存在ではなかった。国策新聞の発行に深くかかわり、国と事実上一心同体となって大陸に利益を追い求める巨大メディアの出先機関でもあった。橋本はそこにいた。

橋本は戦後、そうした部分についてほとんど語っていない。ゆえに、中国時代の再現は、これまでの先行研究結果を総合したものにならざるを得ない。もちろん、それぞれの先行研究もあやふやな、推測を交えた部分があることは言うまでもない。山本武利が、朝日新聞の「恥部」とまで表現する戦時下の朝日の活動は、そのほとんどが闇に包まれたままなのである。

ノンフィクション作家の岩川隆は、戦後日本のエスタブリッシュメントの闇の部分と上海とのつながりを指摘している。「戦前戦中における上海は、軍人・官僚をふくめてエリートたちが一度は人生のうちで通りすぎる場所でもあった」。たとえば、佐藤栄作もこの時期、上海に滞在している。「英・米・仏・伊と顔色の異なった外国人にはじめて接し、きらびやかな国際外交をくり広げ深刻な火花を散らすいっぽう、とらえどころのない中国人を相手にして、日本人としての欠点を知る。上海体験を経た人間は、ひとまわり大きくなるといわれた」（岩川 2007：113）。

『履歴書』は、「昭和一一年から一五年までの南京・上海時代の出来事を一つ一つ書いたらきりがないので、ここではのんびりした個人的な話にとどめておこう」と前置きして、携帯無線機導入による取材成功の思い出に短く触れるだけにしている（84）。橋本の意図が「闇」を覆い隠すことにあったかどうかはともかく、ほとんど自分ではふれていないのは事実である。

だが、周辺の文献をみていると、橋本がやっていた仕事の思いもかけない断片が浮かび上がってくる。この時期、朝日が上海で取り組んだ最大の事業は、現地紙の発行である。といっても、朝日が発行したのではない。協力紙というかたちで、側面援助を行ったのだが、ゆえにその作業は複雑かつ陰影を秘めたものにもなった。

『本社の南方諸新聞経営』と題された未刊行の朝日新聞社社内資料を、東京大学大学院情報学環図書室でみることができる。朝日で論説委員を務めた萩森健一が担当した同書によると、上海で一九三九年一月一日に創刊された『大陸新報』は、陸軍省、海軍省、外務省、興亜院の後援を受けて設立された中支における国策新聞で、社長はすでに登場した大陸浪人あがりの福家俊一だった。戦時下で朝日は『ジャワ新聞』『ボルネオ新聞』『香港日報』などの現地紙を軍から委託を受けて発行・経営したが、大陸新報はそうではなく、朝日があくまで新聞経営に協力するというかたちだった。といってもかかわりは深く、当初会長を務めた福家の下で発足時の社長を務めたのは朝日新聞の木下猛であり、ほかにも「相当の人材が（朝日から）退社して同社に行った」。南京、漢口、徐州に支社を置き、それぞれ支社で印刷も行った。

大陸新報設立について、当時東京朝日の編集局長で常務だった美土路昌一は次のように語ったと同書に残っている。きっかけは、南京占領のあと、陸軍軍務部長の影佐禎昭（かげささだあき）が本社に来て、上海で新聞を出したいが、朝日でやってくれんかと頼んだことだった。美土路によると、「御用新聞をつくるのはきらいだ、他に持っていけ」と突っぱねた。すると今度は福家が甘粕の使いとしてやってきて、海軍も一緒にやるからという。美土路は、「では、朝日は関係しないが、新聞を出す手伝いをしよう」と承諾したが、あくまで協力であり、「軍の悪いことは悪いと書くのでなければほんとうに役に立たない」と釘を刺した、ということになっている。

美土路は福家が気に入らなかったようで、「二〇歳そこそこで大言壮語する男だった。満洲グループ（東條英機、星野直樹、岸信介、甘粕正彦など）のメッセンジャーボーイだった」と切り捨て、大陸新報についても「〝自主民営〟を創立方針として出発したわけだが、あのような時勢でもあり、必ずしもその通りにはゆかなかった。そのうちに福家が公私混同してメチャメチャをやるので、彼をやめさせて尾坂（与市）を社長にした」と述べている（萩森：204）。

尾坂は上海に赴任する前は社会部長から編集局参与に昇進したばかりで、部下も社会部、整理部員など。橋本の盟友である戸叶は調査部員だった。「政治部、経済部という主流派から『大陸新報』への出向者はゼロ。社会部という傍流から流れていることがわかる」と山本武利は指摘している（山本：62）。もちろん、橋本も社会部系統だった。

社会部を単に傍流、脇役ととらえるだけでは分析の網目が粗すぎる。社会部系統にはコンプレックスと表裏一体となったプライドがあり、それが独特の行動様式を形成している。それは、のちのちの橋本を読み解いていく上でも重要なカギとなる。

福家をモデルにした小説『破天荒一代―ごじゃな奴』では、橋本は大陸新報相談役とされている。「新京支局の駆けだし記者時代、馬占山と板垣征四郎が会談する特ダネを俊吉からもらい、二人でチチハルまで飛んだ仲である」と小説は書いている（317f）。

大陸新報の本社は朝日新聞上海支局の隣にあった。橋本は上海支局次長であるとともに、大陸新報編集局長も兼ねていた。

『大陸新報』の編集には、最初のころ朝日新聞社から派遣された記者たちが携わっていたが、報知新聞を退社した春山泰雄（戦前のサッカー日本代表、のち日刊スポーツ新聞社取締役）が配下を連れて乗り込んでくるに及んで、報知系スタッフが主導権をにぎるようになった。つぎに日本からやってきたのが戸叶武、里子夫妻である（岩川：139f）。戸叶の述懐によると、一九四〇年二月一一日に上海の橋本から手紙が来て、「支那事変を早く和平の方向に持ってゆかねばならぬが、それには中国革命に理解が深く中国人に知己の多い君にまつところが多い。丁度上海に新しい新聞ができたので、このさい行ってもらえないか。もし君が都合が悪ければ、私が社を辞めてゆくつもりだが、本当は君の方が適任だ」と言ってきたという。そこで戸叶は、朝日の同僚帷子（かたびら）勝雄、猿山儀三郎と連れだって大陸新報に移った。大陸新報で社会部長を務めることになる帷子は、一九三九年の春に福家が直接帷子に「朝日から数名ほしい」と言って福家の話では、きたところ、行動をともにする者として戸叶らの同意を得て、上海に赴いたとしている。だいたい編集は東京朝日から、印刷は大阪朝日から社員がきたらしい（萩森：206-209）。

当時上海にいた小林春男という人物の証言もある。それによると、朝日の支局は大陸新報社の隣にあったので、橋本はしょっちゅうやって来たという。たいがいは福家とふたりで社長室で会談していたが、時には編集部に顔を出すときもあった。「戸叶君を始め朝日から移った連中の一人々々と懐かしそうに話し合う橋本氏の印象は、まことに好人物といった感じがした」と小林は述べている。「後年、彼が田中角栄の〝子分〟的存在となり、ついにあのいまわしい疑惑の中心人物となったことが、本当のところ私にはピンと来ないのである」（小林、原園：279）。

岩川は戦後、福家本人から話を聞いている。大陸新報の社屋が建っていた場所は日本租界の入口にあたる市内の西華徳路。五階建ての大きな製菓工場を買収して一階から三階までを『大陸新報』が使用し、四階が朝日の上海支局、五階が会議室という間取り。橋本は「自分の仕事が終わるととんとんと降りてきて、うちの新聞を手伝っていた」という（岩川 2007：135）。

橋本は和服を着て、国士風の出で立ちだったという。白川がモダンな朝日紳士タイプだったから、好対照を描いた。

仕事について人の割振りや、取材予定をたてるのは橋本の任務であり、支局員との接触は白川より橋本の方が多くなる。上海支局から、橋本が東亜部長になったあとまで部下として仕えた中原尚臣は橋本を評して「トミさんは、いつでも暖かく、ヒューマニティーにとんだ上司だった。本当に安心して仕えられる部長だった」と評した。中原が上海支局当時橋本と一緒に映画に行ったときのこと。映画の内容はなにか浪曲を織込んだ人情ものだったが、見おわって外へ出てみると、橋本の眼のフチが真っ黒になっている。「人情ものに涙を流して、拭くものを持たないので新聞紙でふいた」。インクが顔に移ったのだった（水戸っぽ：64）。

戦前の東京朝日に入社し、日本海新聞編集局長、山陰放送取締役などを歴任した信太澄夫という人物が、上海時代の橋本の思い出を書きとめている。信太は二七歳の春、上海に派遣された。デスクでいたのが橋本だった。「さて、どのへんに出すかな」と笑いかけた橋本に対し、若い信太は「もっとも苛烈な前線を望みます」と答えた。若気の至り、と同時に、名声や出世をねらう「不逞な計算」もひそんでいた――とは後年の信太の回想だが、橋本は「変わっとるナ…」と含み笑い。信太は「見抜かれた」と感じたという（信太：61）。

一九三八年には、満洲およびその周辺の視察旅行で上海へ赴いた野依秀市の世話を焼いている。「午後一時「大阪朝日新聞」の支局次長の橋本登美三郎氏が前約によつて自動車をもつて来訪せられ、氏の好意に従ひ、（略）南京路の支那料理店に行つたが、何んだか支那にきて初めてオイシイ支那料理にありついたやうな気がした。尤も多少は腹加減もあつたけれど、兎に角オイシかつた。約一時間に亘る座談は相当面白かつたが一切お預かりとし、たゞ橋本氏の好意を謝するに止めておく。橋本氏の自動車によつて宿に帰つた」（野依：187）。

朝日新聞上海支局は、朝日の大陸進出の橋頭堡だった。そこには影佐機関や梅機関といった戦前の特務機関、児玉誉士夫ら右翼や大陸浪人たちも出入りしていた。

岩川は、白川にも直接インタビューしている。「橋本君は昭和一三年に札幌支局長から上海支局の次長として赴任してきました。だが上海在住は一年あまりで、やがて南京支局長となって前線へ出ていった」と述べているが、このあたりはやや事実関係がまちがっている。だが、白川にも、そうした正確さを要求するのはスジちがいというものだろう。岩川が当時のインタビューでなによりも聞き出したかったのは、橋本にのちロッキード事件で逮捕される右翼の児玉誉士夫との面識があるかないかだった。だが、白川は「ロッキード事件のとき、橋本のトミは上海で児玉となにかあったのではないかという噂が立ったようだが、これは、上海在住の時期からみてトミの潔白が証明できる。トミがいたころ、児玉はまだ上海に来ていなかったし、児玉機関が勢力をのばし始めたころはむろん、橋本君は上海にいなかった」と述べている（岩川 2007：131）。

ちなみに、福家は児玉と深いつながりがあったことを公言している。一方、ロッキード事件で橋本も逮捕されたが、当時、児玉との面識は一切ないと主張していた。だが、こうした戦時下上海の日本人社会をかいまみていくと、「児玉→福家→橋本→戸叶夫妻という人脈によって、かれらが都内某所で顔を合わせていたとしても少しも不思議ではない。ひとの縁はどこでつながっているのかわからないのである」という憶測が出てきてもおかしくない（岩川 2007：140）。

ちなみに、ゾルゲ事件で処刑される尾崎秀実は、一九二八年一一月から一九三二年はじめまで上海支局員だった。東京朝日新聞社に入社したのは一九二六年五月で、橋本の一年先輩にあたる。尾崎は当初社会部に配属されていたが、半年ほど経って学芸部に回され、一九二七年一〇月に大阪朝日に転勤となったので、交流があったかどうかは微妙である（風間：545f）。当時の社会部長、鈴木文史朗は尾崎を「社会部記者としての彼は、特種を取ることも文章を書くことも全くダメであった。学校の秀才、新聞記者としては必ずしも優秀ならざる例に、私はいつも尾崎のことを考へて、新聞学の講演に話したりした」とこき下ろしている（三田村：339f）。血気に逸る若き記者としての橋本は、尾崎には興味はなかったかもしれない。

『近代日本のメディア議員』所収の拙稿で、私は朝日・毎日という二大紙から代議士へつながるルートとして、戦前から戦後まもなくにかけて「政治部ルート」が存在すると指摘したが、橋本は、永田町のインナーサークルに入り、秘書などを経て代議士に上り詰める「政治部ルート」からは外れた存在だった。橋本は社会部畑であり、「国際派社会部記者」とでも言うべき独特のポジションにいた。日本社会中枢における権力構造にどっぷりと交わる「本流」たる政治部を中心とした「硬派」とは無縁で、しばしば下にみられる存在であった。一方で社会部記者らしく、脈絡もなく現場に飛び込んでいく中で、権力の高みにいたのではみることも感じることもできない現場の息吹や、底辺の苦しみを体に感じることもできた。それは貴重な財産だったに違いないが、さりとて新聞社社内の出世や、まして政界へのルートとして役立つことはあまりなかった。

それは戦後、いったん自ら政党を立ち上げながら惨敗を喫し、地元の町長を務めつつ次を狙うという回り道を余儀なくされた理由でもある。また、代議士になってからも緒方竹虎や河野一郎といった朝日の主流出身の政治家から距離を置いた理由かもしれない。そうした「傍流」としての橋本の特性が浮かび上がらせる政治とメディアとの関係性も、追って確認していきたい。

3　東亜人脈と終戦――道ならぬ恋を秘めて

〝東亜部〟という組織

橋本の上海時代は短い。一九四〇年八月に東京本社東亜部次長の辞令が発令されるまで、二年あまりにすぎない。

「南京・上海支局時代で、私の現場記者としての仕事は終わった」と、橋本はどことなくさびしげな書き方をしている（履歴書：87）。だが、大陸現地における裏表の作業から、完全に離れたわけではなかった。橋本は東亜部次長の職に加えて、満洲支局長を兼任してもいた。

判事から満洲国の官吏になった武藤富男という人物が、『私と満州国』（一九八八年）という回想録を残している。武藤は甘粕正彦に傾倒して『満州国の断面』（一九五六年）という甘粕伝も残した。戦後は長らく明治学院の院長をつとめたキリスト者でもある。

同書によると、一九四一年九月初め、朝日新聞社東亜部次長兼満洲支局長の橋本は、満洲国国務院総務庁弘報処長を務めていた武藤を訪ね、専務の原田譲二が重要な問題を持ってくると面会を求めた。

原田は社専用機でやってくるというから、武藤は用件が重大であることを予感した。原田は「願いの件があり、原田専務を遣しcます、宜しく」という緒方竹虎編集総長の達筆の手紙を持参していた。満洲国の新聞については、数社に統合する計画が当時、国務院弘報処によって実行に移されようとしていた。原田は「朝日新聞も満洲国に進出してご協力いたしたいと存じます」と述べた。朝日は王子製紙の満洲新工場竣工にあわせて本格的な印刷所を建設し、編集局も設置しようとしたのである。

原田は「実はこの件はひそかに関東軍参謀副長の秦彦三郎少将にお話しいたし、御胸中をうかがっております」と、すでに関東軍の上層部へ打診していることを伝えた。

武藤ははじめ、悪くない話だと思って、この朝日新聞の満洲移駐案を受け入れようとしたという。ところが、関東軍内部の高級参謀からクレームが入った。軍が朝日の提案を取り上げたら、読売、毎日、そして同盟が束になって陸軍省軍務局に乗り込むのは必至だ、そして軍が押し切れず抗議に屈することになれば軍司令官の更迭まで行くぞ、というのである。

当時、本土における全国紙統合案が持ち上がり、読売の正力松太郎、毎日の高石真五郎、同盟の古野伊之助らが強力に反対していた。朝日も反対側には立っていたが、やや温度差があった。つまり、朝日は本土での新聞統合をめぐる熾烈なつばぜり合いの裏で、満洲で抜け駆けを図ったのである。

言論の使命を掲げながらテーブルの下で殴り合いを演じる大新聞社の暗闘に巻き込まれてはとんでもないことになりかねない。武藤はこの問題を打ち切る旨の丁重な手紙を原田に送った（武藤：341ff）。

『水戸っぽ』は橋本と満洲人脈との意外なつながりを明らかにしている。関東大震災の際、アナキストの大杉栄らを殺害し、有罪判決を受け服役した後、満洲へ渡り満洲映画協会（満映）理事長を務めていた甘粕正彦との交流である。

橋本が満洲支局長を兼務していたころ、甘粕と出会った。「たちまち意気投合し」、甘粕は衆院立候補を強く勧めたという。甘粕は東條英機の庇護下にあり、「翼賛選挙に出る意志があるならば、いますぐ東条に推薦する」と言ったらしい。翼賛選挙で推薦を受けることは、当選を意味する。だが橋本は断った（水戸っぽ：69）。

一年ほど東亜部次長を務めたあと、一九四一年秋、大阪本社通信部長になった。通信部というのは、本社以外の地方支局を統括する部署である。

大阪にはあまりなじめなかったようだ。当時を振り返って、「大阪はいつまでも本家意識が強く、何かにつけて東京を分家扱いした」と書いている（履歴書：87）。上海支局時代の携帯無線機開発という業績に、金の使いすぎだと難癖をつけられたことを根に持っていたのかもしれない。

橋本はすでに部長であり、「行政官」としての自負もあったようだ。遠い支局にはいっさいを任せられる部長級の人材を配し、近い支局は本社が補佐できるから若手を抜擢する、という方針の下、「ひそかに大幅な人事刷新の構想を練り」、支局長の半分以上を入れ替える案を作って、社長の上野精一のところへ持っていった。上野は「それはちょっと無理だろう。半分ぐらいにならぬか」と難色を示したが、「ぼくがこういう案を作ったことはいずれ漏れるだろう。それを社長の命令だからといってやめれば、ぼくの統率力は無くなってしまう。ダメならば、ぼくは部長としての指揮命令はできないから何もせんで坐っている」と言って押し切ってしまった（履歴書：87）。

橋本が通信部長として起案したこの異動で、当時京都支局長だった信夫韓一郎（のちに東京の編集局長）が京城総局長に転勤となった。「左遷されたと思ったかもしれないが、そうではなかった」と、橋本は後に釈明している（履歴書：88）。

橋本は大阪時代、尼崎の単身社員寮に住んでいた。約二〇年経って同じ寮に暮らした、のちの編集委員溝上瑛は、管理人の女性が「「この寮から大物が出た」と喜んでいた」のを記憶している。まもなく女性は亡くなり、さらに一〇年後、ロッキード事件で橋本は逮捕された。「おばさんが生きていなくてよかった、と私はひそかに思った」と溝上は書き残している（溝上：167）。

大阪転勤を経ても、中国との縁は切れなかった。一九四三年一一月に東京本社報道部長、翌年四月に同東亜部長に就く。

東亜部という聞き慣れない部署について、土屋礼子が詳細を明らかにしている。土屋の研究に基づき、戦前の新聞社における東亜部という組織がどのような役割を果たしていたのか、確認しておこう。

東亜部とは、アジア全域に広がった戦線に対応し、そうした地域における報道陣の活動をはじめとした新聞社の活動を統括する部署と言えばいいだろうか。日本と東アジアを結ぶ結節点としての地位が、戦前の経済中心の時代に大阪にあったのに照応して、東亜部（あるいは支那部）は当初大阪本社にあったが、中国進出が国策と化し、政府・軍部が占める重要性が高まるにつれ、東亜部は東京に移っていった。

太平洋戦争が始まり、戦線が南方に拡大するとともに、東亜部の機構と権限は強化されていった。台湾、ハノイ、サイゴン、バンコクさらに朝鮮などが東亜部の指揮下に入り、陣容は急速に膨張した。

橋本が朝日の東亜部長を務めていた時期の毎日新聞の東亜部長は、のち社長を務める田中香苗だった。田中は東亜同文書院卒の中国専門家である。

毎日新聞の国際報道の中心はながく大阪にあったが、一九四〇年一〇月に外国通信部、東亜通信部の本部を大阪から東京に移した。開戦が予想される中で、東亜部は報道体制の展開を見据えて人員や機材の配置を取り仕切る業務を担った。田中が副部長から部長に昇進したのは一九四二年一二月。すでにガダルカナル島の戦いでの劣勢が伝えられ、戦況に敗色が濃くなっていく中で、東亜部は戦争の建前と現実の矛盾をもっとも押しつけられる部局となっていた。

東京各社の東亜部長は陸軍嘱託という身分となり、軍部との一体化が進んだ。報道の独立などは、総動員体制、全体主義の前に消し飛んでしまっていた。前線では一九四三年八月に「無電統制」が実施され、中国大陸をはじめ太平洋全域にわたって特派員の無電機携行を禁止された。現地からの報道通信は同盟が一手に引き受ければ間違いもなく、効率もいいということになった。新聞社の「東亜」記者たちはもはや特ダネ競争どころではなかった（土屋：124）。

東亜部次長時代の橋本について、当時の部下で、のち北海道新聞の論説委員として活躍した須田禎一が書き残している。東亜部内勤の仕事は特電の翻訳とその文章の添削、解説記事の執筆などだったが、幹部には「参謀接待」という仕事もあった。須田はある日、「急に都合が悪くなったので、今夜の接待はキミが代りに行ってくれ」と命令され、築地の料亭に出かけたことがあったという。軍の動向を把握するための接待だった（須田：22）。

橋本と田中が、朝日と毎日の東亜部長として働いたのはこうした時期だった。すでに各社競い合っての華々しいスクープ合戦などという状況ではなく、報道機関は各社そして軍部との協調協力に重点を置かざるを得なかった。橋本と田中の親交が深まったのはこのころである。田中は、「報道任務を確保するための軍に対する姿勢については橋本登美三郎氏とは余程馬が合ったと見えて、友情は戦後に及び、年とともに親密度を加えて行った」という（田中香苗回顧録刊行会編：209）。

一般的に日本の大手新聞社で、中国および東アジア関係の部署の地位はそれほど高くない。政治部、経済部、社会部といった社内の権力的序列の中で、一応は硬派の一翼を占めるものの欧米中心主義をとる外報部・外信部の片隅に中国及び東アジア関係の担当記者がいるのが常である。しかし一九二〇年代から一九四〇年代までの「支那」および「東亜」部署は、急激に勢力を拡大した部署だった。「東亜部」の勃興について、「それは国策に沿うというより、国策に先んじて「東亜」政策を唱道する新聞社の立場を表明するものだった」と土屋は指摘している（土屋：126）。橋本は、その中核を担った。

一方、朝日新聞の実質的な創業者として絶大な指導力を誇った村山龍平（りょうへい）が一九三三年に亡くなってから約一〇年が経ち、朝日社内では暗闘が進行していた。橋本自身がどれだけ巻き込まれていたのかは不明だが、一九四三年の夏ごろ、社長の村山長挙（ながたか）と、実質的に経営を取り仕切っていた専務兼主筆の緒方竹虎、同じく専務の石井光次郎（みつじろう）の間で紛争が勃発している。緒方と石井が村山に対し、「資本と経営の分離」を切り出したのである。

「資本と経営の分離」は戦時下にあって、総動員体制の強化に向けての新体制の考え方にも合致していた。そもそもそれは、朝日の論説委員で昭和研究会に出入りしていた笠信太郎（りゅうしんたろう）らが唱えたアイデアだった。時局的に押し切れると、緒方と石井は踏んだのであろう。ところが、村山は飼い犬に手を噛まれたとしか受けとらなかった（細川 1965：138f）。

この不和が、戦後の「村山事件」につながっていくが、そのころ、橋本は大阪通信部長、東京報道部長、東亜部長と駆け足で社の中枢に近づいていく時期にあった。暗闘に無縁だったとは思えない。

一九三七年、橋本は『中央公論』一九三七年一〇月号に「来るべき新支那」と題して寄稿している。

「イギリス勢力の代弁者としての蔣政権の没落は日本の大陸発展と必然的な衝突の結果より来たものとせば、来るべき再生国民政府は対日、対英政策に協調性をもたざるを得ない。現下の極東政治局面では将来はさておき日英の協調は可能なのである。現実の政治は武士は食はねど高楊枝の思想では考慮すべきでなく、又実現し得るものでもない。」（231）

こうした現実主義者としての橋本に、泥沼の戦争に踏み込んでいく日本、そして緊迫の情勢をよそに社内抗争を激化させる朝日は、どう映っていたのだろうか。

陸軍嘱託と革新人脈

戦局は日々悪化していったが、橋本はそれをかなり正確に把握していた、とみずから述べている。

「東亜部長は社を代表して、大本営の報道会議に出るから、戦局の実情や見通しについては、一般の人より相当早くかつ詳しく知ることができた。私は敗戦への道をかなり前から察知、直感していた」。そうした情報は、ニュースを扱う専門家から成り立つ新聞社にあっては非公式であっても当然、共有されると思いがちだが、しかし、現実には本土決戦と称して新聞社でも戦闘体制を整え、編集局長が師団長、部長が連隊長というような非現実的な割当を大真面目でやったりしていた（履歴書：88f）。

一方で、戦時下にあって総力戦体制構築の目標を掲げ社会改造を試みたいわゆる〝革新官僚〟たちと響き合うかたちで、朝日の記者たちは報道の枠を飛び出し、社会改造の提言を行うようになっていく。代表的な例が、当時難局を切り開きうる指導者として輿望を担っていた近衛文麿の私的ブレーン・トラストたる「昭和研究会」であった。

昭和研究会は近衛の高校、大学の同級生である後藤隆之助が近衛のために作った国策研究会で、一九三三年暮れの最初の会合には東畑精一、河合栄治郎、有馬頼寧、河上丈太郎、蠟山政道、後藤隆之助らの学者、政治家、官僚のほかに東朝論説委員前田多門、関口泰などのジャーナリストも出席した。一九三六年一一月には常任委員会などの機構をととのえて新しいスタートを切り、東京朝日の佐々弘雄が書いた趣意書を発表してひろく各界に働きかけた。ちなみに佐々はのち、橋本が戦後「日本民党」をたちあげた際の創設メンバーともなった。

『朝日新聞社史』は、あまりに朝日社員が昭和研究会に熱を上げるので、主筆の緒方竹虎が後藤隆之助に対して、「社の連中はよく、あなたのところへ行っているようだが、社における時間と、あなたのところにおる時間とどちらが多いですか」と聞いたというエピソードを記している。第一次近衛内閣ができたとき、佐々は連載「新内閣の人々」で「雲を破る一脈の陽光明朗宰相近衛文麿公」と書くなど、蜜月状態にあった。

元朝日新聞記者で、信濃毎日で主筆を務め、昭和研究会では支那問題研究会委員長を務めていた風見章が内閣の要職にいたことも手伝って、「昭和研究会」は朝日と極めて近い位置にあった。『朝日新聞社史』は近衛を、軍部を押さえて政治を軌道に乗せうる良識派とみるような期待と観測は当時の東朝社内にも大きくひろがっており、それが朝日の論調自体にも影響を与えていたという（朝日新聞百年史編修委員会編：482f）。

昭和研究会は大政翼賛会発足を受け、一九四〇年一一月に解散する。橋本が東京に帰任し、東亜部次長に就いたのが同年八月。満洲支局長を兼務し北東アジアを飛び回っていた橋本に昭和研究会との直接のつながりがあったとの記述は見当たらない。が、そもそも昭和研究会内の主要な朝日のメンバーのほか、毎日で東亜部長同士の交友を結ぶ田中香苗などと極めて近い立場にあり、また、昭和研究会自体の主要テーマが中国問題であったことを考えれば、一定のつながりが存在したとみることは可能だろう。

やや話が先走ることになるが、戦後「日本民党」を立ち上げた際に掲げた「協同主義」の源流も、この昭和研究会にみることができる。

三木清が昭和研究会の名義で起草した「新日本の思想原理」（一九三九年）および「新日本の思想原理続編――協同主義の哲学的基礎――」（一九三九年）がそれである。歴史家の塩崎弘明は、「協同主義」について、「昭和戦前期革新化の最大公約数的イデオロギーであり、且つ大正期から昭和戦後期に至る期間、体制内改良主義としての機能を果たした」ものとしている（塩崎 1988：265）。

もっとも橋本に、国を憂えて革新人脈との交流に没頭するほどの余裕があったわけでもないだろう。戦局の拡大につれ、東亜部の職務も考えられないほどの規模となってきた。もともと世界各地にいた特派員は日米開戦にともなって多くが引き揚げとなる一方、東亜部が管轄する特派員の配置は東南アジア、太平洋地域に広がった。いわば前線記者、従軍記者の総元締めの立場に橋本は置かれたのである。一日に取り扱う原稿量からいっても、東亜部は編集局内でもっとも大きい部になっていた（評伝：55）。

繰り返して言えば、橋本自身は必ずしも中国問題専門家ではない。専門家を束ねるマネージャーとしての力が評価されていたのだと思われる。当時の朝日新聞編集局長はのち政治評論家の細川隆元、欧米部長はのちNHK会長の古垣鐵郎、サイゴン支局長は古垣の後、間をあけてNHK会長を引き継ぐ前田義徳（よしのり）であった（水戸っぽ：65f）。

終戦、退社、道ならぬ恋

すでに触れたように、橋本はこの時期、後半生をともにする女性に出会っている。後藤美也。一九二三年、千葉県市川市生まれ。

戦中、戦後に社内結婚が一般化した。戦前の日本は階級社会で、中・上流階級の女性は働かないものだという価値観が根強くあった。しかし、戦争で徴兵が進むと労働力不足が深刻となり、それまで男性の職場だった分野に女性が動員される。戦時下、国は女性に対し、働くことと産むことの両方を求めた。女性もまた、次代を担う子を産む「総力戦の戦士」としての役割を担わされたのである。職場はマッチングの重要な装置となった。

細川隆元が書いている。「社内結婚は、これこそ戦中、戦後の現象で、新聞社も世の中の会社並みに社内結婚大流行となった」。そこでの出会いである。一九四四年秋、朝日新聞社は大量に女性記者の採用に乗り出した。いくつかの女子大や青山学院などからたくさんの応募者があり、編集副総長の北野吉内と、報道局長の細川が二人で口述試験をして採用にあたった。

関係部長も口述試験に立ち会ったが、その時東亜部長をしていたのが、橋本だった。細川の記憶では、そのとき採用された女性記者は、日本女子大学国文学科卒の後藤をはじめ計九人。最優秀の成績で入社し、仕事のできる後藤を、妹のようにかわいがっていた東亜部長の橋本が、「だんだんとこの後藤に愛情を感ずるようになり、とうとう厳粛な事実にまで発展」した、としている（細川 1958：159f）。

後藤との関係が、道ならぬ恋であったことは、表だっては明かされていない。代わって、橋本はこんなストーリーを用意した。いよいよ戦局は最終段階に入り、空襲がしきり。有楽町駅前に二五〇キロ爆弾が落ち、朝日の社屋にも被害が出た。爆風と同時にみな机の下に身を隠したが、橋本はちょっと反射神経が鈍いせいか、そのまま椅子に座っていた。もうもうたる埃をすかしてあたりを見回したが、原稿用紙、鉛筆そのほかすべて飛び散ってガランとした光景。黙然と座っていた橋本の足下に、一人の女性が身を隠していた。それが美也だった――（評伝：56）。

一九四四年当時、すでに四三歳。早稲田を出てすぐにつなと結婚したと考えれば、すでに結婚生活は二〇年近くに及んでいる。その間に、橋本が暮らす世界は、潮来から東京、北海道や大阪といった日本各地、さらに中国大陸まで広がった。道ならぬ恋の芽生えと発展は、世界の転換と軌を一にしていた。

一九四五年八月、戦争が終わった。

明治から大正にかけてのリベラルな紙面、そして満洲事変を機に一変した紙面——それは「国賊新聞」から「国策新聞」への転換とまで言われた——を経てきた朝日新聞にとって、終戦という事態にどう対処すべきか、当の朝日人士たちにとってもよくわからない難題であった。

しかし玉音放送が流れた八月一五日の午後には、次に来る事態にどう対応するかの検討が始まった。日本軍の武装解除、解体、進駐軍の上陸、それらをどう報道するべきか。あわただしい動きの中で、橋本は翌一六日に辞表を提出した。もっとも一一月まで受理されなかった。姪の橋本米によれば、退社の理由のひとつとして橋本自身は朝日新聞の左傾化を口にしていたという（山田：三章3）。

橋本は辞表を提出した心境について、「自分が戦場に送り出した従軍記者のうちから戦死者も出ていた。そういうことに対して責任を取りたいという気持ちもあった」と振り返っている。もっとも、翌日の決断ということは、あらかじめ熟慮を重ねていたことの証左でもあろう。

そもそも、橋本らは「（昭和）二〇年、いよいよ戦局の山が見えはじめた三月ころ」から、「日本に万一のことがあった場合に、どうすればいいかということを相談し合っ」ていたようだ。「稲門雄弁会」の親しい仲間同士、あるいは新聞人同士で、終戦の四、五年前から橋本らは「『土曜研究会』と称する時局を語り合う会合を持っていた」（塩崎 1998：326)。『古沢磯次郎関係文書』に、橋本が古沢あてに「来る一一日研究会は一旦延期して一二日午后二時過ぎより」と知らせる一九四一年一月九日付書簡が残っている。同年一月一一日は土曜日であり、おそらく土曜研究会の会合を指している（古沢磯次郎関係文書：129)。こうした革新人脈との交流の中で、朝日新聞を辞す決断は徐々に熟成されていったのだろう。

日中戦争下の中国大陸で従軍特派員を務めた毎日新聞の益井康一（こういち）という人物がいた。益井は終戦間近に帰国して毎日新聞東京本社東亜部に配属されていた。当時の東亜部長は、橋本の親友である田中香苗が務めていた。

益井の回想によると、終戦後しばらくして、田中は数寄屋橋の上で橋本とばったり出会った。田中は後日譚として、「このときトミ（橋本氏）は〝新聞ももうダメだから、おれは朝日を退社して国（茨城）から衆議院に出る。お前も毎日をやめて、国（香川）から立候補しないか〟とおれを誘った。だがおれは〝新聞記者は捨てんよ〟といって別れた」と語ったという（田中香苗回顧録刊行会編：233f)。益井は「二人は仕事上のライバルであり、よきポンユー（朋友）でもあった」と述べている。

実は田中は終戦の詔勅をきいてすぐ辞職しようとした。橋本と同じである。が、外地の特派員から「われわれは社命によって特派されたのだが、あなたが行けというから来た人もいる」という反応が返ってきて考えを変え、臨時外地関係終戦事務局次長として外地からの特派員ほかの引き揚げの世話に従事することにした、という。

橋本も同様に従軍記者を送り出した立場であり、かつ、送り出したうちの何人かは戦死していた。『水戸っぽ』は、「彼なりにその責任のとり方を考えていた」ので、終戦と同時に辞表を提出したのだとしている（67）。

「新聞記者は捨てんよ」という田中の言葉からはまず、ジャーナリスト魂といったものが連想されるが、実態はもう少し具体的なものだったようである。とすれば、橋本よりさらに中国専門家として革新人脈と密接なかかわりを持っていた田中も、社を去るか残るかという意味では正反対ではあったものの、その心情は橋本とさほど違った場所にあったわけではなかったのかもしれない。

第三章

落選、当選、水戸っぽの陣笠時代

（一九四五―一九六〇）

1955年、初の外遊先バンコクにて（『水戸っぽ』口絵より）

「我々が東洋に発見し、以つて西洋の思想を是正するに足ると見るものは、その独特なる連帯の思想であり、協同の思想である。帰一と云ひ、王道といひ、その根底には極めて実践的なる協同思想が働いてゐるのである。日本の国体の根源をなす一君万民、万民輔翼（ほよく）の思想は正にその精華と云はなければならぬ。」（昭和研究会編『協同主義の哲学的基礎』非売品・一九三九年）

1　リベラリストの転向――協同主義とその変容

日本民党――戦後最初の新政党

戦争が終わった。辞表を出したものの、受理は一一月。かなり慰留を受けたようだ。しかし橋本は、ほとんど朝日新聞社には出社せず、銀座七丁目にあった早稲田同窓の福地周蔵所有のビルに通っていた。目的は、政党の立ち上げだった。

橋本は福地について、「茨城県の北の方の人で、地主で、（略）この人がスポンサーなんだ。僕らも退職金や何かを出して党を作り選挙をした。そして銀座の彼の店に党本部を置いてやった」と述べている（履歴書：172）。

福地は茨城県日立市生まれ、一九二六年早稲田大学政治経済学部卒（福地：20）。軍需工場を経営し、相場師としても知られた存在であった。橋本は「実をいうと私は、昭和二〇年の春ごろから来たるべき事態を予測して、ひそかに政治に身を投ずるときが来ると覚悟を固め、敗戦後の日本をどう再建するか、新しい政党政治をどうすすめるかなどを、福地君や当時東京新聞にいた古沢磯次郎君らと語り合っていたのである。福地君のビルがその事務所だった」と明かしている（履歴書：92）。とりあえずの政治資金と場所はこの福地が提供したものとみられる。

古沢磯次郎については、すでに早稲田時代の交流について触れた。国民新聞を経て一九二八年一〇月、都新聞社会部に移った。政治部に転じ、海軍省（黒潮会）、外務省（霞クラブ）を担当した。『都新聞史』を書いた土方正巳は、元東京新聞編集局長の児島宋吉による「格調の高い文章を書き、『都』には見られない颯爽たる論客でもあった。一口にいえば烈士の風格を備え、すこぶる感激居士でもあった」との評を紹介している。しかし、児島は別のインタビューで「どうも荒っぽいところがちょっとあった」ため、『国民』と『都』が統合されて発足した『東京新聞』で編集の実権を握るも社長の福田英助にうとまれ、追放されたといういきさつを明らかにしている（児島：118）。土方も「反対派からは時流に便乗する野心家と見られ」、警戒されてもいたと付け加えている（土方：470）。

橋本は九月二一日付で、地元の政党関係者に「今次戦争終結は誠に残念にて候も、吾々日本人の荷負ふべき責任と感じ、今後とも挺身以て報国の誠をつくす決心にて候」と出馬を伝える書簡を送った（伊藤、森田：137）。『古沢磯次郎関係文書』内の「日本民党結成略史」によると、民党結成の第一回会合が開かれたのは九月二八日（古沢磯次郎関係文書：295）。メンバーは福地、古沢のほか、早稲田から朝日、大陸新報を通じての盟友である戸叶武、これまた早稲田―朝日の盟友でのち衆院議員の志賀健次郎、弁護士でのち衆院議員の佐瀬昌三、早稲田から農民運動に身を投じた後、戦後衆院議員となった稲富稜人らの同志。さらに政策立案グループとして朝日、さらに戦後サンケイで論説委員を務めた土屋清、大阪毎日記者から戦後尼崎市長、兵庫県知事を務めることになる阪本勝、朝日論説委員で昭和研究会の中心メンバーだった佐々弘雄ら。ほかにも吉村正、戦後拓殖大学総長を務めた矢部貞治、社会運動家の賀川豊彦、のち慶應義塾大学新聞研究所長の米山桂三、のち早稲田大学総長の時子山常三郎ら「学者諸君の力を借りた」と述べている（履歴書：92f）。「行政官」橋本の面目躍如である。

学者の一人として名前が挙がっている矢部貞治の日記をみると、橋本らがどのようにオルグを行っていたかが浮かび上がってくる。一九四五年一一月一七日の項に、「銀座の鶴の家に行き、古沢磯次郎といふ人と（略）会食。古沢氏の提唱してゐる協同民主主義による協同組合運動について協力を求められた。全く同感だから協力を約する」（矢部 a：861）との記述がある。「古沢磯次郎といふ人」という書き方からして、初対面だったのだろう。矢部の名は、民党第一回会合から挙がっているが、実際の参加はしばらく後だったのかもしれない。翌年一月二四日の項には、「歩いて田村町の水曜クラブに行く。協同民主聯盟の戦線統一問題で僕の話しを聞きたいといふことで、古沢、田畑、橋本、坂入などの諸君と談ず」（矢部 b：6）とある。ここで出てくる橋本とは、おそらく橋本登美三郎のことだろう。

当時のパンフレット「協同民主主義の提唱」から主要部分を抜粋してみよう。

「吾らがここに真正民主主義日本建設の指導原理として採らんとする「協同主義」は、戦後日本の必然的所産たる民主主義変革の上に日本古来よりの共同社会観、各職域地域の自助自治的協同連帯感、隣保共助、同胞一家の下から盛り上がる社会連帯の組織と意識を醇化（じゅんか）結合せしめ円満平和なる自由協同の理想国家を創建するものであって、従来の資本主義的階級社会並に独裁社会における局限されたる協同主義運動の観念及び定義の範疇に必ずしも捉（とら）はるべきものではない。」（水戸っぽ：76）

すなわち協同主義とは、資本主義がもたらす利益至上主義や格差の増大、不平等（功利的資本主義の反社会性）に反対し、押さえ込もうとすると同時に、これまでそうした理想を叫びながらも結局のところ人間らしさや自由の抑圧につながっていってしまった共産主義やファシズムの隘路（あいろ）に迷い込むことを避けようとする考え方であった。方法論として協同組合を採用するが、「単なる改良主義的消費組合運動ではなく」、日本に古くから存在する助け合いの美風に根ざした独自の理念であるべきだ、というのである。

竹中佳彦によれば、「国家再建のために国民の融合を説き、その中核に天皇を位置づける一種の敗戦国ナショナリズムとして戦後登場した国民協同体論の一類型」であった（竹中：171）。資本主義や階級格差の是正を叫びながらも、社会改革をマルクス主義的な方法論ではなく、日本的な「たすけあい」「お互い様」の理念に基づき実現していこうという考え方、ということになろうか。塩崎弘明は「昭和戦前期革新化の最大公約数的イデオロギーであり、且つ大正期から昭和戦後期に至る期間、体制内改良主義としての機能を果した」とまとめている（塩崎 1988：265）。つまるところ、「協同主義」とは必然的に社会主義的色彩を強く帯びたものであり、かつその色合いもメンバーによっての濃淡の差が激しかった。

政治学的な記述ではないが、新聞統合を主導した人物で自身も日本民党に参加した岡村二一（にいち）は以下のように当時を振り返っている。

「昭和二一年の一月、新憲法下、初の総選挙が行われるというとき、既成政党にあきたらない若い連中が集って「日本民党」という新党を組織した。朝日新聞出身の橋本登美三郎君が委員長格で、私も誘われるままに参加した。銀座裏通りのモナミの二階に事務所をもち、綱領政策は主に東京新聞論説委員であった古沢磯次郎君が受持ち、デンマーク式の協同組合主義に立脚するものであった。」（岡村：199）

橋本は、当時の状況について次のように語っている。「日本民党は（昭和）二〇年九月だよ。僕は新聞社にいたから、戦争が間もなく敗戦で終わるということがわかっていたので前からひそかに準備していたんだよ。しかも政綱・政策は僕がつくったんだが、今なお新鮮なものがあるんだ。天皇制をいってはいるが、一種の天皇機関説だね。民主主義を非常に強調した。だから日本民党という名をつけたわけだ。（略）民主主義の党。革新民主主義の党という意味でね」（履歴書：172）。後述するように、日本民党の結党の日付自体は一二月である。しかし、ここで橋本が言っている文脈は、すでに九月の時点で党の構想が動き出していたということだろう。

出鼻をくじかれたのは、GHQによる取り調べであった。翼賛壮年団に関係していたのではないかというのである（履歴書：90）。さいわい事なきを得たが、ただ、GHQから呼び出しがかかったのは、だれかが密告したからだと思われた。橋本は一見、人当たりが悪い。『水戸っぽ』は、「朝日新聞内で橋本に対して快からぬ感を抱いた者の多くは、その内面を知らず、日頃は無口で、人あたりのよくない外見だけで判断した。トミさん、トミさんと多くの上司、同僚、部下から親しまれた橋本が本来持っている気風の良さや、温かみのある性格は接した人でなければ理解されなかった」と述べている（69）。後年の代議士時代にも、最初はむっつりとして愛想が悪かったが、親しくなると人なつこい性格であることがわかったという証言は少なくない。

橋本たちは九月二八日、日本協同組合協会の発足に向けて第一回会合を開く。二回以降、矢部貞治、吉村正、岡村二一らのほか、作家の石川達三なども加わり、一一月一日、協会は正式に発足した。協会の「趣意」を書いたのは、古沢磯次郎であった。さらに、「協同民主主義の政治的実践への展開」をめざす新党として「日本民党」が構想され、一二月一日に政策・綱領草案・緊急政策案が決定された（竹中：171）。橋本らは党首には小泉信三がいいと考え、入院先の慶應義塾大学病院を訪ねた。小泉は焼夷弾によるやけどで顔全体に包帯を巻いていた。決起を説く橋本に、小泉は包帯を解いた。「この顔では大衆の前には出られない」。そんな場面もあった（履歴書：93）。

今でこそほとんど忘れ去られている日本民党だが、当時は単なる泡沫政党とは言えなかった。戦後初となった一九四六年四月一〇日の衆議院総選挙では三六三もの政党が存在したと言われる。しかしそのうち全国政党は一三にすぎず、半数以上の一八四が一人一党であった。同選挙で一〇人以上の候補者を擁立した六つの小党の一つが日本民党であった（竹中：170）。

朝日新聞一九四五年一〇月二七日付は日本民党の結成を次のように伝えている。

「旧日政分子の大同団結新党樹立の機運に飽き足らずとする遠藤慎太郎、福家俊一、田中伊三次、木村寅太郎、大倉三郎の各氏を中心とする新人議員らは総選挙を前にして院内外の新鋭革新分子を糾合して同志的結合を計りつつあったが、大体の顔ぶれも揃ったので、二六日これらによる政党結成の意図を明かにした。（略）院外の立候補予定者は菅太郎、岡村二一、橋本登美三郎、佐瀬昌三の各氏（略）なほ同党では党と表裏一体の政策研究機関を別個に設けることになり、二五日事務所を銀座七の二に於て「協同主義協会」を創設した。」

福家の名前が挙がっているが、これはのちにトラブルに発展する。いきさつは後述するが、一二月三日付では、「日本民党候補一二名決定す」の見出しで、一日の結党と、第一回候補者選定会議のもようを伝えている。

大変な熱意で走り回った橋本たちだが、足取りをよくみてみると、一つのことに気づく。それは東奔西走が基本的にはインテリ、識者、指導者層を相手にしたものであり、有権者一人一人を相手にしたものではなかったことだ。

気分は党全体に共通していた。たとえば、作家の石川達三は「しても意味がない」と、一度も演説に立たなかった。それでも、橋本たちは「なんとか当選できるのではないか」と楽観的に考えていた。

当時の選挙は、三名連記の大選挙区制をとっていたので、橋本自身も茨城県全域をかけ回らなければならなかった。橋本はなにをおいてもまず潮来へ駆けつけた。相談先は、当時まだ健在だった兄の豊造である。豊造はいわば親代わりでもあった。豊造は前もって手紙で相談されてもおり、立候補には賛成であった。

若者たちが集まった例の「汽車」の主要メンバーであった幼なじみの本橋源弥は、友人としてまっさきに引っ張り出された。本橋は当時のことを「二〇年の暮れ、印刷物をしこたま持って突然やって来た。選挙をやるというのである。しかも日本民党などと聞いたこともない政党の総裁だという。どうでもやるというので、青年時代の友人を集めて準備にとりかかった。とにかく夢中で走り回った」と語っている（水戸っぽ：81）。

一二月九日に茨城県太田町の立川辰之助宅での座談会開催を皮切りに、水戸市弘道館、日立市東暁館、久慈浜館などをはじめ多賀町、高萩町などの県内各地を走り回った。形は日本協同組合協会の講演会、あるいは座談会であった（水戸っぽ：81f）。

候補者自身にとっても選挙に使うトラックから、事務所の米ミソ類までが、集めるのに一苦労の時代である。資金も容易ではなかったが、本当に使わなければならない金は、兄の豊造が工面してくれた。事務所も一応豊造の店をあてることにしたが、豊造の商売の系統だけが出入りすることになっては困るので、向かいにあった本橋の藁工品（わらこうひん）の店を開放した。

ある日、橋本は、豊造の関係先に応援してくれる人がいるというので、当時の潮来町長と本橋との三人連れでそこを訪問した。酒が出て、予定よりかなり遅れて帰途についた。選挙事務所では近在の青年たちが集まって座談会を聞くことになっていた。遅れてはならんと、真暗になった利根川の堤防の上を三人で自転車を走らせていたところ、途中の水門のところで、橋本がもんどり打って水の中へ落ちてしまった。

かなり深く、橋本はガバガバと泳いだ。土手まで泳ぎついたところを本橋たちに引き上げられたが、片手には自転車のハンドルがしっかりと握られていた。自転車は当時かなりの貴重品でもあった。青年たちは「よかんべ、いま落っこちておけば、後で落ちる心配がねェ」と元気づけたが、あやうく命を落とすところでもあった（水戸っぽ：83f）。

先に触れた須田禎一は、中国から引き揚げてきてまだ自宅に顔を出す前に、橋本の出馬を知って応援演説をかって出ている。須田は潮来近くの牛堀の出身で、橋本とは佐原中の同窓でもあった。須田は左派の論客とも言うべき立場を生涯貫き、ためにしばしば不利な立場に立たされたが、のち保守系代議士として名を成した橋本が、須田の就職などの世話に骨を折ったというエピソードも残っている。それは個人的な親近感からだったのか、それとも橋本の内部に残るリベラルさのなせる業（わざ）だったのか（小笠原：110）。

奮闘した日本民党だったが、選挙結果は惨めなものだった。当選したのは公職追放にかかって立候補を取り下げた戸叶の代わりに出馬した妻、里子だけだった（水戸っぽ：84）。

のちに金権政治家として指弾されることになる橋本の原点が、きわめてクリーンな理想選挙であったことに皮肉を感じずにはいられない。資金も、地盤も、なにもない選挙が、メディア政治家橋本登美三郎の原点であった。さらに言えば、封建制打破を旗印にする日本民党は、それゆえに、戦前から続く政治家の系譜をことさらに拒否し、結果的になんの政治技術も持たないシロウトによる選挙を戦わざるを得ない局面に自らを落とし込んでいった。

実は、協同民主主義を掲げ注目された橋本たちには、戦前に代議士経験を持つ者たちも近寄ってきていた。たとえば、前掲朝日の記事に名が見える福家俊一がそうであった。翼賛選挙で当選していた福家は、当時議会内に若手議員を中心に結成されていた清新クラブの一員で、橋本は福家から提携申し入れを受けた。橋本や、古沢たちは協議したが、旧政党党派がそのままのかたちで団体加入するのは困ると判断し、断った。

これには後日譚がある。福家たちは加入を断られていることも意に介せず、彼らが計画している新党運動と橋本たちの協同組合協会は表裏一体のもので、協会はその政策立案機関であると新聞発表を行った。驚いたのは当の協会を発足させたばかりの橋本たちであった。文書をもって断ったはずの清新クラブから、協会が従属機関であるかのような新聞発表が行われたのである。橋本や、古沢たちはさっそく手分けをして各新聞社に清新クラブの発表は誤りであること、協会はあくまで政党的中立を保持すること、問題の関係議員は個人としても協会参加を遠慮してもらったことなどを連絡した。さらに、できあがったパンフレットに「お断り」として政治的中立を掲げ、清新クラブとの関係を否定した。

ところが、福家は小説の題名にもなったように、〝ごじゃな奴〟である。単身銀座の事務所に怒鳴り込んできた。橋本や戸叶は職制上「社長」だった福家を知っているだけに話がしにくかった。だから、もっぱら古沢が対応にあたった。古沢は福家から大陸新報副社長就任を持ちかけられて断った経緯があったので、まだ話しやすかったのである。福家はこのときの橋本たちの清新クラブに対してとった態度を長い間恨んでいて、のちに古沢と会ったときに「二〇年間恨んでいた」と笑いながらも恨み節を披露したという（水戸っぽ：80）。

『近代日本のメディア議員』所収の論文で私は、戦前から戦後にかけて朝日、毎日の二大紙記者に特徴的に出現する「政治部ルート」の存在を指摘した。それは永田町という密室的な政治空間で、夜討ち朝駆けを繰り返し、内部情報を共有し酒食をともにする中で生成された濃密な関係をテコに代議士に駆け上るという特権的な道筋のことである（松尾：217-228）。

「国際派社会部記者」だった橋本だが、このルートにまったく無縁だったというわけではない。まず朝日新聞に所属していたという時点で無縁どころか大きなかかわりがあるし、また凡百の記者ではなく、戦争特派員として活躍し、さらに東亜部長として政府・軍部と一体化した裏の事情にも精通していた。たしかに政治部記者ではないが、政党政治が抑圧された翼賛時代にあってはそれはさほどのマイナスではなかったとも言える。

橋本が落選した戦後初の総選挙には、新聞をはじめとするマスコミから八〇人あまりが出馬した。朝日の関係者としては、自由党から河野一郎（元政治部）、原田譲二（元専務）、石井光次郎（元専務）、社会党から田原俊次（元横浜通信局）、河野密（こうのみつ）（元外報部）、諸派・無所属として橋本、篠田弘作（元千葉通信局長）、志賀健次郎（元政経部）の計八人が立候補した（今西 2008：162）。このうち、「政治部ルート」のパイオニアであり、第一人者ともいえる河野一郎のほか、記者ではないが、朝日新聞の経営の中枢を担っていた石井光次郎が当選している。そうした「ツテ」をたどれば、国会への道がまた違ったかたちで開けてくる可能性もあったはずだ。だが、その状況にあって、橋本がまず、理念を追求したことは興味深い。

朝日新聞記者として、メディアが読者をあおり立て、速報が人々を興奮させる仕組みを目の当たりにしてきた橋本は、メディアの弾丸効果を信じていたとも言える。弾丸の性能を上げ、大量に撃ち込めば効果は上がる、すなわち当選できると信じていたのではないか。

のちに触れるように、橋本は戦後の自民党政権にあって、マスコミ対策を主導する立場にあった。そこで橋本は、弾丸効果論者めいた行動をしばしばみせている。それは、政治とメディアが直結する政治部という場を通らなかったメディア人としての経歴と無関係であったとは思えない。

だが米マス・コミュニケーション研究において、大衆に対するマスメディアの強力かつ直接的な効果を主張する第二次世界大戦下の弾丸効果論は、メディアの直接効果よりもコミュニティにおける「オピニオン・リーダー」の存在を重視し、メディアの力を間接的にみる限定効果論に変わっていく。日本民党の失敗にも、同様の流れをみて取ることはできないだろうか。政治部記者たちは永田町の密室における政治家＝オピニオン・リーダーに働きかけることで世論を動かしていく。それは、もちろん一般国民からみればきわめて特権的な影響力行使ではあるが、しかしまだるっこしく、何重にも国民との間にクッションがはさみ込まれている「限定効果」モデルであることには違いない。

これに対して、社会部畑、それも満洲事変から太平洋戦争に至る世論の熱狂とともにあった国際派社会部記者としての橋本は、新聞記事が直接に読者の興奮をあおり、熱狂を生んでいくプロセスを目のあたりにしていた。それは、橋本が、メディアの弾丸効果を実感できる特殊な環境下で育った新聞記者だったことを意味するのではないだろうか。

選挙は甘くなかった。現実の選挙とは、何重にもはさみ込まれたクッション越しにありとあらゆる努力を傾けて有権者から票を引き出さなければならぬ極めて泥臭い作業である。民党に集まったそうそうたるメンバーは、選挙とはどんなものか、ほとんど知らずに打って出た。「当時の日本一流の新聞人が中心になり、一流学者グループが理想的な政策を立て、それを世に問うて惨敗した」（足立1991：148）のである。手痛い敗北は大きな教訓となっただろう。

民党は解散に決した。解散届の草稿が残っている。「日本民党は六月一〇日開催の党務委員会の決定により、此度解散致すこと相成候間、此段御届及申候也」（古沢磯次郎関係文書：299）。「雄図むなし」と男泣きに泣いての解党であったが、協同主義の流れは消えなかった。古沢は酪農の先達黒沢酉蔵（とりぞう）（雪印の創業者）と協力し、協同主義の精神を世に問うていく動きの理論的支柱となった（履歴書：95）。

潮来町長――大火で落選、得た財産

民党を解散した橋本の前には複数の選択肢があった。協同民主主義の理念をあくまで追求し、その具現化に向かって突っ走ることもできた。事実、盟友の古沢磯次郎はそうした道を選んだ。が、橋本は理念より現実を選んだ。「そのころ私は郷里の潮来町長になるよう懇請されていた」ことから、地元潮来町長選に出馬することにしたのである（履歴書：94）。

落選した総選挙でも地元潮来では順調に票を集めていたし、中学時代から「汽車」に若者を集めた成果もあって、地元の人脈はあった。そうした周囲が落選した橋本に目をつけたのであろう。終戦直後の潮来の地元政界は、新風を求めていた。地方政治は大志を抱く若者にとって（若者と言っても橋本はすでに四〇代であったが)、決して軽く、意義の薄い対象ではなかった。

だが興味深いのは、橋本が潮来町長という選択肢に乗り気ではなかったようにみえることだ。四六年九月、橋本は潮来の町長に当選したが、出馬にあたって条件をつけている。「私には町長はもちろん、地方自治体の経験もない。それに他に目的を持っているのだから、毎日役場へは出勤出来ない。一週間に一度の出勤で勘弁してもらいたい。それに助役は二人置いて、町長不在の際の仕事をやってもらえるなら出てもいい」(水戸っぽ：86f)。

と言って、地元の要請や期待に一〇〇％背を向けるわけでもない。マージナル・マンの面目躍如であった。

のちに橋本が代議士に初当選した直後、潮来町長を引き受けた経緯が、雑誌『国会』一九五〇年一月号で紹介されている。「朝日新聞論説委員という華やかな地位を未練気なく捨てゝ、郷党の懇請に応じたのには理由があつた」という書き出しである。

潮来はボス勢力跳梁(ちょうりょう)のため町政にごたごたが絶えず、果ては公金費消の疑獄が持ち上がって、「町の青年層は旧人の無能にあいそをつかし」、橋本に出馬を懇請した。橋本は大新聞に筆を揮(ふる)っても、「郷党の苦難を救い得ずんば自己の価値いくばくぞ」と考え、承諾した。「町議中のボス残党は時に暴力を以て彼の革新政策を阻止せんとしたが、彼は敢然(かんぜん)戦いつゞけ、着々として理想を町政の上に実現した」(37)。

橋本は朝日の論説委員でもなかったし、朝日在社中に町長選への出馬を懇請されたわけでもない。記事はほとんどが都合よく構成されたでたらめだが、少なくとも当時の潮来の状況と、橋本への期待という部分にはいくばくかの事実は含まれているかもしれない。

選挙に圧勝し町長になった橋本は、約束通りあまり役場には顔を出さなかった。だが、当時の県知事、友末洋治は力量をかって、県政全般の相談相手とした。友末は戦前に官選の茨城県知事を一期務め、戦後知事選に出馬して三期務めた人物である。橋本は一九四七年五月、友末の要請で県町村長会の副会長に就任した。一回当選の新人町長としては破格の扱いだった。一九四八年三月には潮来町農業協同組合長、同一二月には県信用農業協同組合連合会理事に就任している。橋本はこうした地方的な雑事を嫌った、と『水戸っぽ』は指摘しているが、潮来町長の仕事を通じて茨城県全体の政界における人脈を拡げたことは有意義であったことは言うまでもない。町長として地方自治体の実務と取り組んだことも、のちの国政の仕事に役立ったことはまちがいない（水戸っぽ：87）。

ただ、こうした「地方の雑事」が政治基盤の構築にすぐに役立ったかは疑問である。さきの「議員」と「市民」の対比で言えば、町村会や農協の役員を務めることは「議員」としての顔を拡げることでしかなく、「市民」つまり有権者一人一人の支持をあつめることとは必ずしもイコールではない。もちろん茨城県政界の中で地位を得るためには悪くないポジションであったが、橋本がめざしているのはそうした地元での栄達ではなかった。

この点で、僥倖（ぎょうこう）とも言えたのが、次の総選挙直前に起きた潮来大火である。そのせいで橋本は落選してしまうのだが、引き替えに、かけがえのない政治資産を得ることになる。

戦後二回目の総選挙は一九四七年四月。茨城第一区は水戸市、東・西茨城郡、鹿島郡、行方郡、稲敷郡、北相馬郡の一市六郡、有権者数三八万六〇〇〇、定員四名である。自由党から声がかかり、公認候補で立候補した。当時は町長在職のまま立つことができたし、選挙方法も前回の全県区三名連記制から現在と同じ中選挙区制になったので、こんどこそは当選間違いなしと言われた（評伝：62）。

日本民党の流れからすれば、社会党から出てもおかしくはなかった。社会党では早稲田雄弁会以来の親友である浅沼稲次郎がすでに衆院議員として活躍していた。当時、浅沼が「『橋本君もそのうちに社会党からやるじゃろ』なんていっておったようだね」と後に橋本は回想している。戦前革新派はまだ、左右に未分化の部分が残っていた。橋本は自由党を選んだ理由について、「選挙区の情勢も自由党に入るべき情勢だったし、また社会党も少し急進的すぎたからね」と述べている（履歴書：173）。

ところが投票日三日前の昼過ぎ、潮来は大火に見舞われた。実家のある下町から出た火は、強い南風に煽られて、警察署、役場を含めて潮来の目抜き通りをまたたくまに焼きつくしてしまった。

橋本は潮来から霞ヶ浦をはさんで北に車で一時間あまりかかる玉造町の立会演説会場にいた。そこからも潮来の出火がみえたという。演説会には橋本を取り巻く青年行動隊が同行していたが、その一人は橋本に「あんたが行っても火は消えねえよ」と言った（山田：三章18）。だが知らせを受け、演説半ばにして町長の橋本は潮来へ引き返した。火事現場には、父親代わりとなっていっさいの面倒をみてくれていた兄の豊造がいた。豊造は「おまえは町長だ。たとえこの選挙に万が一のことがあろうとも、運動をやめて直ちに町の復興に努力せよ」と言いつけた（履歴書：95）。

異存はなかったが、ただ、十分に選挙運動の手応えはあったから、当選するだろうという期待もあった。ところが投票日、焼け跡から橋本に投票しようとやってきた被災町民たちは、仮設投票所の前で「土足禁止」の張り紙を見て、ぞろぞろ引き返してしまった。家が焼け落ちて後始末に追われている町民にとって、靴を脱げというのは神経を逆なでするものだった。荒ムシロでも引いておけばよかったとほぞを噛んでも後の祭りだった。橋本は次点。最下位当選者との得票差は僅か二一〇票の二万五八八二票。潮来の有権者あと二〇〇人あまりが投票をしていれば当選していた（水戸っぽ：89）。

だが、「落選は天の配剤であった」と橋本は後に述べている。

当時はまだ物資統制令のあったころで、復興の資材の調達が極めて困難だった。焼失家屋の再建のためには木材が必要だが、割当以上の調達は統制令に違反する。しかし、資材がなければ被災者の住む家は建てられない。

玉造町に額賀潤次郎という山林地主がいた。額賀は農地解放を率先してやった農政研究家でもあった。橋本が木材を出荷してくれと頼むと、額賀は快諾した。橋本は「いっさいの責任は私が負います」と明言し、町長の職権で三〇〇万円の金を借金して、これを復興資金として被災者に貸し出した。ふつうなら町財政が破綻するほどの巨額だったが、急速なインフレ下にあったので五年ほどで返済できる。こうして材木と資金を手当てし、わずかの期間に二三〇戸の家を建ててしまった。

ところが県庁からクレームが入った。統制令違反だというのである。橋本は「いっさいは私の責任でやったことだ。せっかく建てた家をぶちこわしたら町民の怒りは爆発する。取り壊しはできない。そのかわり責任者の私を引っ張ったらいい」と突っぱねた。県庁の人たちは、上司と相談すると言って帰った（履歴書：98）。二、三回折衝はあったが、そのうち統制令も緩和されウヤムヤとなった（評伝：63）。

のちに触れるが、一九五五年の保守合同で橋本は吉田茂、佐藤栄作に殉ずるかたちで、一度無所属での出馬を余儀なくされている。厳しい局面を支えたのは、党の公認に頼らずともアテにできる人的ネットワークであった。かけがえのない政治資本を、橋本は落選で得たのである。

それはある程度、計算ずくでもあった。早稲田雄弁会の後輩で読売新聞の政治記者としてのちに政治評論家として重きをなした宮崎吉政は、当時の橋本のもとを訪れている。橋本は「なあに、次は絶対当選だよ」と言って笑っていたという（宮崎：287）。

復興なったところで、一九四九年の総選挙を迎えた。町は一丸となって橋本を推した。文字通りの理想選挙をやり、最高点で当選した。額賀は、当選祝いだと言って、橋本にモーニングを作ってくれた（履歴書：98）。

保守政治家として──協同主義の顚末

こうして念願の国政の場に進んだ。だが、自由党から当選したことについて、当時こんな評があった。

「戦後一時民党を組織したが、一回総選挙をやつただけで解散してしまつた。新聞記者出身だが、理想家肌の男で、民党組織の根底にも彼の理想があつた。しかし夢は空しく破れて自由党に転がり込んだ。理想家の現実への屈服と見るが如何ン。」（有楽町人：50）

少なくとも表面的には、これまでの左翼的な衣装を脱ぎ捨て、転向とも言える転換を行ったわけである。前出の宮崎吉政は、とくに波風が立たなかった理由として、橋本の人格を挙げている。

「橋本は大学時代、雄弁会の中心にあったが、その善良さには定評があった。したがって、他の多くが校門から無産運動に直進していくなかで、橋本のみが新聞記者を選んだ点についても誰も「プチブル的」と批判しなかった。また、多くの仲間が革新政党に投じているなかで、橋本が保守政党を選択したことについても批判がましいことをいわなかった。橋本は終始、昔の仲間と親しく仲よくあったのである。」（宮崎：287f）

ただ、橋本の〝変節〟とその意味は、単に属人的な特性というよりはもう少し大きな視点からとらえられるべきだろう。以後、橋本が戦後保守政治の中で小さくない役割を担っていくようになるにあたって、戦後高く掲げた協同主義の理念が、橋本に限らず社会全体においてどのように引き継がれていったのか、という問題につながっていくからだ。

協同主義とは、改めて言うなら、戦後突然登場したものではもちろんなく、戦前から社会矛盾の解決のためにしばしば考え出されてきた、あるいは持ち出されてきた観念である。源流のひとつとして挙げられるのは、昭和研究会が一九三九年に発行した『協同主義の哲学的基礎』という書籍だ。同書は昭和研究会編となっているが、筆者は三木清であることがわかっている。

同書がまとめられる経緯をみると、戦前の社会矛盾にインテリたちがどのように立ち向かい、解決しようかと考えたかが浮かび上がる。酒井三郎によると、支那事変が勃発し、これをどうとらえたらよいかについて、三木が「支那事変の世界史的意義」と題して講演を行った。そこで三木が掲げた意義とは、「東亜の統一」と「資本主義の是正」のふたつだったという。東アジアの統一というテーマはすでに世界史的段階にあり、そこで日本が果たすべき使命があるとするのが「東亜の統一」という意義であり、また、自由主義が行き詰まって共産主義が台頭し、さらに共産主義の失敗からファシズムが登場して三者の対立抗争の中にある世界にとって、その対立を止揚する根本理念を「身を以て把握」することが「資本主義の是正」であるというのである。この三木の論は感銘を与え、昭和研究会内に文化研究会を作ることになり、そこでまとめられたのが『協同主義の哲学的基礎』ほかだった（酒井：145-154）。

支那事変の歴史的結末を知っている後世の目からすれば、三木の議論の問題点を指摘することはたやすいが、当時、戦争が実際に始まってしまった現実の中で生きるインテリたちにとっては、一筋の光明をもたらすものでもあっただろう。

現代政治、現代社会における協同主義の意義については、政治学者の雨宮昭一が研究を続けている。雨宮は戦前・戦中・戦後の政治的、経済的、社会的な動向を理解する軸として自由主義と協同主義という二つを設定することを提唱する。「国際システムのレベルとしては、ワシントン体制、政治としては政党政治体制、経済としては第一次大戦の経済発展によってようやく民間中心の自由主義システムになったという段階」として、一九二〇年代の体制は自由主義社会になった。自由主義という言葉は現在、なんとはなしにポジティブな語感を伴うが、もちろんそこには光と影があった。影の部分とは、自由が必然的に生み出す格差の問題である。「自由主義というのは端的にいえば、格差を当然とするシステムであり、格差再生産システムである」。この影の部分に対処しようとして生まれたのが以下の四つの立場である。まず、自由主義を制限して統制経済を実施し、「大東亜共栄圏」を上から作ろうとした国防国家派。次に、国防国家派に依存しつつ、「市場経済を制限した協同主義経済」をめざすとともに対外的には主権を制限した共同体、つまり「東亜共同体」をつくろうとした社会国民主義派。これに対して、「市場経済も含む内外の自由主義を守ろうとする自由主義派」。最後に、「「改革」によって既得権をうばわれた反動派」、の四つの潮流である（雨宮：98）。

橋本を、この四潮流のうちの二番目、社会国民主義派とみれば、これまでの橋本の生き方をめぐる矛盾を解析しやすくなる。橋本は格差に敏感であり、早稲田で社会主義的な色彩に近づいたが、一方で「東亜共同体」的発想には親和的であり、日本のアジア進出には好意的だった。軍部に対してかなり程度批判的な視線を持ちながらも、反戦の方向には一直線には進まなかった。

雨宮によれば、協同主義は、民主主義における自由と平等のせめぎ合いで言うなら平等の側面に強い関連を持ち、共同と共通の感情に基づくコミュニティと個人主義による契約関係に基づくアソシエーションの対比で言うなら、前者のコミュニティに強い関連を持つ。

橋本は日本民党の挫折とともに協同民主主義という看板からは遠ざかっていったが、のち保守政治家として功成り名遂げてからも、「この時の理念はいまなお私にとって重要な指導原理になっている」と述べている（履歴書：95）。

その言葉通り、橋本が「日本民党史」をまとめようとしていたことを示す古沢磯次郎あて書簡が残っている。

「前略　日本民党史をこの機会にまとめておきたいと思いますので、この手紙の㈠森田氏と連絡をとって一〇〇頁位の日本民党史を明らかにすると共に、㈡日本民党を中心とする終戦后三、四年間の政党史をまとめて下さい。（略）将来重要な資料になると思いますので日本民党―協同主義（協同連帯主義）―共同党。政友会を底流とする自由党の出発との関係。憲政会を主流とする改進党との関係など、終戦直后の政党史をまとめて貫いたいと思います。（略）不況ですから最小限度でやることにしませう。」（古沢磯次郎関係文書：129）

森田氏とは茨城県庁に務めた郷土史家の森田美比（よしちか）。森田の肩書が茨城県議会史編纂室となっていることから、一九七〇年代の書簡と思われる。森田はすでに参照した伊藤隆との共著論文「大正中期～昭和三〇年の反既成政党勢力―茨城県の場合」で日本民党について書いた人物である。

橋本の政治生活が、一般的なイメージ通り権力闘争、利権や金権にまみれたものだったのかどうか、そしてしばしば顔を出す意外にリベラルな側面が単なる偽善なのかどうかを判断する際に、この協同という理念はひとつの判断基準となり得るだろう。

2　初当選――放送・通信というみつけもの

佐藤栄作との出会い

橋本が初陣（ういじん）を飾った総選挙で民主自由党は二六四議席を獲得し、今日に至る保守政権の基盤を固めた。同時に、戦後三度目の総選挙は新人議員の大量進出をもたらした。その中には佐藤栄作、池田勇人、福永健司、西村直巳、篠田弘作、塚原俊郎、前尾繁三郎ら、そうそうたるメンバーがいた。のちの首相に池田、佐藤の二人、幹事長に佐藤、池田、前尾、橋本の四人、衆院議長に前尾、福永の二人を輩出。政界では「花の二四年組」と後に評された（評伝：64）。

佐藤弥（わたる）という、旧制五高（第五高等学校）を出て朝日新聞の記者となった男がいた。昔気質（かたぎ）の豪傑あるいは快男児で、はっきり言えば金銭感覚がゼロに等しく、月給は一文も家に入れずに悠々と酒を飲み、山のような借金を作ったと細川隆元は書いている。佐藤は戦後、北海道副知事におさまるが、五高で佐藤栄作と池田勇人の同級生だった。

吉田茂の遠縁にあたる佐藤栄作は、一九四八年に非議員ながら内閣官房長官として入閣するなど、吉田学校の優等生だったが、総選挙での初当選は一九四九年、橋本登美三郎と同期である。ちなみに、橋本とは生まれた年、月まで同じだ。それはさておき、将来を嘱望される立場にあった佐藤栄作に対し、佐藤弥は橋本を紹介した。そのココロは、骨の髄まで官僚派の佐藤栄作には、まったくちがったタイプの友人が必要だ、ということだったらしい。

佐藤弥は朝日新聞では橋本の一年先輩である。「佐藤栄作は役人上がりで少しぎごちないところもあるが、土性っ骨があって将来の大器だ。君のような野人がそばについてくれれば鬼に金棒だ。どうか頼む」と持ちかけた。橋本は弥に伴われて佐藤邸を訪ねた（足立 1991：14、評伝：65）。

佐藤栄作自身も、自分を支持してくれる仲間を求めていた。まだ議席を持たないうちから吉田内閣の官房長官として要職につき、議院運営委員会などで古参の議員からこづきまわされていた彼には、腹をわって話し合える仲間が必要だった。初当選後佐藤は民主自由党の政務調査会長に就任するが、一年生代議士の政調会長は前代未聞だった。吉田は常識を超えた人事を行うのが自慢だったが、そうした強気の人事は党内の不興を買い、佐藤政調会長もややもすれば色眼鏡でみられた。

佐藤栄作は、愛想のいいタイプではない。来客者は話の接ぎ穂が見出せず、気まずい感じで退出することが多かった。しかし、佐藤と橋本は不思議に気があった。

橋本自身の回想によると、「過去の生活のこと、これからの日本をどうすべきかなど、雑談をまじえながら三時間余も話し込んだ」。初対面で三時間も話し込むなど、めったにないことだった。佐藤は「日本には官僚政治の弊害もある。私も官僚出身だからその点に気をつけていきたい。君は新聞記者出身の生粋の民間人だから、私の悪いところに気づいたらどしどし言ってくれたまえ。ひとつ、お互いに協力し合って、日本のためにやろうじゃないか」と言葉を交わした。

政治信条について開陳するような場面もあったようだ。橋本が「今回の戦争にかんがみて、日本のいくべき道は自由と民主主義に基づく平和国家である。極端にいうなら世界は将来、世界国家にいくべきだとさえ考えている」と言うと、佐藤も「私もそう思っている。日本の資源事情から考えても、平和国家でなければならない。今後も意見を交換しながらやっていこう」と言った（履歴書：102）。

もっとも、取っつきの悪い佐藤と、これまたうち解けるまでは愛想のよくない橋本が、「不思議に気があった」というだけでは、いまひとつ腑に落ちない。

深読みするなら、二人は本当に初対面だったのか。先にも触れたが、佐藤は戦前の一時期、上海に滞在したことがある。

佐藤は一九三八年九月から翌年六月まで上海に滞在し、興亜院華中連絡部という特務機関に籍を置いて鉄道の敷設に従事した。「上海での私生活は占領下であるし、金もあったろうから、なかなか羽振りがよかったようだ。（略）鉄道から行っていた人たちは、「月の家」とか「六三亭」をよく利用したらしい。佐藤氏が行ったら、女たちが「所長さんが来た、所長さんが来た」とささやきあっていた。門鉄鳥栖運輸事務所長時代の顔を知っている、長崎、博多、門司などの女たちが来ていたわけだ」（『鉄道人佐藤栄作』刊行会編：161）

当時、橋本も朝日新聞の上海支局次長として赴任したばかりだった。二人が対面していたという記録は残っていないが、当時の上海における日本人社会で、鉄道省の幹部と朝日新聞の幹部とがまったく交流がなかったとは考えにくい。あるいは直接の面識がなかったとしても、それぞれの存在は認識していたと考える方が自然である。とすれば、初当選の代議士同士、清濁併せ呑む経験を積んだ魔都の思い出を語り合った、と想像するのも、あながち的外れではあるまい。

山田真裕は、この佐藤とのコネクションが、橋本が初当選後に得た大きな政治的リソースのひとつであったと指摘している。のち、長期政権を築く佐藤とのつながりは、たしかに求めても得られないほどの価値を持つものであった。

が、かといって橋本がめざとく勝ち馬に乗るという判断をした、とばかりは言えない。

第三次吉田内閣は、戦後最初の、やや安定した政権であった。外交官出身の吉田はたしかに傑出した政治家であったが、長い外交官生活で、日本国内の人を知らず、人事に関しては側近の言を用いすぎるという評が多かった。

佐藤は吉田学校の門下生である。当時、吉田に近づくことは政界でのし上がる最大のルートであった。吉田の私邸に出向く「大磯詣で（おおいそもう）」は、野心を抱く政治家にとって必須の行事と言われた。佐藤と近い関係を築いたのであれば、それは吉田に近づく格好のきっかけとなる。ところが、橋本はほとんど大磯に詣でていない。

「僕は吉田さんとあまり近いおつきあいはしていなかったんだ。僕は官僚出身じゃないし、新聞記者時代も外務省を担当したことはなかったからね。佐藤さんは吉田さんの門下生だったけど僕は門下生じゃない。そういうところは変わっているといえば変わっているかもしらんが、よく佐藤さんが「一緒に吉田さんに会いに行こうじゃないか」といったけど、僕は「いいですよ」といって、ほとんど行かなかった。」（履歴書：174）

運輸次官だった佐藤栄作、大蔵次官だった池田隼人は「吉田学校」の優等生と呼ばれ、初当選と同時に池田が蔵相、佐藤が党三役になるなど破格の扱いを受けた。しかし、官僚出身でない橋本は、時のワンマン吉田から特別の待遇は受けなかった。それは一面からみれば、「誇り高い橋本は〝大磯詣で〟の風潮にも一切同調しなかった」ということでもあった（足立 1991：149）。

冷静にみれば、橋本がそこで目立とうとしても無理だったし、やってもマイナスにしかならなかっただろう。野心を抱く者はこぞって吉田学校に入学しようとしたが、党人派ながら吉田に重用され、のち離反した広川公禅は「ほんとのやつ」は七、八人だと喝破（かっぱ）していた（升味 1983：401）。一陣笠代議士にすぎない橋本が、佐藤の友人というだけでそのサロンに入り込もうとしても無理な相談だった。

もうひとつ不思議なのは、橋本が、おそらくは右も左も分からない初めての永田町で、朝日人脈を頼ろうとしなかったことだ。当時の保守陣営では緒方竹虎・石井光次郎のコンビが存在感を発揮していたし、河野一郎は次の首相をのぞもうという勢いだった。緒方は同じく朝日出身の篠田弘作を使って、将来の天下取りを目指して朝日人の結集をもくろんでいた。篠田は橋本が朝日に入社したときの先輩で、電話で原稿を吹き込もうとして要領の悪さを怒鳴りつけ、危うく殴り合いになりかけた間柄である。お互いに赤じゅうたんを踏んだあと、篠田は橋本を緒方派へ誘ったが、動かなかった。

それはなぜだろうか。

ひとつには佐藤との出会いが強烈で、この人物に将来をかけようと思ったことはあるだろう。いったんそう決めれば、あちらこちらにキョロキョロと秋波を送ることはかえってマイナスになるということくらいは、橋本にとって自明であったに違いない。だが、それだけだとも限らない。

橋本は戦後初の総選挙に出馬した際、朝日で要職を歴任した知名度が選挙にも生きると考えていたが、実際にはまったく役に立たなかった。朝日での経歴がすべて役に立たないわけではない。政界人脈として、政党への手引きとして、重要な通行手形になり得る。しかしそれは、主に政治部での活動を経た者に与えられる特権でもある。橋本は、そうした特権とは無縁であったし、その意味をシビアに考えてもいたに違いない。

地元のために——治水と教育

一九四九年二月、国会の赤じゅうたんを踏んだ橋本は、湿田単作地域農業改良促進対策審議会審議委員に就任した。湿田単作地域農業改良促進対策法にかかるもので、橋本の念頭には霞ヶ浦治水対策があった。

霞ヶ浦は日本第二の大湖水だが、昔から利根川の氾濫を防ぐための遊水地帯とされ、治水が遅れていた。暴れん坊の利根川から江戸を守るという江戸幕府の意図で、霞ヶ浦に堤防を築くことは禁じられていたのである。

一九五七年に、戦前から戦後にかけて茨城県の農政に従事した人たちが開いた座談会記録が残っている。「建設省では霞カ浦周辺は利根川の遊水池だという思想が強い。河川行政から見て大河川の水を治めるためには技術的に必ず最下流に遊水池帯を作るということが必要だというんです。遊水地帯がなければ洪水の調整がつかない。（略）自然に水を遊ばせておく方が上流の堤防決潰などという椿事を引き起こさなくてすむ」「遠く徳川幕府のころから右岸は江戸に近いので強化するが、左岸の茨城県側は伝統的に放任しておいた。そのしわよせがいまに及んであの霞カ浦から利根の末端のいわゆる水郷地帯の水害がいまだに解決されていないということなんです」（茨城農政十年史編集委員会編：217-218）。

利根川の川べりに真菰が揺れる光景は、定期的な水害と隣り合わせだった。伊東五郎編『写真集明治大正昭和鹿島・潮来・神栖・牛堀』に、戦前から昭和三〇年代にかけての水害のもようが残っている。一九一〇年の水害では、市街地の背後にたつ稲荷山から、一面が湖のようになった潮来一帯の写真をみることができる。「泥水一色というところ。八月一五日のことで増水三メートル、一カ月も滞水したので被害甚大」(53)。一九三五年九月の洪水では、水が横利根閘門の扉を越え、当地の老舗として知られるあやめ旅館が軒下まで浸水している(54)。

初当選を果たした一九四九年九月にはキティ台風が襲い、霞ヶ浦一帯が冠水した。橋本は当時建設大臣をしていた益谷秀次の現場視察を実現し、次いで前農林大臣、当時経済安定本部総務長官の周東英雄にも視察してもらった。現職閣僚二人の視察などの後押しもあって、建設省、農林省は霞ヶ浦治水計画の本格的な検討を始めた。利根川を遊水地帯とする従来の考え方は見直され、霞ヶ浦に囲繞堤を回すことになったのである（水戸っぽ：104）。

現在、国土交通省関東地方整備局霞ヶ浦河川事務所のホームページをのぞくと、「霞ヶ浦の治水史」と題して、「一九六〇年代までの霞ヶ浦の湖岸は、干拓のために住民が部分的につくった堤防があるだけで、ほとんどのところは堤防がない状態でした。そこで昭和四二年（一九六七年）から、霞ヶ浦の周囲を取りまく湖岸堤の建設（霞ヶ浦開発事業）及び既存の堤防の改修がはじめられ、平成八年には、すべての堤防の建設が完了しました」との記述がある。長い取り組みが橋本の力だけによるものではないことは言うまでもないが、少なからぬ役割を果たしたことは事実だろう。

一方で教育事業にもこの時期、乗り出している。千葉・市川の自宅近くに学生寮を立ち上げたのである。これは、まだ佐原中学に通っていたころから近隣の子供たちを集めて勉強会をやったり、大学生のころ同志たちを募って護憲運動を指導したりしたことにつながっているとみるべきだろう。

水戸市における橋本の有力後援者だった谷中重臣は、橋本が作った学生寮、西湖寮の一期生の一人である。谷中に話を聞いた。回想によると、部屋代も食費もタダみたいなものだった。

ただし、当然単なる持ち出しではない。谷中は明治大学に進学したが、たしかに下宿代や生活費という面で助かったものの、谷中自身は水戸の素封家の出で、どうしても西湖寮に入らなければ東京に出られなかったというわけではなかった。なのにどうして寮に入ったかというと、それはまず橋本のほうから声がかかったからだった。「将来有望な若者はいないか」と、有為の人材を探していたのである。そこで谷中は入寮したのだが、家賃がタダ同然のわけはすぐわかった。寮の掃除、自炊は別として、朝から寮近くにある橋本の自宅に行き、雑巾がけから一日が始まるのである。有望な政治家とあって、地元からの陳情が列をなす。その前に自宅をピカピカにしておかなければならない。

ただ、単にこき使っていたわけではなく、橋本は電話の取次や面会順の調整など、重要な業務もすぐ若者たちに任せるようになった。谷中たちはそのまま、議員会館にも詰めるようになった。大学生の身分で議員会館に自由に出入りできるのだから、おもしろくないわけがない。谷中が後援会「西湖会」に入るのは当然の成り行きだった。

谷中は、まだ陣笠代議士だったころの橋本の仕事ぶりをよく憶えている。「とにかく、電話ばかりしていたな」。いい話の場合は短く、悪い話の場合は長電話だった。「そりゃ、いろんな人の利害対立の仲介とか、一筋縄ではいかない話ばかり。それを橋本さんは、辛抱強く、時間をかけて聞いていたな」。

昭和二〇年代末から三〇年代にかけてのことであった。

西湖会は、この時期大きく発展した。若年層を集めた西湖青年同志会は、西湖会の高齢化、硬直化を防ぐ役割を担っていた。谷中らはそこに飛び込んでいったのである。

電電公社と民間放送

山田真裕は、代議士になった橋本が得た二つの政治的リソースのうち、ひとつは佐藤栄作とのコネクションだったと指摘している。もうひとつの政治的リソースは、逓信委員会への所属である。

橋本は一九四九（昭和二四）年一月の初当選早々、湿田単作地域農業改良促進対策審議会審議委員になるとともに、逓信委員会委員にも就任した。なぜ逓信委員会に目をつけたかについては、諸説ある。『評伝』は橋本自身の言葉として、「自分が衆議院議員に当選した昭和二四年当時の電気通信は、戦災によって潰滅的な打撃をうけており、また労働組合運動もはげしく、選挙には何のプラスにはならず、誰も見向きもしない状態であった。そんななかで委員の希望者は少なかった。お前がやってみないかと当時の幹事長からすすめられたこと、また、新聞記者時代、通信とは関係が深く、なにかの縁であろうと思って、電気通信に関係することになった」としている（評伝：71f）。政治評論家の足立利昭は、「彼は前半生の約二〇年を新聞記者として過ごしたが、知識を伝え情報を届けることは教育や政治にもつながるものと考えていた。その後、人づくりをめざした政治を進めるには、将来、電波（テレビ等）通信は教育、教養を広げるうえで不可欠だとの認識を深めた」からだったとしている（足立 1991：149f）。

前述の谷中は、新聞記者時代の体験が情報通信への関心の基底にあったと証言している。中国大陸で特ダネを送るため、上海支局の年間予算ほどの費用を使って携帯用の無線機を開発した例の件だ。それだけではない。札幌支局で無線通信の回路を押さえて特ダネをものにした件、満洲事変で馬占山との会見記を載せるため飛行機を飛ばした件。さらに言えば、東亜部で軍によって無線機の使用が制限されたとき、それがつまり「記者魂」や「ジャーナリスト精神」などとは関係なく、一気に報道の息を止めてしまったこと。そうした経験から、橋本は「特ダネは送ることができてナンボ」という考えを身につけ、それが逓信委員会への着目となったと周囲に語っていたというのだ。

橋本が、基本的には「記者としては自分はたいしたことはなかった」とし、むしろ自らを「行政官」と呼んでいたことはすでに触れた。「特ダネ」を媒介にした立身出世のルートを「特ダネ主義」と呼ぶなら、橋本はそこから一歩距離を置いた。だが、特ダネを取る努力に比して、実際には、読者は新聞なら半日、テレビやインターネットのニュースならわずか数時間しかタイムラグのない特ダネの内容＝速報にさほどの価値を見出していない。それよりも、伝送路こそメディアの価値であり本質だ、という考えが、やや韜晦を交えて自らを「行政官」と呼ぶ本質的な理由だろう。その考えを敷衍（ふえん）したとき、政治家として情報通信や放送に関心を抱くのは当然であった。

敗戦時の電話加入数は戦前のピークである一九四三年の半分に激減していた。しかも電話は思うようにかからず、雨が降ればすぐに故障する。復旧が急がれたが、なかなか進まなかった。

電信電話事業の機構改革をめぐる占領当局の勧告によって、一九四八年一一月、逓信省は郵政省と電気通信省に分割される。同時にわが国初の公共企業体として国鉄と専売公社が設立されたことは、おなじ官業であった電気通信事業の将来にも大きな影響を与えることになった。

逓信省の分割を受けて、一九四九年七月、経団連初代会長の石川一郎を会長とする「電信電話復興審議会」が設置され、経営形体について国営、民営、国営・民営二元形式、公共企業体などが議論された。自由な企業活動の実現という観点からは従来通りの国営という行き方は考えられなかったが、といって巨額の資金を民間から調達するのも当時の日本経済の状況からみて難しい。国営と民営の中間形態としての公共企業体で行くべし、というのが、橋本の考えだった。吉田首相は民営で行くべきだとの意向を持っていたが、橋本は党政調会長の佐藤栄作を通じて民営化論を引っ込めてもらった（評伝：68f）。

公社方式は一九五〇年三月、吉田首相に答申され、翌月、衆議院は「電気通信事業の公共企業体に関する決議」を行った。それを受けて、橋本は一九五〇年四月に自由党の電気通信事業の公共企業体移行に関する特別委員会の委員長に任命される（評伝：72）。この人事はのちのち、橋本の電電公社への強い影響力、さらに郵政族のドンとしての政治力の根源となる。

のち、一九八五年四月の日本電信電話（NTT）発足のさい、『財界展望』一九八四年一二月号は、電電ファミリー（電電公社とかかわりの深い企業群）の総務部長級で、橋本から盆暮れの付け届けを受けなかった者はいないとされた、と書いている。「みな感激したものですよ」。こうした影響力はロッキード事件後も残っていた、と同誌は指摘している（62）。

さらに、電気通信に加えて電波事業もライフワークとなった。

一九四九年一二月二二日、電波法案と放送法案が、同二三日に電波監理委員会設置法案が国会に提出され、両院の電気通信委員会が四カ月にわたる審議を重ねた末に、翌年六月一日に施行された。これを記念して、六月一日は「電波の日」となっている。

NHKと民放の二元体制をデザインした放送法成立から引き続いて、実際のラジオ、テレビ局の開設に至る道筋づくりに、橋本は関与し続けた。日本テレビの開局に情熱を傾けていた読売の正力松太郎は、橋本に「欧米諸国のように日本でも一日も早くテレビ局を開設しよう」と働きかけた。一九五三年二月、まずNHKに、次いで八月に初めての民放が世界にあまり遅れずスタートできたのは「橋本さんの協力があったから」と、後に感謝したという（足立 1991：150）。

民放が現在の業界秩序に落ち着くまでの揺籃期に腕をふるったのは、一般に田中角栄とみなされている。田中は一九五七年七月、第一次岸信介改造内閣で、戦後初めての三〇歳代の国務大臣として郵政相に就任した。田中はテレビ局と新聞社の統合系列化を推し進め、現在の日本のマスコミ業界のあり方のひな形を完成させた。

田中はさっそく、民放やNHKなど全国四三局に予備免許を出す。大量許可はテレビ時代の幕開けとなる（服部：73）。今ではほとんど死語になっているが、「波取り記者」という隠語があった。本来の報道業務にはほとんどかかわらず、放送免許の獲得や免許更新を円滑に運ぶために旧郵政省クラブに配置された大手新聞社、テレビ局の特命記者を指す。こうした流れをさかのぼると、田中に行き着く。朝日新聞政治部で田中の番記者を務めた早野透は、「マスコミへの抑圧というよりは、マスコミとの一種のなれあい感情ができたのもテレビの大量免許からだった」と書いている（早野：147）。『評伝』は、「田中はすでに電波通信のボス的立場にあった橋本らの意見を求めながら各方面から要望の出ているテレビ局開設の認可を断行」したとしている（97）。そもそも、放送の基本となるチャンネル・プランにしても、橋本の意向を強く反映したものであった（水戸っぽ：101）。橋本はのちに「私はよく、郵政、通信、電波関係の人から「郵政大臣だったのはいつでしたか」と聞かれる。実は一度も郵政大臣になったことはないのだが、長い間郵政・電波関係の各種委員会の長にあって、政策立案に深く関与していたからそう言われるのであろう」と述べている（履歴書：108）。

私生活にも触れておこう。

戦時下のロマンスで橋本は朝日新聞に応募してきた才媛、後藤美也と関係を深めた経緯にはすでに触れた。美也は戦後、NHKアナウンサーとして活躍した。のち、郵政族のドンとして放送業界に権勢をふるった橋本のイメージからすれば、橋本がその政治力を発揮して美也をNHKに押し込んだのではないかと早合点しそうになるが、そうではない。戦前から戦後にかけてNHKアナウンサーとして活躍した藤倉修一の著書に「AKアナウンサー名簿」が載っており、その中に後藤美也の名前が見える。AKとはJOAK、すなわち東京放送局のコールサインのことである。入社年度は一九四六年。とすれば、橋本はまだ代議士どころか、潮来町長になったかならぬかのころだ（藤倉：200）。

これについては、細川隆元が「当時のNHK会長の古垣鐵郎君（元駐仏大使）に、後藤美也を採用するように橋本君が頼み込んだということがわかった」と書いている。古垣がNHK会長になったのは一九四九年五月であり、前後関係が少しばかり怪しいが、古垣が朝日新聞を辞めてNHK専務理事に就任したのが一九四六年五月だから、そのことだろう。朝日社内では古垣は一九三七年に欧米部長、一九四二年に編集局次長だから、橋本とは密接な関係にあった（片岡：117）。ともあれ、橋本がここで駆使したのはNHK人脈というより、朝日人脈だったことは間違いないようである。

美也はかなり活躍したようだ。いくつか雑誌への寄稿も残っている。そのひとつは、街頭録音に繰り出した際の苦労を軽妙な筆致で描いたもの。

「話題が食生活の改善だから、家庭の主婦の声が聞きたかつたし、そういう方面に研究課題をおいている団体の婦人、大いに建設的意見を吐いてくれるものと期待していたのだが、昼食直後で時間が悪かつたのか、場所が余りに都心であり過ぎたのか、それともエジプト米来る、一一月増配等のニュースに心のトゲもなごんで、来るものさえ来れば、日本はやはり米の国、今更食生活の改善の必要もありませんというのか、ともかく男子九、女子一の割で、それも概ね取り巻きと称する（失礼ながら）見物の人達で、マイクを恐れることは非常なもの」（後藤 1948：18）。

美也は強度の近視だったようだ。その失敗談も書いている。

「アナウンサーの音声試験の時です。スタジオには副調整室という技術屋さんの部屋があります。そこは三重のガラス窓によつて仕切られ手真似で連絡するように出来ています。ところが入社早々の悲しさ、電気をけしてその部屋にロイド眼鏡に髭（ひげ）のおえら方がズラリと居並んでいてわたくしを評価していることが分りません。あゝ、立派なダビンチの〝最後の晩餐〟の大額があると思つたのがそも〳〵の失敗の原因でした。（略）キリストを中心に金光をいただく十二使徒がニヤリと白い歯をみせたではありませんか。ギヨッ！　気も顚倒せんばかりに逃げ出してしまいました。（なつかしのメロデー担当アナ）」（後藤 1951：167）

『週刊文春』一九六九年四月二一日号に取り上げられた際には、「ふしあわせのときに草臥（くたぶ）るる者は役に立たざるなり」（葉隠）と「一生を棒にふって人生に関与せよ」（高村光太郎）が座右の銘だと紹介されている（40）。

こうした文章を読むと、文字通りの才媛ぶりが浮かび上がってくる。潮来町長時代「週に一度しか登庁しない」と無茶な条件を付けたのも、東京で働く美也との関係があったのではと勘ぐりたくなる。細川も、橋本が潮来町長だったころに「後藤美也と同棲しているという噂を聞いたので、橋本君に訊いてみると、「いや、美也とはすでに正式の結婚をしました」」と聞いたとしている（細川 1976：163）。

だが、その説明は正確ではない。実際にはこのころ、泥沼の離婚訴訟のさなかだった。つなとの離婚が成立するのはずっとあとの一九六〇年である。つなが住む家は、利根川をはさんだ潮来の対岸、香取市にあったようだ。マージナル・マン橋本にとって、故郷とは、離れがたい場所であると同時に、離れたい場所でもあったのである。

3　保守代議士として——忠臣トミさんの六〇年安保

佐藤に殉ず

一九五一（昭和二六）年九月八日、渡米した吉田茂首相がサンフランシスコで開かれた講和会議で講和条約に調印。各国の批准を経て翌年四月二八日に発効した。講和達成と同時に、吉田政権をめぐる空気は一変した。吉田を支持していたマッカーサーはすでに日本にはいない。政界再編成への期待が広がり始めた（升味 1983：399）。占領期日本で伸長した戦後の新勢力に対し、戦前からの実力者の巻き返しが始まったのである。

追放解除で鳩山一郎、河野一郎、三木武吉（ぶきち）、石橋湛山（たんざん）ら大物が次々に復帰し、反吉田の動きが活発になろうとしていた。それに対して吉田の打った一手が、一九五二年の解散（抜き打ち解散）だった。

橋本も追放解除組の復帰で厳しい選挙となった。大正期の船成金として財をなした内田信也（のぶや）の故郷は潮来に隣接する行方郡麻生町である。地域の支援者のうち、高齢層は元々内田支持者であった者が多かったが、橋本は青年層を組織化し、これを基盤として得票減を最小化しようとした。たとえば潮来では一九五〇年ごろから青年層支持者を集め、夏期大学を催した。公民館や学校などを会場として借り受け、農業技術、社会教育、民主教育ということで講師を招いて講義や実習を行う。スローガンとして「封建制打破」が掲げられたが、これは追放解除による内田ら戦前派復帰への牽制でもあった。

選挙結果はというと、内田がトップ当選。橋本は次点と一三〇〇票あまりしか差がない最下位当選だった。「この選挙は同情で勝ったようなもの」だった。厳しい選挙戦とあって、橋本は演説会で涙ぐんでしまい、演説はしばしば途切れがちだった。集計発表で票が伸びず、支持者はみな事務所から引き上げてしまったが、玉造町の票が開票されて当選となり、自宅に帰った者をたたき起こして勝利集会をやったという（山田：三章30）。

次の選挙は、わずか半年後の一九五三年四月に行われた。「バカヤロウ解散」と呼ばれる選挙である。これも楽な選挙ではなかったが、追放解除組の内田信也が農林大臣に就任した後健康を害して政界を引退したこともあり、橋本は勝ち残った（水戸っぽ：115）。

とはいえ、世の中は変化を求めていた。吉田政権に人々は飽いていた。そこに造船疑獄問題が起きた。幹事長佐藤栄作に逮捕許諾請求がなされた。吉田は犬養法相に命じて指揮権を発動させ、佐藤逮捕を拒否させた。

指揮権発動は後世に汚点を残したと言っていい。しかし、吉田側の理屈からすればこうである。「バカヤロウ解散」を機に飛び出した鳩山自由党は、結局三五人が当選したにとどまり、選挙後資金面で行き詰まって身動きが取れない状態に陥った。これを吉田が救った。当時幹事長だった佐藤に命じ、分党派自由党の借金の後始末をさせたのである。鳩山を含めた分党派の多くは一九五三年一一月、吉田自由党に復帰する。このとき、佐藤が用意した二〇〇〇万円が、造船疑獄で佐藤への逮捕許諾請求となった金だったという。だが、造船疑獄の際、鳩山は佐藤を攻撃した。吉田、佐藤はこれを誹謗と受取り、「倶に天を戴かない」と決意した（細川 1956：115）。

吉田政権は終末に近づいていた。副総理の緒方竹虎は各党に対し、「政局の安定は爛頭の急務」として、保守新党の結成を正式に申入れた。吉田包囲網が敷かれた。公職追放から復帰した岸信介は、吉田派を「ポツダム体制派」と呼んでいた。そう考えれば、この時期の反吉田連合は、ポツダム体制派（戦後派）に対する追放解除組連合の政権奪還運動でもあった。副総理として吉田の側近であった緒方自身、追放解除組であった。池田勇人や佐藤栄作といった「吉田学校」の面々が、権力闘争の中心部に顔を出すまでにはまだ間があった（升味 1983：430）。

一一月二四日、反吉田の動きを結集して日本民主党が結成される。一二月七日、内閣総辞職。吉田は総理・総裁を辞し、大磯に帰ってしまった（升味 1983：434）。

橋本の存在感は徐々に高まっていた。代議士の仕事は、政策を考えるだけではない。支持者の陳情を聞き、利害を調整し、永田町の人間関係のなかでのし上がりながら、いざ政局となるといちかばちかの権力闘争に臨まなければならない。権力闘争と言えば、緒方竹虎はまさにその渦中にいた。朝日新聞出身の国会議員を中心に勢力を伸ばし、緒方派を結成していた。先に触れたように緒方は橋本を傘下に迎えようと、橋本と同期の篠田弘作を通じて再三参加を申し入れて来た。が、橋本は動かなかった。どの親分について行くか、考え抜いたはずだが、橋本は佐藤栄作を取った（水戸っぽ：115）。

一九五四年一二月、鳩山一郎内閣が誕生した。さらに保守合同の気運が盛り上がり、水面下でドラマが進行する。ここではひとつだけ、緒方竹虎の姿を描いた記事を引用しておこう。新しく発足する自由民主党の総裁にだれが就任するか、収拾がつかないため「代行委員制」という奇策が登場し、そのために自由党の総裁から自由民主党の「四分の一総裁」に転落した緒方の心中を描いた記事である。

「一葉落ちて天下の秋を知る――やせても枯れても一党の総裁だった緒方竹虎は、いまや自由民主党の四分の一総裁に転落した。万々一、来年春、総裁になれなかったら、何のために四分の一総裁になりさがったのか、わけがわからぬことになる。（略）やむなく此の案を呑んだあと、緒方は悄然（しょうぜん）としてある記者に語った。「政党なんてものは、まるで雲助のより集まりだ。俺はその雲助にとりまかれているんだ」――と。そして目には涙を一杯ためていたという」（城：18）

こうした緒方の姿を、橋本はどうみつめていたのか。

一九五五年一一月一五日、自由民主党結党。一〇月には左右両派の日本社会党が統一していた。いわゆる五五年体制の始まりである。

自由党の中でも、吉田派は反鳩山の急先鋒であるから、保守新党に参加するかどうかは踏み絵的な判断を迫られた。とはいえ、発車するバスに乗らないという決断はおいそれとできるものではない。「はじめは四、五〇人が「断じて参画しない。われわれは自由党を死守する」と言って気勢を上げていたが、益谷（秀次）さんや林譲治さんらの説得によってほとんどが参画することになってしまった」（履歴書：103）。

「水戸っぽ」とは「理屈っぽい」「怒りっぽい」「骨っぽい」の三つの「ぽ」から来ている。橋本は茨城県人として「水戸っぽ」を自称していた。「どんな理屈があったか知らないが、男がいったん決めたことを涙をのんでとか、泣いてどうこうとかいっていることが、若い水戸っぽの私には気に入らなかった」と橋本は回想している。

橋本のほか、久野忠治、南好雄、松山義雄、渡辺良夫、橋本竜伍らが佐藤邸に乗り込んだ。佐藤は民主党には合流しないと決めている。だが佐藤は乗り込んだ連中をなだめて、「それが大勢であれば、現実政治においてやむを得ないだろう。せっかく益谷さんや林さんが骨を折ってそこまでまとめたのだから、この際落ちこぼれのないよう参画してもらいたい。残るのはオレ一人でいい」と言い、「君も保守合同に参画してもらいたい」と橋本に言った。橋本は「私のことは私が決めます」とだけ答えて、部屋を出た（履歴書：104）。

ここで、橋本は一世一代の名場面を演じる。佐藤邸で成り行きを見守っていた佐藤夫人の寛子の証言は有名だ。

「泣き場がしずまったころ、橋本登美三郎さんが、突然同志のみなさんへ、こういわれました。「ちょっときいてくれ。君たち五人一〇人が新党に参加しないからといって何になる。無所属で選挙に勝つのはたいへんだぞ。ぼくも君たちの気持ちはよーくわかる。どうかね、ぼくが君たちの代表として無所属で残って佐藤さんにつくよ。君たちは安心して新党に参加したまえ…」

こともなげにそれだけしゃべって、パッと座をはずされました。ものの二、三分いなくなられたと思うまもなく、また元の席にもどってこられ、「いま、あっち（と玄関のほうをさして）にいる記者諸君に発表してきたよ。「佐藤はゼッタイ新党にはいりません、ぼくも佐藤さんについて残ります、お話しすることはこれだけです」となっ」

まったく、電光石火の早わざでした。その場に居合わせた他の議員さんたちの口から、「アーッ」という声がもれました。英雄ぶられる感じでもなく、悲壮がられる様子でもなく、ほんとうにサラッとしていて、実にあざやかな決断でした」（佐藤寛子：88f）

寛子は門の外まで車を見送った。車窓から一言、「これから家へ帰って、女房を熱海にでもつれてってやりますよ」とは、映画的なシーンと言っていいだろう。

ほかに「佐藤さんと行動を共にする」と言っても、選挙区へ帰ってしまっていた者もいたが、佐藤が電話で説得し、思いとどまったという。佐藤は、自宅に戻った橋本にもう一度電話をかけ、思いとどまるよう重ねて言葉をかけている。「どうせ近い将来、選挙があるだろう。その時は容易じゃないぞ。そういわんで参画したらどうだ」「いや、苦しいことははじめから覚悟の上でやったことだから、私は私の道を行きます」「そこまでハラを決めたのなら、これ以上すすめない。オレもいろんな事情があって参画しないが、お互いに大変なことになった」。

その電話で、佐藤は吉田から参画しない旨の書簡があったことを橋本に告げた。佐藤は前もって、大磯詣でをして吉田に不参加を報告していたが、その際、吉田は同行した寛子に「ご主人の驥尾（きび）に付して参ります」と名台詞（せりふ）を口にしたという（高坂：185）。頑固だったのは吉田より佐藤だったのだ。だが実はその後、吉田は大磯を訪れた池田勇人に参加を懇請され、「君たちに任せる」と言ったことで混乱が生じていた（足立 1983：52）。書簡は、その意味で重要だった。佐藤は記者会見で「時勢に逆らって、無所属に残るようなバカは、オレ一人でいいと思ったら、オレよりバカな奴がもう一人いた」と言って、橋本の頑固さを喜んだ（水戸っぽ：126）。

地元はもちろん、無所属になるのには反対だったが、橋本が「おれはおれの道を行かしてくれ」と言うと、選挙区の幹部たちは涙を流して「先生がそれほどの決意なら、われわれは断じて落とすようなことはしません」といった（履歴書：190）。

橋本が無所属となったことについて、冷ややかな見方は少なくなかった。「佐藤が吉田に殉じたのは、それなりに理解できるが、橋本が佐藤に殉じたところで…」という冷淡な声も聞かれた。『実業の世界』一九五五年一二月号に掲載された朝日、毎日、日経、産経、東京、読売各紙記者による座談会では、佐藤が「橋本の如き者がオレの道連れになつてはオレの男が小さくなると非常に困惑したらしい」などと、散々な言われようである（47）。橋本は「吉田さんはあまり議会に出て来ないし、佐藤一人では寂しいだろう、と思ってね」と、言葉少なに語るだけだった（評伝：111）。

石橋内閣の出現までの一年余り、吉田、佐藤、橋本は無所属としてぽつんと離れた場所に位置した。共産党所属議員と隣り合わせだった。吉田はまったく大磯から出て来ず、佐藤もまた本会議にはめったに出席しなかったので、橋本がただ一人無所属席に座っているのが目立った（水戸っぽ：128）。

佐藤について、当時読売新聞記者だった渡邉恒雄は「本会議の記者席から、無所属席に淋しく坐した佐藤栄作を見下ろしていた我々は、彼の政治生命は、たとえ吉田前首相のバックがあろうともこれをもって終りを告げるのではないかと、気の毒に思ったものである」と書いている（渡邉恒雄：172f）。もちろんその時、橋本の命運への懸念など特に書きとめられるほどのことでもなかった。

呑舟の魚は枝流に游がず――佐藤派を旗揚げ

だが、「政治生命が終わるのではないか」という渡邉の見方が感傷的に思えるほどに、佐藤は政局にかかわり続けた。無所属でありながら自民党内に佐藤派の影響力を及ぼすまでに至る。起点となったのが、同じく党外にいた橋本である。

一九五六年一二月、鳩山内閣が倒れ、石橋湛山、岸信介、石井光次郎の三人が立った。佐藤派はまだ正式には存在していなかった。強いて言えば、佐藤派は佐藤と橋本だけの派閥だった。同調者の多くは自民党の中にいるが、漠然と吉田派というかたちで存在しているにすぎない状態だった。

佐藤、橋本の二人は、党外から猛烈に運動を展開した。吉田派の同志に呼びかけて総裁公選への票固めに入ったのである。支持した総裁候補は、佐藤の実兄岸信介である。

これは、岸が反吉田の立場で鳩山に近かったことを考えれば、意外でもあった。岩川隆はこのあたりを突如岸支持を明らかにした佐藤が「考えてみろ。たった一人の血を分けた兄貴が天下分け目の戦いを始めようとしているんだぞ。こういうときに……わしはやっぱり兄貴を推すよ。兄弟とはそういうもんだ」としゃべったと描写している（岩川 1984：96）。

だが、佐藤派は旧吉田派をそのまま引き継いだわけではなかった。むしろ、吉田派を切り崩せないでいた。そのあたりを、渡邉恒雄は次のように描いている。

「一時は政治生命を失うかに見られた佐藤栄作は、鳩山の退陣によってようやく、自民党に入党した。そして彼が〝佐藤派〟という巨大師団を作りあげたのは、（昭和）三一年一二月の総裁公選で、実兄岸信介をかつぎ、旧吉田派のごぼう抜きを、果敢にやってのけた頃のことである。旧自由党時代の吉田全盛時代に、佐藤の幕下（ばくか）にあり、〝佐藤派〟と呼ばれた数名のグループで、今日議席を持っているのは、木村俊夫、西村英一くらいのものである。今日の佐藤の腹心で参謀長格の保利茂は別派をなしており、今日佐藤派の代貸格（だいがし）である田中角栄は、まだ佐藤の幕下に入ってはいなかった。（略）それが、三一年一二月の総裁選で岸をかつぎ、やがて翌年二月、岸内閣が成立した頃には、「佐藤派」は、衆議院で四〇名を越える巨大派閥にふくれあがっていたのだから、この時期の高度成長ぶりは、まことにめざましいものであったわけだ。」（渡邉恒雄：173）

この〝高度成長〟の実現に汗をかいたのが、橋本であった。

ポスト鳩山の戦いは、石橋が勝った。反鳩山の佐藤にとって、入党する大義名分が立った。佐藤、吉田、橋本は、翌年二月一日付で自由民主党に入党する。石橋内閣になれば、もう入党拒否の理由もないし、大義名分もたつから、と言うことだった（佐藤寛子：90）。

岸は敗れたが、石橋は体調を崩し、二月二三日、辞職する。外相として入閣していた岸が後継者に決まり、二月二五日、衆参両院本会議で首相に指名された。

岸は一九五八年四月、「話し合い解散」で総選挙を断行。橋本はトップで五選を飾った。

橋本は有力な入閣候補に挙げられていたが、六月に佐藤派から入閣したのは前述の通り田中角栄であった。田中は三〇代で大臣になるのが念願だった。総理を目指すには、三〇代で入閣すべしというのが持論だったのである。佐藤派代表世話人である橋本は、「おれは次でいい」と恬淡としていた。地元はこれにやきもきしていた。

ただし、この時期の橋本の主眼は、佐藤派の足固めにあった。それは、次の総理の座をねらう佐藤の意図と一致していた。

佐藤派「木曜会」は、赤坂溜池の東急ビルに事務所を設けた。吉田茂から「呑舟の魚は枝流に游がず」という書が贈られた（履歴書：107）。舟を呑むほどの大魚はコセコセ細かい振る舞いはしない、という意味である。

橋本は一九五八年五月、自民党副幹事長に就任。当時の幹事長で、江戸前フーシェと言われた練達の政治家、川島正次郎の下で党務の機微を学んでいく。

安保、アイク、岸退陣

一九五八年五月の総選挙でトップ当選を果たした橋本は、以後、六回連続の首位当選を果たし、ロッキード事件とのかかわりが明らかになるまで、危なげなく当選を重ねた。山田真裕によると、姪として地元の選挙にかかわっていた橋本米は、「選挙を始めて一〇年くらいたつと、家業である運送会社から金を持ち出さなくてもすむようになった」と後に語っている（山田：三章35）。

地元の地盤固めに秘書たちの果たす役割は重大だが、興味深いのは、「橋本登美三郎本人はこれら地元秘書に対して、給与の支給などによって報いていない」とされる点である。橋本は、のちの金権政治家のイメージとは異なって、あらかじめ用意された政治資本として財力はさほど持ち合わせなかった。橋本を「貧乏代議士」とする記述もあちこちでみかけることができる。山田は、にもかかわらず地元に大規模な組織を構築し運用することが可能になった理由について、当時霞ヶ浦に阻まれ陸の孤島と呼ばれた鹿行（ろっこう）二郡が社会資本を自給できないことが、結果的に住民の連帯をもたらし、ここを地元とする橋本を利したのではないかと推測している。この意味で、のちにＮＨＫへのコネ就職など不明朗なやりとりの根源のようにみられた西湖会システムは、「実は社会運動型の参加によって形成されたと見ていい」と山田は指摘している（山田：三章46）。

一方で、世情は風雲急を告げていた。

岸信介退陣に結びつくのは、六〇年安保である。そこに、橋本も関係している。

カミソリと呼ばれた元警察官僚の政治家、後藤田正晴は、デモ隊が国会を取り囲んだ六〇年安保の警備の際、「当時の柏村（かしわむら）信雄警察庁長官が、アイゼンハワー米大統領が訪日したらとても警備に責任を負いかねるということで、アイゼンハワーの訪日を中止してもらえないかと進言した」と証言している。

「警察というのは、与えられた条件の中で治安維持力を投入するというのが使命なんですよ。事前に行政に関与することはやらない。にもかかわらず当時の柏村長官は、こういう進言をしたわけです」。まさに前代未聞の状況だった。

さらに後藤田は、「ある有名な政治家が、当時のテキヤその他の暴力団を警戒に当たらせるといった無茶な意見まで出したんです」と述べている（後藤田：217）。後藤田はだれだったかについては口を閉ざしているが、この政治家とは橋本登美三郎だったと広くみなされている。

ノンフィクション作家の大下英治は、稲川組（のちの指定暴力団稲川会）の創設者、稲川角二（のちの聖城）から直接聞いた話として、次のようなやりとりを記している。一九六〇年六月初旬、右翼の小沼正が、銀座七丁目の稲川組事務所を訪ね、あらたまった口調で切り出した。「稲川親分、今日は、ひとつ頼みたいことがあって来たんですが」

折しも「安保反対！」「安保粉砕！」と叫ぶシュプレヒコールが町中に響いていた。小沼は、外の響きに声をかき消されないよう大声で言ったという。「ごぞんじのように、六月一九日にはアイゼンハワー大統領（アイク）が、国賓として日本にやって来る。ところが、いまの警官の警備では、間に合わない。そこで、自民党筋から頼まれたんだが、任侠団体のみなさんに、警備の協力をしてもらいたい」というのだ。

協力する相手は、自民党安保委員会が組織した「アイク歓迎対策実行委員会」で、委員長が橋本だった（大下 2013：168ff）。

戦前の東大新人会のメンバーで、読売新聞を経て明治大学教授などを務めた政治学者の木下半治は、その著書で、安保闘争の際に右翼自体の動きとは別に、「岸（信介）は「新興宗教団体および街商すなわちテキヤの動員」を云々したし、自民党橋本登美三郎はヤクザ動員の実行計画を立てた」と書いている（木下：268）。

「自民党の橋本登美三郎アイク歓迎実行委員長は「当日は日曜日だが沿道に小学生を組織動員する」対策を進めた」とする指摘もある（井出：177）。

こうした動きは、左派陣営からはほぼ確定的に事実として語られている。日本労働組合総評議会編『月刊総評』一九六〇年一一月号は、「橋本登美三郎が中心となって右翼に動員をかけた。三万五〇〇〇とかの右翼が動員される予定であったという。岸首相は創価学会、生長の家などの新興宗教団体や、街商、テキヤの動員を考慮する旨を示唆した」とした上で、「この時、動員された右翼エネルギーは、不発のまま残されたわけで、これに火をつけたものがあれば、暴力は免れないとみられたのであった。（略）岸前首相刺傷事件はその飛沫であった。そして、ついに浅沼委員長暗殺事件が起ったのである」と総括している（52）。

しかし、橋本はそもそも早稲田時代、学生運動の当事者だった。社会主義にかなり近い立場にあり、浅沼稲次郎ほか実際にその後社会主義の方向へ進んでいった人々とも親交を保ち続けた。

さらに言うなら、学生時代は社研などと近く、左に寄っていた雄弁会の活動の中で、体育会や右翼学生との衝突も経験したはずだ。

橋本の行動を、アイデア旺盛とみるのか、逡巡の末とみるべきか。それは、生涯全体を見渡していくなかで判断していくほかないだろう。

ただ、橋本自身は深く思うところがあったようだ。自身のインタビューや意向が強く反映されていると考えられる『水戸っぽ』では、六〇年安保とは「新聞、ラジオ、テレビを通じての世論操作の失敗」だったとしている。ジャーナリズムが岸内閣の敵として立ちはだかった状況は、新聞記者出身の橋本にとって看過できるものではなかった。「岸首相は、報道機関とのやり切れない対立の中で「声なき声」が支持してくれると強調したが、それは負け惜しみにしか受取られなかった」と同書は書いているが、それは、橋本がそう考えていたものだと受けとって差し支えない。続いて同書は書く。「橋本はここで世論操作の重要性を痛い程思い知らされたのである」。それは、その後「橋本が党の広報委員長になり、さらに佐藤内閣の官房長官となって、いわゆる報道関係者と直接交渉を持つようにな」っていく理由でもあった（水戸っぽ：140）。

戦前の早稲田雄弁会での学生運動とのかかわりから考えれば、橋本が戦後の学生運動をどのように受け止めていたかも興味深い。こんなエピソードを書きとめておこう。一九〇〇年、早稲田大学の前身である東京専門学校に高田早苗を会長として「政学会」が発足した。戦時色が強まってくると活動は休止状態となったが、戦後これを橋本の盟友である吉村正が復活させた。

その活動の主要な柱の一つは英書講読であった。吉村はこの方式を東海大学の政治学科に持ち込んだ。だが一九七〇年、大学紛争で東海大学もロックアウトされてしまった。吉村は「こんな時にこそ勉強を続けるべきだ」として場所を変え、英書講読を続けた。その場所は、「永田町の町村会館にあった橋本登美三郎衆議院議員事務所」だった（山内：157）。

安倍晋三内閣での安保関連法制の議論をめぐり、産経新聞は六〇年安保当時の状況を再現する記事を載せた。それによると、新安保条約自然承認を数時間後に控えた一九六〇年六月一八日夜、岸と実弟の佐藤は首相執務室で向き合っていた。国会をデモ隊が取り囲み、暴徒が突入して死さえ覚悟した中で、官邸にこもった岸に、佐藤が声をかけたことになっている。

「「兄さん、一杯やりましょうや」。佐藤は戸棚からブランデーを取り出し、グラスに注いだ。

「兄さん、ここで二人で死のうじゃありませんか」

佐藤がうっすらと涙を浮かべると岸はほほ笑んだ。

「そうなれば二人で死んでもいいよ…」」（産経新聞取材班：114f）

六月一九日午前零時、安保条約は自然承認となった。

国会を取り巻いていたデモは、波が引くように消え、静けさが戻ってきた。橋本は世論というものの不思議さに瞠目（どうもく）したに違いない。そして、メディア出身政治家として、この世論というものと格闘し、ねじ伏せ、操縦することを自らの使命と考えたとしても、不思議ではなかった。

第四章 悪人か、善人か
——マスコミ対策と教育改革（一九六一—一九六六）

チャリティショー開催で国会を訪れた（左から）秋山ちえ子、黒柳徹子、雪村いずみ、伴淳三郎と＝1963年3月4日（共同）

「ホワイトハウスにダグラス・ケーター氏を訪問した。ダグラス・ケーター氏はワールド・レポート・アンド・ニューズという雑誌の記者出身で、その才腕を買われてジョンソン大統領の補佐官となり、ジョンソン政権下における福祉問題を担当した人である。（略）どうしてこういう仕事に入ったのか、そして今どういう心境か、ということを聞いてみた。というのは、私自身将来の仕事に対する予感みたいなものがあったからである。

ケーター氏答えて曰く、〝パッション・フォア・アノニミティ〟つまり匿名への情熱だという。この言葉には私も感銘をうけた。なるほど、やはり政権というものは、そういう縁の下の力持ちがなければ維持・発展できないものかということを痛感した。これは洋の東西を問わず、同じことであるということに気がついた。「匿名への情熱」という言葉は何か魔力みたいなものがあった。この言葉がSオペ、秘書官時代を通じて、私自身の行動を律したような気がする。」（楠田實『首席秘書官』文藝春秋・一九七五年）

1　池田内閣で初入閣——潮来に繰り出す提灯行列

郵政相ではなく建設相

安保改定が自然成立した直後の一九六〇年六月二三日、岸信介が引退を表明した。後継総裁をめざす競争が公然化した。当初、川島正次郎幹事長が調整にあたったが、有力候補である石井光次郎と池田勇人が公選を主張、一本化は不調に終わり、七月一三日に公選が行われることになった（北岡：111）。佐藤、橋本のわずか二人だけで出発した佐藤派は、五年足らずのうちに党内最大の派閥にのし上がって、政局を左右する力となっていた。

次期首班について、佐藤派の中にはさまざまな思惑があった。池田派からケンカ別れをしてきたかたちの保利茂、愛知揆一らは池田首班に反対であった。橋本は内心では石井を推していた。その方が早く佐藤内閣が実現するだろうという思惑からである。兄弟で内閣の跡目相続もできないが、しかしその後は間違いなく佐藤だと思っている。だから岸の後は誰でもいいから、早く譲ってくれる人が望ましかった。

だが、佐藤は橋本に、池田を次期首班に推したいと伝え、その線に沿って派閥内の意思統一をはかるよう指示した。反池田色が強い愛知や保利に対しては、佐藤自ら説得にあたった。

池田派の事務所にあてられた赤坂プリンスホテルに乗込んだ佐藤派と、これを迎える池田派の対面は劇的だった。橋本を筆頭に、田中角栄、保利、愛知など多数の佐藤派議員を引連れた佐藤が、出迎えた池田と固い握手を交わし、「佐藤派は全員一致して池田支持に決定した」ことを伝えた。佐藤の手を拝むようにして握った池田が「佐藤君、有難う。次は必ず君になってもらう」と言った（水戸っぽ：144）。

七月一八日、池田が首相に指名され、翌一九日池田内閣成立。橋本は建設相に就任した。政界に入って一一年、当選五回でたどり着いた大臣の座だった。『読売新聞』一九六〇年七月一九日付は「やっと〝新聞辞令〟返上」の見出しで、「二〇年間朝日新聞にいた新聞人だが、風ぼう、言動ともに地味な方でいわゆる〝記者ズレ〟はしていない」と書いた。

後援会「西湖会」創立三〇周年を記念した機関誌『季刊西湖』一九七八年四月号に、潮来の街に繰り出した提灯行列の写真が載っている。

佐藤と保守合同不参加の道をともにした「盟友」、あるいは「親分―子分」の関係の割には、橋本はこれまで人事に恵まれなかった。岸内閣のころから改造人事のたびに佐藤派からの入閣候補に挙げられていたが、佐藤が蔵相として入閣していたので、派閥の世話役として残るめぐり合わせになっていたということもある（足立 1991：151）。

そのあたりの機微について、のちに橋本自身が語っている。そもそも橋本は池田とのつながりはほとんどなかった。というのは、前述の通り、ほとんど吉田茂のところへ出向かなかったからだ。当時は〝吉田門下一二人衆〟と呼ばれた林譲治、益谷秀次らの一群があり、その下に侍大将として池田、佐藤、保利茂らがいた。保利は報知、東京日日と記者稼業を続け、大阪毎日の城戸騒動（長らく大阪毎日新聞社の社長を務めた本山彦一の死後、合議制の会長に就任していた城戸元亮が社内抗争により一九三三年一〇月、退陣に追い込まれた事件）で新聞社を去った男で、戦前から吉田との付き合いがあった。

これに対して、ほぼ同年代の橋本は、メディア経験は朝日で二〇年と保利に勝るとも劣らないが、政治部が主だった保利に比べ、社会部から国際報道へと進み、メディア政治家としてのいわゆる「政治部ルート」とは縁がなかった。

その意味で、橋本の政界での人脈は「政治部ルート」でも「朝日ルート」でもなく、「佐藤ルート」だった。そもそも橋本は、朝日新聞時代に講演などにも引っ張りだこだったスター記者という知名度をもって政治家への道が開けるという真正面からのメディア政治家ルートに期待して選挙に出たのだが、それは見事に失敗した。その後、ことさらにメディアがらみの人間関係を避けてきた観がある。緒方竹虎にも、河野一郎にもなびかなかった。さらに言えば、橋本が「自由党早稲田派」という表現を一九五一年の段階でしていたと先にふれたが、そのあとはあまり早稲田人脈を明確に打ち出してはいない。官房長官になったとき、『週刊サンケイ』一九六四年一二月七日号で東武鉄道常務だった渡辺敏三は「先輩には早稲田出身の政治家も多いのに、佐藤さん一本で来ている」と指摘している(43)。

佐藤派の中の人事の決め方について、橋本は「これは内輪の人で決めるわけだ」と語っている。つまり、佐藤栄作が決めるということである。

当時の佐藤のインナーサークルでは田中、保利、橋本が三奉行といわれていたが、橋本曰く、「われわれのいちばん近い仲間では、最初に大臣に推輓（すいばん）されるのは僕だということになっていたんだが、（略）

田中君が僕と話し合いの上「おれがひとつ大臣をやらせてもらう。いいだろう」ということで、彼が郵政大臣に初めて、三九歳でなったんだ」という。

橋本は言う。「みんなは「登美さんが先なんだがな」といったが「まあ、ええじゃないか」というて、その次の内閣改造の時に今度は僕ということだった」。ところが、これも同期の渡辺良夫が、今度は自分にやらせてくれ、と言ってきた。なんとなれば、渡辺の選挙区は新潟二区で、田中角栄と同じ新潟県。田中とは同期だが、年齢は上だから、「登美さん、とにかく今度ならんと、おれは困ってしまう」と泣きついてきた。地元での評価が狂ってしまい、選挙に響くというのだ。ちなみに渡辺は元国民新聞の事件記者である。

橋本は「そういうんなら、まあ、いいや、おれはいつでもなれるんだから」と佐藤に連絡をした。佐藤は「おまえはやらんのか」「まあ、いいです」。実際に新聞には「橋本厚生大臣」と観測記事が出たらしい。「それで今度は、池田内閣になってから、佐藤さんが「登美さん、今度は遠慮してもらっては困るよ」といって、僕が建設大臣になったということだよ。」（履歴書：178f）

このあたりの描写も、さまざまある。『評伝』はややドラマチックだ。

「橋本は、宮中での親任式をすませ、首相官邸での初閣議に出席、さらに建設省に入って次官以下の幹部と初顔合せ、各報道機関の企画取材に応じた。橋本は帰宅する前に世田谷淡島にある佐藤の私邸を訪ねた。佐藤も橋本の訪問を予期して待っていた。「トミさんよかったな」。」（水戸っぽ：145）

だがそうした演出じみた場面より、ここで「橋本は入閣に際して、その前から佐藤に希望するポストを聞かれていた」という内幕を明かしているところが興味深い。橋本は建設大臣を希望すると伝えていたという（水戸っぽ：146）。

郵政大臣ならすぐになれたのに、地元への利益誘導のためにわざわざ建設大臣の座が空くまで待ったのだという見方もあった。山田真裕は「関係者の証言の中には、橋本が建設大臣のポストを得るために入閣を一時見送ったという説もある。もともと電信電話を中心とした郵政畑で活動していた橋本が、その引退まで一度も郵政大臣になることなく、建設大臣二期、運輸大臣一期を務めたのは、これらのポストが茨城県の発展を期する上で有用という橋本自身の考えが大きいというのである」と述べている。

地元には、なぜ大臣を遠慮して人に譲ってばかりいるんだ、早く大臣になれという妙な陳情まであったと語る当時の西湖会関係者もいるから、こうした見方が少なくとも地元にあったことは事実だろう。橋本は政務次官も経験していない。山田は「建設大臣就任の時期と（橋本が自らの）選挙資金の自己調達が可能になった時期はほぼ重なっている。（略）橋本の考えはどうあれ、建設大臣就任が西湖会システムにとって利用可能な資源の増大をもたらし、その制度化を進展させたことはまず間違いない」と指摘している（山田：四章 4f）。

橋本と言えば郵政畑というイメージはすでに確立していたから、建設相という役目を驚きとともに受け止める世評もあった。「建設業界につながりのあった村上前建設大臣のあとに橋本登美三郎氏が決まつたときには若干、意外の感がなくもなかつた」と書いたのは、『時事通信時事解説版』一九六〇年八月六日付である。

「衆院の電気通信委員長、党の電信電話拡充特別委員会委員長代理と勤めてきた橋本氏は、人も知る郵政通のナンバーワン。政党内閣ではさほど珍しくないとはいえ、建設畑はこれまで全く縁のなかつたところだ。所管事項を知らないことは大臣自ら認めていて、就任初の記者会見でも「電信電話のことなら引けはとらないが、建設行政はずぶのしろうとで」と語つていた。しかし新聞人上がりのカンのよさをみせて、初会見の席上で早くも「ふくれ上がったマンモス都市の対策、建設業の近代化」など抱負の一端を示し、また質問に「道路整備事業の推進、治水事業の強化」などツボにはまつたソツのない答弁をしていた。（略）しろうとだけに現在の段階では知識不足で、ときにはピント外れの発言がなくもないが、ある程度の時を貸せば、しろうとだけに思い切った新政策を打ち出せる可能性もある。」(6f)

橋本自身は、建設大臣としての仕事を振り返って「経済の高度成長と全国的な国土開発がスタートする重要な時期であった」とした上で、「私は日本の将来を考えて、「道路」と「住宅」の建設を最重要課題として取りあげた。岸内閣の道路行政は五カ年で一兆円規模であったものを、私はその倍の五カ年で二兆一〇〇〇億円の財源を確保、高速道路網とする長期計画を確立した」と述べている(履歴書：107f)。「交通」＝コミュニケーションへの取り組みはここに本格化する。

だが、ここではむしろ、協同主義の理想を引きずる夢想家橋本登美三郎の素顔をうかがわせるエピソードを引いておきたい。

橋本が建設大臣に就任した当時、九州で起きたある住民運動が耳目を集めていた。水害対策のため、熊本県小国町と大分県日田市にまたがる地域にダムを建設する計画が持ち上がり、地元で猛烈な反対運動が沸き起こった。反対派住民はダム建設予定地に「蜂の巣城」と呼ばれるバリケードを築き抵抗した。戦後住民運動史に名高い下筌ダム建設をめぐる蜂の巣城紛争である。

一九六〇年八月、建設大臣になったばかりの橋本は、蜂の巣城の城主と呼ばれた指導者、室原知幸に書簡を発した。橋本得意の巻紙に達筆の直筆である。

「謹啓

御清勝の段慶賀申上候

愚生、仁兄の早稲田大学の後輩にてこの度重責を負うことに相成りました。

過日早大校友有志の祝賀会有りて、室原知幸氏に近く懇談いたしたい旨の雑談を阿部賢一教授と致し候所阿部教授より自分も同席させて貰って懐旧談をいたそうとの話も之有、御多忙中恐縮乍ら御上京下さらば幸甚にて候

小生十二日より十四日不在に付、十一日迄か又は八月十五、六日頃御上京下さらば誠に好都合にて候

右御意得たく執筆仕り候　敬具

八月六日

室原知幸仁兄

橋本登美三郎」

室原は橋本にとって、早稲田の二年先輩だった。面識があったかどうかはわからないが、室原の名は知っていただろう。

書簡を受けとった室原は、返事を出さなかった。が、事態を憂慮した社会党の国会議員が間に入り、室原は「こちらが上京するのではなく、大臣が九州にくるなら会おう」ということになった。来るはずがあるまいと考えたのである。が、橋本は再び筆を取った。

「残暑益々酷しき折柄御健勝慶賀申上候

小生来る九月二八日福岡着、九州地区の建設行政視察の為西下致すべく候

この機会に御高見を拝聴いたし度甚だ御迷惑の事と存じ上げ候も後輩の為是非とも御来福願上げ候

小生御地に参上いたすが礼儀に候も、如何とも日程の都合がつかず御多忙中遠路御来駕の程を懇願申上候

場所は福岡市呉服町帝国ホテル七階ロビーに小生の名で設営いたし候　九月二八日正午にお願い申上候　尚その際代表者各位も御一緒に御来駕下さる様御願い申上候　小生も単独で御目にかかるべく候間貴殿並に部落代表者以外は次の機会にお願い申上候

右御願い申上げ候　　敬具

九月一五日

室原知幸様

橋本登美三郎」（松下：157f）

このいきさつを、『読売新聞』が一九六〇年九月二七日付の「デモクラシーさん」というタイトルの連載で取り上げている。記事中、橋本は「早大では権力に屈しない野人が多くてね。ボクも学生時代軍事教練に反対して騒いだものさ」と、先輩である室原に親近感を示している。が、一方で、「と言って、蜂の巣の抵抗のやり方も是認しない」とし、「白紙に返して話し合うといった覚えはない。公共の福祉はやめるわけにはいくまい。しかしまあ、議論を抜きにむかし話でもするつもりだ」と言い切ってしまったから、室原も土壇場になって福岡での会談をキャンセルしてしまった。

会談が予定されていた九月二八日、橋本は福岡で室原を待ったという。「博多の帝国ホテルロビーでは、建設大臣橋本登美三郎がつくねんとして室原知幸を待ち続けていた」と、ノンフィクション作家の松下竜一は描いている。すでに現地からの連絡で、室原が来ないことを知ってはいたが、「万が一ということもある。なお奇跡を待とう」と言って、定刻の正午を過ぎても三〇分間、黙然と椅子に座り続けた、という（松下：161）。

もしここで室原が登場し、蜂の巣城紛争の解決につながったのなら、その場面は橋本の功績として大々的に後世に伝えられただろう。しかし、現実には意気込みは空回りし、のちの評伝の類にも一切登場しない。それは、人の好さ、ひいてはそこから来る詰めの甘さを印象づけるものでもあった。面談の前に「ダム計画の見直しはない」と明言して、話が先に進むはずもない。

後日、室原は「橋本の至情判るとも我今詮術（せんすべ）もなし下筌ダムの問題」と狂歌を詠んだ。「至情」が通用すると考える夢想家、それが橋本であった。

橋本の建設大臣在任期間はわずかに四カ月足らず。池田首相は一九六〇年一〇月二四日衆院を解散、一二月八日第二次池田内閣が成立する。橋本は自民党地方工業開発特別委員会の委員長を務めることになる。建設大臣としての仕事ぶり、知見が生かされる任務でもあった。ここで橋本が打ち出したのが、いわゆる新産都市構想である。「京浜、京葉、阪神といった工業地帯は、すでに限界に達し、過大都市になりすぎているので、これを分散して新産業都市を作り、あわせて地方工業の開発を」目指そうという計画であった（水戸っぽ：154）。

橋本が地方工業開発特別委員長として放ったヒットのひとつは、地元・鹿島臨海工業地帯の開発構想だった。これは橋本一人の構想ではなく、当時の茨城県知事岩上二郎その他の地元の構想、努力がもちろん中心を占める。だが、砂しかないと言われた鹿島の地が驚異的な発展を遂げる推進力として橋本の政治力を見逃すわけにはいかない。鹿島臨海工業地帯については、後に詳しくみていく。

池田再選、ケネディと会談

一九六二年夏、佐藤に「七月の総裁選に立つべし」の声が広がった。

池田内閣の所得倍増論を中心とする物質万能主義は日本人の精神を荒廃させる、警鐘を乱打するためにも立つべきである、という趣旨であったが、もちろんそうしたお題目は理屈を越えた権力闘争とセットで語られるべきだろう。

七月一四日の自民党大会を前に、通産相として入閣していた佐藤が、総裁選に出馬する意向を示し、佐藤派でも支持する動きが急となった。主戦論者と、「時機尚早」と危惧する慎重論者に分かれた。保利茂が主戦論者、田中角栄は慎重論者だった。

こういうとき、橋本はまとめ役になる。橋本自身によると、当時の調整の様子は以下のようだ。派内の状況をみた佐藤は、世田谷淡島の佐藤邸に保利、田中、そして橋本を呼んで意見を聴いた。橋本は、本心は慎重論者だったが、期待されているのはまとめ役である。

佐藤は渋面をつくって聞いていたが、三時間ほどたったところで、「結論は三人にまかせる」と言って退席した。それからまた三人で話し合い、合計五、六時間の長きにわたったが、結局は「慎重にすめる」という方向で最終的合意ができた。

だが、それを無造作に派内に下ろしたらどうなるかわからない。午後九時過ぎ、木曜会のメンバーが待つ会場に橋本が着いた。「どうだった」「会談の結論は、もう一度みんなで徹底的に真剣に論議をつくそうということだ」と答えて、再び深夜まで激論をさせた。結論はすでに慎重論でまとまっている。しかし、橋本は黙って飛び交う意見を聞いていた。

深夜二時、議論もつき、大勢がなにかを感じだしたなという空気をみてとって「最終決定は明朝八時にする」と言って散会した。流れと空気を読み、禍根を残さないように事を進めるのは橋本の得意技だった。その点では、佐藤自身は必ずしも器用とは言えない。「慎重な人だが、ひとたび断を下すとガンコだから、私は「あんたは結論を言っちゃ困る」と言っておいた」。佐藤は出馬を見送った（履歴書：110）。

その後、忙中閑あり、と言うべきか、佐藤は一年あまり無役の時期を過ごした。九月、佐藤は橋本、木村武雄、松野頼三らの代議士と信二、龍太郎、寛子夫人の家族、ほかに秘書などをひきつれて欧米視察の旅に出かけた。見聞を広めるのが目的であったが、次期総理の有力候補がきたというので、出先の大使館も気をきかせてド・ゴール、ケネディ、アデナウアーら各国の首脳に会わせた。訪問されたほうも、次の日本の首相がきたとみなしたのである（岩川 1984 : 119）。

名場面が、ケネディとの接見である。約束の会見時間にホワイトハウスに到着した一行は、大統領応接室で、約一時間待たされた。なぜ待たされたのか、そのとき理由がわからなかった。

このあたりを『佐藤栄作日記』に基づき再現してみよう。ニューヨーク・ラガーディア空港からワシントン入りしたのが一〇月一七日。翌一八日午前一一時四〇分すぎ、ホワイトハウスに向かう。同行者は駐米大使、橋本、木村ほか。控え室に入って待っていると、「急用あって約束の時間には会へないが、一時すぎには必ず会う。待たれるか、或は時間を変へる」との申し出。そのまま待つことにして、ハリマン国務次官補（極東担当）と話を続けた。

午後一時、ケネディ大統領がドアを押して現れ、「佐藤さん、たいへんお待たせしてすまなかった。どうぞ」といって大統領執務室に通された。あらかじめ伝えたいことを英文で用意していたので渡すと、時間の短縮ができたとケネディも喜んだ。折からの日韓交渉、東南アジア情勢など意見交換したあと、大統領自らドアを開けて庭園を案内してくれた。「まず希有のことだ」。退出すると、あまりに長時間に及んだためなにかあったのかと待ち構えていた記者団が興奮状態だった。

遅れた理由は、ニューヨークに戻ったあとの二二日にわかった。夜七時からケネディ大統領がキューバ問題で海上封鎖を発表したのである。

振り返ってみると、一八日はすでにキューバへのソ連の核ミサイル配備が確認され、米国として外交交渉に出るのか、それとも海上封鎖、さらには空爆や軍事侵攻という強硬手段に出るのか決断を迫られ、世界が核戦争の一歩手前まで踏み込んだまさにその瞬間だった（佐藤栄作：550ff）。

ちなみにこの佐藤の外遊の直後、池田は訪欧中にフランスのド・ゴール大統領と会談し、そのときに「トランジスターのセールスマン」と評されたとされている。そうした日本人の海外コンプレックスを考え合わせるならば、橋本が後に『月刊自由民主』一九七五年六月号で「一方は今をときめく若き大統領、こちらはすでに熟練した政治家です。そのときは総理になる前だったわけですが、非常に堂々としておって、なるほど、ここ一両年中には必ず総理になれるという、風貌と、態度をしているなあと思いました」と述べているのは自然な成り行きだろう（34）。

なお、同行していた佐藤夫人の寛子は、旅の思い出として、「橋本さんがカラーワイシャツの先駆けで、おおいにハイカラだった」と書いている。が、実はおしゃれで着たのではなく、白シャツを三枚しか持って行かなかったため、公式の席にそれを使い、ふだんは汚れの目立たない色シャツを現地で買って着たのが本当の理由だったようだ（履歴書：112f）。

佐藤が奇しくも〝現場〟に居合わせたキューバ危機は、経済主義を取っていた池田を深く考え込ませることになった、と北岡伸一は指摘している。核武装の必要性を口走ったり、軍事力の必要性に触れたりといった直接的な反応もそうだが、六二年一二月に「人づくり懇談会」を作り、期待される人間像の答申を求めるなど、池田は経済発展のさらに根本にある教育の問題に目を向け始めた（北岡：127）。

「Sオペ」めぐるつばぜり合い

一九六一年、第三五代米大統領に就任したケネディは、ブレーン政治、あるいは学識者らを動員しての政策マシーン的な取り組みを打ち出して注目されていた。佐藤はその新しい潮流を敏感に取り込もうとした。

始まったのが「Sオペ」というプロジェクトである。「Sオペ」とは、佐藤オペレーションの略。当時サンケイ新聞政治部のデスクをしていた楠田實が一九六三年のクリスマスイブの日、佐藤邸に夜回りにいった際に「これからは現実政治の中にいかに理想や哲学を盛り込むかという工夫をしていかなければ」と進言して始まったとされる。

こうしたアイデアは、橋本の考えとそう遠くないところにあった。が、実際にSオペが始まって参加した政治家は政策通で知られた愛知揆一であり、橋本ではなかった。愛知は「タスク・フォース的なものを編成して、これまでの政権争奪ゲームとは違った発想で」と述べ、ゴールデンウィークに小石川にある日立製作所の寮の一室を借り、会合を開いたという（楠田：27）。

メモ魔であり、資料を捨てることがなかったとされる楠田が残した膨大な資料が、デジタル化されて「楠田實資料」として公開されている。「Sオペ」進言のクリスマスイブから年を越し、いよいよ総裁選を目指して走り出す佐藤派内における橋本の姿を追ってみよう。

六四年一月一六日付から始まる楠田のノートがある。標題は「議事録」となっているが、内容は日記である。そのノートで、まさしく走り出す直前の思いとして、楠田はまっさきに「マスコミ対策」をまとめている。まず、「これまで毎週木曜日に行われていた周山会会見は、実際上あまり効果を上げていない」ため、「これを夜の自宅会見に切り替える」。そして、そこでは「佐藤栄作の人間的魅力を出すことを第一義とする」というのだ。

その後も「どうして新聞記者をひきつけてゆくか、ということでデスカッション」などの記述があるが、楠田は「夜の会見はやりたくない」と言われてしまう。佐藤は「記者会見は橋本がやるといっていたから、彼に任せたらいい」と言ってそっぽを向いてしまうのである。

これを受けて二〇日、楠田は「Press operation は橋本登美作戦にきりかえる」と書く。次の日の夜、「橋本氏と会見、橋本構想を聞く。こちらは構想を一部説明」。楠田はSオペについて、極秘、水面下を旨としていた。「一部説明」という文言に、楠田の胸中が透ける。一方で、「橋本構想」の内実はここからはわからないが、「構想」と言える段階にまで橋本はアイデアを煮詰めていたことがうかがえる。

橋本オペレーションとはなんだったのか。二四日午後六時の橋本―楠田会談についてのメモから浮かんでくる。橋本構想の第一回の会合を三一日午後七時に赤坂のふぐ料理店で開くことになり、参加者は共同通信の麓（ふもと）邦明、時事通信の増山栄太郎ほかＮＨＫ、日経、東京新聞の記者たちであった。麓はのち、田中角栄の秘書となる人物である。

会合では、橋本から趣旨を説明し、それを受けて各人が意見を表明、その後レポートを書いてもらう。それを橋本が検分し、それぞれの分担を決める予定だった。もっとも三一日の項には「風邪でノータッチ」。橋本構想がどんなものだったのかは詳しくはわからない（楠田實資料：E-1-167）。

楠田と橋本のそれぞれ似通った、しかし別々の動きは、佐藤派内の「ブレーン争い」につながった。橋本も単に政局を見据えて水面下の工作を担うだけではなく、ブレーン的なポジションを目指していたのである。とすれば、新聞記者、それも朝毎読の三大紙からすれば傍流のサンケイ出身の楠田を起用するという佐藤の「冴えた」人事は、当然橋本をいらだたせただろう。

「橋本オペレーション」について、『楠田實日記』未所収の日記メモには、「Sオペレーション」との「二本建て」に苦心するさまが記されている。ブレーン集団がSオペの一本建てとなったのは、愛知キャップの積極的な関与を引き出し作成した第一次政策案が佐藤から高い評価を受けた五月であった。「Satoが全面的にこのオペレーションにコミットメントしたことに一同安心」。ここから、政策案の改訂作業は加速化する（楠田實資料：E-1-167）。

「橋本オペレーション」については、その顔ぶれが揃って記者であり、また「Press operation」を自分の仕事と心得ていたところに、メディア出身政治家としての橋本の自己認識をうかがうことができる。橋本は、メディアとのつながり、あるいはみずからのメディア人としての位置づけを武器と認識していたようだ。それは、これまでのように「同じ釜の飯を食った」間柄を活用することによって人脈を構築していくというやり方ではなく、強大かつ広範になっていくメディアの影響力をそのまま取り込み、できれば操縦していこうとする新時代の方法論でもあった。ただ、橋本にとって残念なことに、それは橋本の専売特許ではなく、むしろ佐藤政権においては産経新聞出身の楠田がその方法論の中心を担うことになった。

六月二七日、佐藤政権のビジョンとして「明日へのたたかい」が完成した。総裁選の二週間前だった。池田内閣の「高度経済成長政策」に対するアンチテーゼとして、社会の歪みを是正し、福祉の充実をはかる「社会開発」の理念を掲げた。それは、政策ビジョンは政局問題と密接不可分であるという「東洋的アプローチ」でもあった（楠田實資料：E-1-2）。

「明日へのたたかい」について、『評伝』などは橋本がまとめたように書いているが、一部にかかわっていたのは事実としても、中心になったのはSオペであった。

橋本は佐藤にとって、国会議員になったとき以来の「側近」であり、無所属時代をともにした「同志」でもあったが、しかし、だからといって佐藤は橋本を特別扱いしなかった。佐藤の政治スタイルからすれば当然のことだが、橋本はどのような思いを抱いていたのか。

2　佐藤内閣発足――〝アバウト〟官房長官の日韓・沖縄

ニッカ・サントリー・オールドパー――惜敗と後継指名

一九六四年、総裁選がめぐってきた。佐藤は、今度は間違いなく出馬する構えを取った。橋本はその大勝負の指揮を執る立場にあった。

ゴールデンウィークが終わり、佐藤派は木曜会から看板替えした「周山会」総会で、二カ月後に迫った自民党総裁公選への臨戦態勢を敷いた。当面の目標は、友好派閥の協力を得ることだった。福田派は全面協力、藤山派は藤山自身が立候補するが、一、二位で決戦となれば二、三位連合で戦う。石井派も好意的だ。河野派、大野派は大方が池田支持。川島派は旗幟を明らかにしていないが、池田支持のようだ。三木派では、三木自身が従来の関係で、強く池田を支持していたが、半数近いグループは佐藤支持の気配である。

参議院は、もともと岸、佐藤支持勢力が強かったが予断は許さない。

こうした一般的な情勢の中で、佐藤派はそれぞれ手分けして各派閥との折衝を開始した。作戦行動の中心は橋本である。田中角栄は池田内閣の大蔵大臣なので、側面から応援の形をとった（水戸っぽ：168）。

「忍者部隊」「一本釣り」「ニッカ・サントリー・オールドパー」などという隠語が登場した。ニッカとは二カ所から、サントリーとは三カ所から素知らぬ顔で金をうけとること。二重取り、三重取りしたあげく、どの候補にも票を入れず、全部パーにすることを「オールドパー」とウイスキーの名前にひっかけた。「忍者部隊」とは、派閥の「親分」の意志や、派閥の決定に反して、密かにあるいは半ば公然と佐藤支持に走った人々のことであり、「一本釣り」とは、反対派の中から一人ずつ説得することを言った。派閥に対しての集団的な協力依頼をトロール漁法と言ったり、政局を生臭く描く新聞記事が紙面を賑わした（水戸っぽ：171）。

だが、総裁選で佐藤は破れる。三選をめざした池田が、接戦を制すのである。

橋本側の記述によると、投票日の前夜、佐藤陣営では池田の過半数獲得を抑えて、一、二位の決戦投票に持ち込み、決戦投票で佐藤の勝ちだとの楽観論が大勢を占めていた。「佐藤派のこうした楽観論とは対象的に、池田派は最後まで粘り強く工作を続けた。とくに投票前夜は、「最後の五分間」を徹底的に戦い抜いた。佐藤派が最後までダメ押しをして、絶対大丈夫とみた代議員を辛棒強く説得して切り崩していた」。橋本は、こうした最後の粘り腰が池田の勝利を導いた、としている（水戸っぽ：174）。

敗北の後、残務をこなして午後七時半ごろ、佐藤邸に立ち寄り軽く夕食を取った。佐藤が「ご苦労さんだった。これからひとつ元気を出してやろうや」と声をかけ、橋本は午後八時半ごろ帰宅した。「精神的にも肉体的にも疲労困憊（こんぱい）していたので、その夜は佐藤邸から自宅へ直行した」が、家についた直後、派の面々から電話がかかってきた。

「参謀総長が家に逃げ帰るとは何事だ」「われわれは残念会と同時に次を目指してがんばろうというこ

とで三五、六人集まっているから、出てきてもらわにゃ困る」
「それはすまなかった。すぐ行こう」。夜の九時近く、顔を出した（履歴書：114）。その場で、当時流行していた『柔道一代』をもじった『政治一代』の替え歌ができた。「泣きたかったら国会議事堂の赤いじゅうたんの上で泣け」というもので、のち、橋本が親しかった森繁久弥に頼んでレコードにしたという（履歴書：183）。

激烈な戦いの末に三選を果たした池田だが、病魔に襲われ、東京五輪を花道に退陣を決意する。医師団が「前がん」症状と発表して、次期総裁・首相をめぐる思惑は瞬時に沸騰した。副総裁・川島正次郎、幹事長・三木武夫による後継総裁選出への調整工作がスタートした。

総裁候補は、佐藤栄作、河野一郎、藤山愛一郎の三人。川島、三木は、池田の希望をいれて、選挙を避けて推薦による選出をめざし根回しを重ねた。

河野と藤山の連携への動きなど、疑心暗鬼が渦巻く中、橋本は、佐藤派の総会では、「多数派工作は他派を刺激するだけで得はないし、話し合いの精神に反する。とにかく幹部の方針に協力してほしい」と繰り返し訴えた（評伝：141）。

池田が、ぎりぎりのところで佐藤を後継指名する場面は今でも語り継がれているが、佐藤の二度目の見舞いに橋本は同行している。池田が退陣を表明する一九六四年一〇月二五日の前日、二四日だった。病室で、佐藤は「早くよくなってくれ」と声をかけた。池田は、「いや、とにかくもう無理はできないよ」などと言い、橋本の方を向いて、手を握り、「君も佐藤君と一緒によくここまで長いことやってきたなあ。世間ではいろいろいわれたが、佐藤君はなんたっておれの兄弟、仲間なんだ。ひとつこれから大変な道を行くことになるだろうと思うが、最後まで佐藤を助けてやってくれよ」と言って、ポロッと涙をこぼした。

橋本も涙が出た。池田内閣誕生の決め手となった佐藤派の池田支持。それに対する池田自身の「次は佐藤君に」という言葉。池田再選の際の佐藤の出馬断念。さらに三選時での佐藤の肉迫…。去来するそれらの情景を重ね合わせながら、橋本は池田の「佐藤指名」を確信した（評伝：142）。

橋本は、大平正芳に託された池田の「後継者は佐藤」という書簡は、その後に書かれたのだろう、と推測している。「時間にして一〇分か一五分ぐらいの短いシーンだったが（略）僕にとっての政治生涯のうちのひとつの劇的な出来ごとだったね」（履歴書：188）。

池田は佐藤内閣発足後、一時回復の兆しをみせたが、急変して亡くなった。その日、天地は晦冥（かいめい）し、関係者は池田の無念を感じ取ったという。

内閣支える「腹心」

後継指名のいきさつから、佐藤は池田内閣をそっくりそのまま継承した。池田路線を厳しく批判しながら、実際にはまったく顔ぶれを変えないという、現実主義者の側面をみせたものだった。

しかし、官房長官だけはちがった。当時、官房長官は国務大臣ではなかったが、池田内閣最後の官房長官、鈴木善幸が「首相の女房役だから気心の知れた人を」と言って辞退した。佐藤はすかさず橋本を官房長官に据えた。橋本、六四歳の秋である。初当選以来の間柄だから、一番気心の知れた人物であることはまちがいない。

「風貌は一見まったくいなかの好々爺で、茨城ナマリの抜けきらぬトツトツとした話し振りは、たくまずしてユーモアもあり、じみながらだれからも愛されるタイプ」とは読売新聞一九六四年一一月一〇日付の評だ。「個人的政敵は絶無といってもいいすぎではあるまい」。佐藤のために汚れ役を引き受けたわりには、人を信じやすいタイプで、「派内からは〝読みが甘すぎる〟と激しい突き上げをうけたが、終始「人を疑っていてはきりがない。善意を信じて最後はだまされてもしかたないことだ」となだめ役に回った」と、いかにも好人物に描いている。

こんなエピソードもある。佐藤は組閣に先だち、ライバルだった河野一郎に協力を要請した際、「官房長官は橋本か塚原だが、どうかね」と一応佐藤流の用心深い打診をした。塚原とは塚原俊郎。元同盟通信記者で、吉田茂側近グループの一員だった。河野はあとで「どうせ橋本にする気でいながら、名前だけは二人あげて俺の意見を聞いたんだ、だから橋本でいいじゃないかといってやったよ」と語ったという（水戸っぽ：193）。

「人物評論・橋本登美三郎論」と題した『経済時代』一九六九年六月号記事で、佐藤は「スマートさに欠けるが、信念の強い男。かめば、かむほど味のでる男」と橋本を評したことになっている。橋本は保利茂、田中角栄、愛知揆一とともに〝佐藤派四天王〟と呼ばれた（52）。

佐藤と橋本の関係の深さを知る新聞各紙の官房長官・橋本の横顔紹介の中でも、「佐藤に配するに橋本とは天の配剤とでもいえようか」「歴代官房長官はどちらかといえば、時の首相の意向を一まず受けとめて、慎重に自分でそしゃくしたあと記者会見その他で巧みに流す、いわば〝屈折レンズ〟の型が多かった。ところが彼は素通しのレンズ、いやむしろワクだけの官房長官になり切ろうとしているようだ」など、型破りな大番頭の登場ぶりが描かれた（評伝：143f）。

橋本は就任後初の記者会見で「事務は苦手」「官房長官の職責は総理大臣の足らざるところを補佐し、総理大臣は官房長官の足らざるところを補う。すなわち一心同体なり」と言って周囲を驚かせた。常識的には不遜な発言と言えよう。だが実は、「佐藤内閣のイメージづくりに失敗すれば、短命内閣に終わるだろう」と就任五カ月で体重を四キロ減らし、貧血で倒れてしまったのだった。また、佐藤が極めて冷徹に配下の評価を行っていたことも明らかである。気の休まるような状況ではなかっただろう。橋本が倒れた際、首相の佐藤が橋本に代わって記者会見に応ずる羽目になった。佐藤は「橋本君が総理大臣は官房長官の足らざるところを補い…と言ってたそうだから」と苦笑いした（足立1991：152）。

前出『週刊サンケイ』一九六四年一二月七日号の「橋本登美三郎という男性」記事では、「内外に難問題をかかえて佐藤内閣は短命というみかたもされるが」との問いに、「特に長命を乞い願って担当する考えはない。短命も願ってない。口にして簡単に箱庭をいじるようにはいかん。ひと口に環境の整備と言っても時間と費用がかかるから、一朝にして片づかん。まあ、そんなことはあんまり考えておらん」と答えた。また、自身の政治理念を尋ねられて、「国民一人一人の生活を見守ってゆくというが、したがって愛情のキメ細かい政治に主眼をおいてゆきたい。〃里仁風即大和〃（仁風あるところ、大いに和す）だ」と述べている（43）。

閣僚になれば懐具合や暮らしぶりを聞かれるのは当然だが、所得は「他になにもやってませんからね。国会議員の給与だけです」。鉄筋三階建て、延べ九五坪の自宅については「これはね、わたしのものでなく、家内の親父のものですよ。門柱にも後藤と書いてある。親父さんが建てて、わたしは実際上のムコさんみたいなもんですね」。

記事は、「ざっくばらんな人柄が、政治記者たちにはウケている」と続けている。「知らないことは知らんというし、オレは頭がわるいから、なんて平気でいう。トツ弁ながら、ユーモアも適度にあって、会見中に笑いが絶えない」。極めつけは、私邸での夜の会見が始まったときのことだ。「官房長官になるつもりで応接間をつくったわけじゃないが、三〇人くらいは入れるから、どんどん来てくれ」。そして、「ひとつ、オレの恋女房を見に来てくれや」（42f）

『週刊現代』一九六六年七月二八日号が多忙な官房長官の日常を紹介する「歎きの大番頭」というグラビア特集を組んだ。「政治家ともなれば、とかく肩肘を張りたがるものだが、茫洋たる容姿、トツトツたる茨城ナマリからは、てらいも気取りも感じられない」。これはメディアが政治家をどう切り取るかを熟知した元新聞記者ならではの自己演出でもあっただろう。「一日のうち三分の二は院内に詰めっきり、その上、定例の記者会見が三回、閣議のある日は四回もある」。写真は、米ラスク国務長官らを招いての晩さん会に出席するため、二人の女性スタッフに囲まれてタキシードに着替えている橋本。手には受話器。着替え中も電話がひっきりなしにかかってくるという図だ。

渋谷区富ヶ谷の自宅にもカメラマンが密着している。日本画家、小倉遊亀（おぐらゆき）の作品を前に、美也と二人でポーズ。「どっしりしたものがいい。絵を眺めて、自分の心を整えたいんだ」。一年前から、蒸し風呂に入る習慣を始めた。「サッパリして、疲れが取れるので」、毎晩、きっかり一〇分間入るという。

官房長官時代のエピソードに重症心身障害児対策にまつわるものがある。

一九六五年六月二六日。都内で開かれた「全国重症心身障害児（者）を守る会」第二回総会に、橋本は首相の代理として出席した。次々と障害児を育てる親たちが登壇し、涙ながらに訴えるのを聞いて、壇上に上がるや用意してきた祝辞を演台の脇に置き、「お役所式のあいさつを用意してきましたが、こんなとおりいっぺんの祝辞を読み上げる勇気をもちません」と涙声であいさつした。

さっそく総理官邸で関係者の懇談会を主催した。奔走は重症心身障害者コロニーとなって実を結んだ。「守る会」会長を長く務めた北浦雅子は、「わたくしたちの純粋な叫びが、なんの政治的圧力もなく、そのまま政治家の涙になっているこの姿こそ、ほんとうの政治なのだと思いました」と書いている（北浦：180f）。北浦は二〇二三年二月、一〇一歳の長寿を全うして亡くなった。

新聞記者としての出自に深く関連する官房長官時代の事跡としては、全日本新聞連盟編纂による『従軍記者』の序文の寄稿がある。

「戦場においてその使命のため将兵と共に敵弾に斃（たお）れ、報道報国の犠牲となった従軍記者が三百十数名にのぼると聞く。まったく将兵と何ら異なったところはなく、敵弾雨飛の野に寝、山に伏し、ただ一本のエンピツに自分の生命をたくして、砲煙弾雨の間に身をさらし、国のために殉じ散華（さんげ）したのである。このたくましい記者魂の事実を年代順に追うて、克明に記集された本書の出版はまことに意義深いものというべきである。（内閣官房長官　橋本登美三郎）」（岡本編 1965：5）

直接には触れていないものの、それは中国戦線で弾雨をくぐった自らの青春への送辞でもあった。

ブレーンたちが佐藤の寵（ちょう）を奪い合う構図の中で、橋本は、「A研」「B研」と称する政策研究会を発足させる。A研は外務事務次官以下十数名、B研は大蔵、通産両省幹部十数名。毎週集まって議論が戦わされた（評伝：147）。

楠田がいう「橋本オペ」は、新聞記者らが中心であり、時期的に言ってもこの「A研」「B研」とは別だと思われるが、『評伝』は、こうした議論の結果が「官房長官の手許でさらに叩かれ、磨かれて、総理外交への血のかよったデーターとして生かされ、また懸案の公債発行の基本姿勢作りなどに結びついていった」と主張する。「日韓交渉の妥結、沖縄返還など佐藤内閣の輝かしい成果の素地作りは発足当時から着々とそして土台作りから始められていた」というわけだ（水戸っぽ：195）。佐藤の演説についても橋本が責任を持つことになる。戸川猪佐武（いさむ）によると日ごろから橋本は「ケネディ米大統領の演説からドゴール仏大統領のそれまで、かなり精密に勉強して」いたという（戸川：206）。

だが、すでに述べたように、政策ビジョンの提示とメディア対策を担うとされる「Sオペ」の中心人物楠田實や、さらに佐藤政権に先立つ池田政権で秘書官を務めた西日本新聞出身の伊藤昌哉などメディア出身者が政治に果たすようになった役割の重要性に鑑(かんが)みれば、橋本はその一部分であったにすぎないとみるべきだろう。

一方で、楠田らが抱いた、米国流の党や政府から独立したブレーン集団という理想も、現実の中で修正と妥協を強いられた。楠田はSオペの方向性として、ケネディ大統領のブレーン集団「ケネディ・マシーンの東洋的アプローチ」と記し、「周山会とは全然別個に運営」、派閥・資金の活動は「直接タッチしない」、「将来インナー・キャビネット的なものにまでリフトアップ」と構想を描いた（楠田實資料：E-1-2）が、大統領とそのスタッフが議会・政党から独立して行政権を担うアメリカ大統領制と議院内閣制をとる日本では、政治の仕組みが違う。日本では、それは独断専行になりかねない。そうした矛盾が最初に表面化した動きこそ、佐藤派内のブレーン争いだった、と政治学者の村井哲也は同資料「解題」の中で指摘する。

その視点から「A研」「B研」をみるならば、官僚を抱き込むかたちで展開された橋本流ブレーン組織は、楠田の勇み足のスキを突こうとしたものだったとも言えよう。

第四八回通常国会は、一九六五年一月二一日に再開された。国会が山を越すと同時に、関心は佐藤内閣の改造問題に移った。改造人事に火をつけたのは河野一郎だった。

「多事多難な時局を乗り切るためには、自民党の各実力者がお互いに、意思の疎通をはかり、挙党体制を確立する必要がある」。だが佐藤は河野の希望を聞き入れなかったため、河野は下野した。六月三日、内閣改造が行われ、大蔵・福田赳夫、外務・三木武夫、経企・藤山愛一郎、法務・石井光次郎など実力者が入閣する中、橋本は官房長官に留任した。

次期首相の有力候補とみられていた河野は七月八日、「こんなことで死んでたまるか…」という言葉を残して急逝した。遺体を前に、佐藤は「内外ともに重要問題が山積しているとき、君の鋭い勘と決断力は大いに借りたかった」と涙を流した。だが、佐藤は河野邸での通夜からの帰り、車中で夫人に「おい寛子、悪い野郎はみんな死にやがったな」と漏らした。ジャーナリストの魚住昭はこのやりとりを、警視庁SPの証言によるものとし、そのSPは「政治家というのは凄いことをいうものだな」と背中がゾクゾクしたと語っていた、というエピソードを書きとめている（魚住：217f）。

官房長官時代は一九六六年八月一日まで、約二年半にわたった。橋本は『履歴書』に、「その間つねに、私は政府か党の中枢にあって微力を尽くしてきたため、記すべきことはきわめて多い。しかし、紙幅にも限度があり、まだ書く時期でもない…いずれまた詳細に語るべき時期と機会があろう」と書いている（履歴書：116）。その後、橋本にはそうした機会は訪れず、一方で楠田をはじめ、佐藤政権の回顧については さまざまな文献が世に出た。橋本は楠田による『佐藤政権・二七九七日』（一九八三年）の、一九八四年五月一五日に開かれた出版記念会の発起人を務めている。このとき、橋本はすでにロッキード事件で有罪の一審判決を受け、国会議員の座からも去っていた。胸中に去来したものは何だったのか。

沖縄、日中――そしらぬ顔で伏線敷く

「佐藤さんは総理になった時には、長期政権になるとは考えていなかった。（略）ただ、戦後二〇年近くたったのにいまだに戦後の諸問題が片付いていないことは、日本の将来にとって非常にマイナスであると考え、いかなる困難があろうとも、やるべきことはやる、そこから新生日本が生まれる、という信念をもって臨んだ。「日韓条約」と「沖縄」がその最たるものであった。」（履歴書：119）

橋本はこんなふうに佐藤内閣の原点を振り返っている。もちろん、それは佐藤内閣のこの二つの業績に、自分が深くかかわったという矜持（きょうじ）から来るものだろう。

佐藤内閣の〝沖縄作戦〟は一九六五年八月一九日、始まった。日本の総理大臣が沖縄を訪問したのは、戦前・戦後を通じてこれがはじめてであった。

「沖縄が本土から分れて二〇年、私たち国民は沖縄九〇万のみなさんのことを片時たりとも忘れたことはありません。本土一億国民は、みなさんの長い間のご苦労に対し、深い尊敬と感謝の念をささげるものであります。私は沖縄の祖国復帰が実現しない限り、わが国にとって戦後が終っていないことをよく承知しております。」

沖縄の祖国復帰が実現しない限り、戦後は終わらない…。まだ実現できるかどうかも雲を摑むような状態のときに、こんな重大発言をして内閣は持つのか。佐藤の発言は、できもしないことを口にした〝焼身自殺〟とまで揶揄（やゆ）された。この戦後史に残る名文句は、どのように生まれたのだろうか。

首席秘書官の楠田實は、「佐藤発言の出所をめぐって、いろいろ論議が行なわれているようなので、この際明らかにしたい」として、「このフレーズは、佐藤さんの沖縄訪問の直前、ホテルニューオータニで橋本官房長官を中心に、私どもがブレーン会議をやって演説の検討をしたさい、総理府の南方問題連絡事務所から出されたペーパーにあったものを採用したものである」と証言している（楠田：140）。

佐藤の沖縄訪問について橋本は『月刊自由民主』一九七五年六月号で、「二週間ぐらいハムレットのように、行くべきか、行かざるべきか真剣に考えた」と回想している。「お前は行くことに賛成か、反対か」と言うから「行くべきだと思う」と橋本は答えた。「総理が行く以上は、アメリカに向かって堂々と沖縄を返してほしいという決意で臨む。沖縄のあとアメリカに行く場合にそれがないと政治生命を失うことになる」。

佐藤は「オレは言う」と決断して、沖縄に飛び、那覇空港に降りたって声明文を読んだ。「聴衆は涙を流して聞きましたし、本人も固い決意ですから涙を浮かべて「必ず私の手で日本に返ってもらう」と断固として言い放った」(30)。

もっとも見通しがあったわけではなかった。「那覇空港でのステートメントは、多くの国民に感銘を与えた。しかしこの時期からしばらくの間、沖縄問題は、まだ星雲状態の域を脱し得なかった。佐藤総理が自己の政治課題として、沖縄返還を真正面からとりあげたということはわかったが、果してそれが実現するものかどうか、寝た子を起したが、このあとうまくおさまりがつくのだろうか、専門家筋でも確たる見通しをもっていた人はいなかったと思う」と楠田は書く（楠田：141）。当然、橋本も同じだっただろう。しかし、「人事の佐藤」によって競わされる人々には、ゆっくりと全体を見渡し、自問自答する余裕はない。

「一心同体」であるはずの佐藤と橋本の関係にふと首をかしげるようなできごとが起きるようになった。そのひとつが、「吉田書簡」問題である。

「吉田書簡」とは、一九六四年五月七日付で吉田茂から台湾の総統府秘書長宛に出された「私信」であり、当時の池田首相の意向として、中国向けのプラント輸出に関する日本輸出入銀行からの融資を「本年中には」認めるつもりがないことを伝えたものである。当時の輸銀融資問題に関するアメリカや台湾からの強い反発に配慮して出された書簡であり、対中貿易から公的機関の関与をなくし、「政経分離」の徹底を約束するものであった。

ところがこの「吉田書簡」について、橋本は一九六五年二月六日に「佐藤内閣としては、中共に対し輸銀による延べ払い輸出は行わないとの「吉田書簡」は関知しない」と発言した。発言は、池田内閣から一変して、佐藤内閣が大陸との関係強化に踏み出すと受け止められかねないものだった。

当時の複雑な対中、対米関係の中で、佐藤内閣が熟慮の上で観測気球的にわざと行った発言、というわけでもなかったようだ。当時の状況について、橋本は次のようにのべている。その朝、水戸へ向かっていた。東京・南千住の交番前に車がさしかかると、警察官が飛び出してきた。

「なんだ」。驚いて聞きただすと、「いま佐藤総理から電話が入りました。出てください」という。「総理、なんですか」

「おまえ、今朝の新聞をみたか。誰の許しでもって吉田書簡のことをあのようにしゃべったんだ」

「官房長官として引き継ぎを受けなかったから、関知しないといったまでのことです」

「バカをいえ、あれは私文書だが、重要な文書なんだ。勝手にいっちゃあいかん。不穏当な発言だ」

佐藤は本気で怒っていたようだったが、「このまま引き返したのでは、地元の後援者何千人に迷惑をかける」と橋本が言うと、佐藤は「まあ仕方ない。パトカーをつけさせるから遅れないようにしろ」と電話を切った。

その後衆院予算委員会で、野党から質問があった。それに対して佐藤は、「吉田書簡は重要な文書であり、官房長官の記者会見での発言には関知しない」と答えた。橋本はケロリとして「総理の答えに従う」と言ってすましていた（評伝：156）。

のちの日中国交正常化に橋本が縁の下で汗をかくことになることを考えれば、意味深長である。事実、橋本は「わざと言った」趣旨の発言を後年行っている。

3 「反動教育」と「言論弾圧」の広報委員長――〝悪役〟のメディア論

マスコミ対策、テレビへの圧力

一般的には、岸、池田、佐藤内閣時の橋本のイメージは、マスコミ対策に狂奔するゴリゴリの保守、というものだろう。そうしたイメージの定着は官房長官時代前にさかのぼる。少しばかり時計を巻き戻してみよう。

政府がマスコミ対策に目を向ける最大のきっかけとなったのは岸政権退陣につながった六〇年安保であることはまちがいないが、そもそもの始まりは、一九五八（昭和三三）年の「警職法闘争」ではなかったか、と東京大学新聞研究所長、東久留米市長などを歴任した社会学者、稲葉三千男は指摘している。稲葉によると、テレビの最初期にあたる一九五〇年代前半にはまだ、テレビはもっぱら娯楽メディアとみなされていて、政治はテレビの持っている政治的機能にはほとんど注目しなかった。テレビ放送が始まっていたとしても、当時の基軸メディアはあくまで新聞だった。ところが警職法闘争で、テレビあるいは娯楽メディアに対する政治の意識が変わった、と稲葉はいう。

警職法闘争とは、一九五八年一〇月から一一月にかけての警察官職務執行法改正に対する反対運動である。一〇月八日、岸信介内閣は同法改正案を国会に上程した。法執行の重点を個人の生命、安全、財産保護から「公共の安全と秩序」を守ることまで拡大することによって、警察官の警告、制止や立入りの権限を強化し、また「凶器の所持」調べを名目とする令状なしの身体検査や、保護を名目とする留置を可能にする内容だった。上程に先だつ一〇月四日には日米安全保障条約改定第一回会談があり、安保改定に連動する動きであった。

戦前の「オイコラ警察」を想起させ、世論は敏感に反応した。社会党、総評など七団体が共闘連絡会議を開催。警職法改悪反対国民会議に発展し、各地で抗議集会が開かれた。

しかし、そういった組織的な、あるいは党派的な反対運動よりも、マスコミを通じた世論のうねりの方が政権への打撃は大きかった。大衆娯楽・芸能誌『週刊明星』一九五八年一一月九日号は「デートも邪魔する警職法」の特集を組んだ。

「善良な国民が野球だ行楽のシーズンだと騒いでいる間に、夜盗のように最後の一線が越えられようとしている。〝ここ過ぎて哀しみの町〟なぜあなたのデートまで邪魔されねばならないのか——。」(31)

反対は児童文学者協会、日本写真家協会、日本シナリオ作家協会、日本キリスト教女子青年会、全国の旅館業者にひろがった。一一月五日には労働者のスト・職場大会、街頭での抗議行動に四〇〇万人が参加した。政府は改正を断念。戦後日本で議会外の運動が院内多数党に勝利した初の体験となった。

「権力の側から見れば、『週刊明星』なんていうミーちゃんハーちゃん相手の雑誌がなんで警職法反対なんていい始めるのか、おまけに〝デートができない〟とは不謹慎きわまるという感覚なのです。これはテレビに対しても同じことだと思います。政治的機能じゃない。逆に非政治的な機能なんだけれども、それが政治的機能を持つ、これはちょっと放っておけんぞと、いわばマスコミを警職法闘争の中で見直したというふうに考えていいと思います。そこで、テレビのそういう非政治的機能を政治的に利用するという試みとして、いわゆる〝ミッチーブーム〟というのが演出されてゆく。（略）皇室復活のムードに乗りながら、皇室がいわゆる〝マイホーム主義〟のシンボルとして出てくる。これは一方では、マイホーム主義の浸透、それを浸透させる経済的基盤としての高度成長、いろいろな要因があるけれども、ともかく政治的な関心をなくしていく。そういうのが六〇年代のマスコミの役割だったわけです。」（稲葉：11）

稲葉がこのように総括するように、警職法闘争がもたらした衝撃と余波は大きかった。橋本はこのとき、川島正次郎の下で自民党副幹事長だった。

政治学者の逢坂巌によると、自民党が持つ「政調」「組織」「広報」のコミュニケーションルートとしてのうち、「広報」ルートが大急ぎで構築されたのがこの警職法の時期だったという。

「政調」とは、政務調査会の各部会を通じた活動であり、それぞれの部会では議員たちが政策を議論し、関連省庁から法案の説明をうけて国会への提出前のチェックをするなどの活動の中で、政策を中心に、省庁や業界とコミュニケーションを行う。「組織」とは全国組織委員長の下にあるルートで、組織総局・産業組織局・労働組織局・文化局・青年局・婦人局などコミュニケーションの対象ごとにさまざまな局が置かれ、それぞれへのアプローチと組織化が実行される。

一方、「広報」体制づくりはやや遅れ、警職法導入失敗をきっかけに、従来は幹事長の下にあった宣伝局と出版局が広報委員長をトップとする広報委員会に編入され、遊説局・党報局を加えての四局体制としてスタートした。六〇年安保ののち、六一年には党報局の発送部門が「名簿センター」となり、六四年にはそれが局として独立して全国組織委員会との共同管掌となるなど改組された（逢坂：57）。

政府の「マスコミ」への開眼は明らかだった。岸は退陣二週間前に総理府広報室を開設した。池田はこの広報室に予算を張り込み、毎月一回、全国のモニターから意見聴取する「国政モニター制度」や総理をはじめ大臣たちが各地に赴いて意見を聞く「国政に関する公聴会」などを実施した。「国政に関する公聴会」は現在の「タウンミーティング」にあたるが、「一日内閣」としてテレビでも生中継された。

池田は衆院選後も積極的にテレビを利用した。一九六一年五月には満枝夫人と夫婦そろってテレビ出演し、一一月からはNHK会長の阿部眞之助の要請をうけいれる形でNHKと民放がひと月に一回交互に行う総理出演番組（「総理に聞く」「総理と語る」）を定例化した。六二年からはテレビタレントをはじめとする芸能・文化人とも交流をはじめ、全国組織委員会の企画によるパーティー形式の「芸能文化関係者懇談会」が官邸で開催されたりするようになった（逢坂：65）。

マスコミ対策という考え方が、現実にかたちをとって現れてきたことについて、ジャーナリズム研究者の荒瀬豊は、大きな時代の転換を示すものだといちはやく警鐘を鳴らしている。「思想を、知的考察を職業とする人間だけにかかわりあるものと考えることによっては、この状況を統一的にとらえることはできない。語学講座やクラシック番組がすぐれた放送だと考える立場は、実は知識人と大衆、知性と心情との断絶を固定化することにしかならない。われわれが挑戦を受けているのは、そうした固定した見方そのものなのである」（荒瀬：52）。

まさにこの時期、一九六三年七月に橋本は自民党広報委員長に就任する。以後、マスメディア各社の幹部との懇談が「新聞通信懇談会」や「放送懇談会」の名のもとに定期的に行われるようになった。

広報委員長就任の際行われた最初の記者会見で、「広報委員長というのは、どんな仕事をするんだろう。前尾幹事長にいわれて引受けたのだが、仕事の内容は知らない。広報委員長は総理の演説に一緒についていくのが、仕事の一つだろうが、ボクは宣伝もうまくないし、演説も苦手だ」といって記者団を笑わせた（水戸っぽ：165）。広報委員長の仕事を知らぬはずはない。ひっくり返してみれば、橋本の身のこなしはまさにマスコミを熟知したもののそれと言えよう。

広報という作業が、理詰めで説得しても動かぬ大衆という捉えどころがなく、かつ無敵で強力無比の存在をどうにか方向付けしようとするものだとすれば、そこで「なにをするか」という〈内容〉を説明しても意味がないどころか、マイナスにしかならない。それよりは「なにもわからない」と煙に巻いて笑いを取る方が何倍も有効である。それはまさに、マスメディアという強力なテコを用いて世論というものを動かそうというメディア政治家の身のこなしであった。

青少年対策が前面に浮上した。橋本は正面切ってマスコミを押さえ込もうとした。「低俗番組追放のためにお互いの協力が必要」「左翼偏向の番組が現れようとするなどの動きもあるので、注意を」。さらに「法的な規制は好ましくないので、広告主は、国家の向上のためになるような番組の提供に重点を置いて、自主規制をはかってほしい」と述べる。

民放連主催のテレビ番組懇談会では「首相（佐藤）がたまたまテレビのマンガ映画（『鉄腕アトム』だという）をお孫さんの相手をしてみていたら、とても破壊的な内容で、これでは古いものを簡単にこわし、新しいものをつくるという危険思想を小さいうちから植え付けることになる、と痛感された」と言ってのけた。

ヒステリックな「悪書追放」「俗悪番組追放」の動きは広がっていく。一〇月、甲府で上がった「悪書追放」ののろしは、埼玉や九州などで広場に積み上げた本にガソリンをかけて、燃やすところにまで発展していく。東京母の会連合会の機関紙『東母連』には「青少年に強い影響、いまや一億総ギャング化」という見出しが掲げられ、マスコミはここぞとばかり飛びついた（金田：67f）。

佐藤内閣誕生後、橋本は官房長官としてマスコミ対策の最前線に立つ。

一九六五年五月、日本テレビで「南ベトナム海兵大隊戦記」が放送された。南ベトナム政府軍最強の海兵大隊の作戦を描いたものであったが、「ベトコン狩り」によって捕らえられた一七歳の少年の生首を米軍海兵隊の兵士が放り出すシーンが放送されたことに、放送翌日、橋本は清水与七郎社長に「あんな残酷なものを放送するなんて、ひどいじゃないか」と抗議の電話をかけた。アメリカ大使館、南ベトナム政府大使館からも抗議が行われた。日本テレビは「ドキュメントとしては残酷すぎた」として第一部再放送のみならず、予定されていた第二部・第三部の放送を中止した（逢坂：72）。

一九六七年にTBSが放送した「ハノイ田英夫の証言」という番組は、空爆が続く北ベトナムの首都ハノイを西側テレビ局として初めて取材し、戦時下の日常生活をニュースコープのキャスターであった田が紹介するものだったが、放送後、与党・政府・アメリカの三者から「共産主義の宣伝だ」として激しいクレームが寄せられる。社長の今道潤三らは橋本らとの懇談の席で「なぜTBSはあんな放送をするのか」と直接批判された。

政権はマスコミに対し不平を述べ、怒りを隠さず、時には「脅し」すら行うことをためらわなかった。たとえば、楠田の日記（一九六七年九月二日）にこんな佐藤の言葉が残っている。「昨夜NETの松岡謙一郎（副社長）がきたので、この前のベトナム裁判の番組、きつく叱っておいた。番組を作るのはそちらの勝手だが、（放送）免許のことはこちらの勝手だからなと言っておいたよ」（楠田：79）。「ベトナム裁判の番組」というのは、ベトナム反戦運動家による話し合いが中心となった「テレビ投書欄『ベトナムを考えよう』」という番組だった。

『月刊総評』一九六五年七月号「マスコミ月評」欄は、橋本がラジオ、テレビの幹部やスポンサーを集めて「赤い文化人一覧表」を配布したとしている。同欄は橋本を「いい番組に潜入している左翼番組（筆者注：左翼的な要素の意味か）に注意するよう要望したりしている張本人」と切り捨てている（57）。

放送研究者の松田浩は、一九六六年の「日本広報センター」設立も、橋本が中心的に動いた結果だ、としている。松田によると、同センターは「番組を提供するという経済的な利益供与とひきかえにマスコミを、世論操作に協力させ、いわば〝共犯者〟として体制内に組み込もうというねらい」を持つおどろおどろしい組織だった（松田：375）。

一九六八年三月にはＴＢＳ成田事件が起こった。成田空港反対運動の取材に出かけていたＴＢＳのテレビクルーが、反対同盟の女性七人を反対集会の会場まで取材バスに便乗させた問題で、自民党幹事長の福田赳夫（たけお）はオフレコの記者会見で「凶器をもった反対派を輸送するようなＴＢＳには、再免許を与えないという方法もある」と発言した。ＴＢＳは関係者に対して厳しい処分を行い、朝のワイドショーを打ち切り、ドキュメンタリー制作のテレビ報道部も廃止した（逢坂：74f）。

テレビの影響力は予想を越えてふくれ上がっていた。自民党は、都市部で勝てなくなりはじめていた。

自民党は一九六五年の参院選の東京選挙区で公認候補が全滅、続く東京都議会議員選挙でも社会党に破れ第二党になっていた。翌々年の東京都知事選では、社会党と共産党が推薦した美濃部亮吉に敗れた。その後も、京都府・大分県・大阪府・沖縄県と次々に革新知事が誕生する。

テレビの持っている政治的機能を自らに有利なように使おうとする動きも加速した。端的に言えば、タレント候補の動員である。六二年の参議院議員選挙で、NHKの人気番組「私の秘密」で司会を務めていた藤原あきを自民党から立候補させ一〇〇万票を超える票でトップ当選させたのを手はじめに、一九六八年の参議院選挙の全国区では、石原慎太郎・今東光(こんとうこう)・大松博文(だいまつひろふみ)らのテレビで名の知れた有名人を出馬させて当選させている。選挙には青島幸男や横山ノックらも出馬当選したが、彼ら五名のタレント議員の票は全国区の一四%にも及んだ(逢坂:78)。

テレビの影響力に対し、佐藤は一九六五年一〇月の「放送人政治懇談会」で、「わたしは新聞よりも放送を重視している。いままで政治部だけしか重視しなかったきらいがあったが、社会部や学芸部を重視するし、放送では報道と並んで娯楽番組を重視している」と持ち上げた。メディア出身ではありながら本流の政治部畑ではなく、〝国際派社会部〟系統の橋本は、この〝脱政治部〟の感覚に、ぴったりとまでは言えなくても、なんとかついて行ける存在だった。

佐藤に同席した橋本は「漫才で住宅問題や専売公社の事件にひっかけて政府を批判するのは困る。このような漫才はチェックできないか」「テレビでデモのニュースをやるのは困る。議会内のニュースを中心にして、院外は二の次にしてほしい」「テレビニュースは事前に検閲しにくい。放送局はどうするつもりなのか」と述べたという（夏堀：160）。ここまであからさまに言論弾圧めいた言辞を口にしたとはにわかに信じがたいが、事実だとすれば、非政治部出身という自らの、これまでならマイナスに働いていたアイデンティティを、ここぞとばかり振りかざして汚れ役を進んで演じている気配も漂う。

松田浩は、放送の歴史にとって「一つの転換期にあたる」にもかかわらず、「具体的にどのようなプロセスで放送の変質がもたらされていったのか、必ずしも明確に解明されていない」（松田：279）一九六〇年代のメディアと政治のかかわりにおいて、橋本を重要人物のひとりに挙げている。松田は、橋本を低俗番組批判の〝仕掛け人〟（松田：285）であり、また「最近のマスコミ、とくにテレビ番組のなかには政府の政策推進をさまたげ」るものがあるとの発言を行うなどタカ派路線の中心的な存在であるとしつつ、「法規制には反対であるし、やろうとしたって出来るものではない。（略）社会常識によって考えて行くほうが賢明であろう」という発言を挙げ（松田：278）、「弾圧から操作へ」と装いを変えた六〇年代のマスコミ対策の方向性を象徴する人物と描いた。

教育へのこだわり——新構想大学、放送大学

前節で、〝悪人〟としての橋本を描いてきた。もっとも、人生を決定づける〝悪人〟イメージはこれから到来するのだが、それはひとまずおいて、今ではほとんど忘れ去られている〝善人〟としての橋本にも目を向けたい。

「汽車」に始まる教育への情熱は、のちに「西湖育英会」となって郷党の育成にあたることになり、

いた。

「西湖学生寮」に発展したことにはすでに触れた。「西湖」は橋本の雅号である。西山公（水戸光圀が晩年、西山荘に住むようになってからの呼称）の「西」と、水戸の儒者にして勤皇家、藤田東湖（とうこ）の「湖」を一字ずついただいて「西湖」と号した、と自ら述べている（履歴書：47f）。もっとも、しばしば「東湖に対する西湖だ」とか、中国の名勝としてしられる西湖にちなんだとか、その場その場で面白く由来を話していた。

だが、そうした個人レベルの教育への情熱とは別に、国の政策レベルで橋本はこの時期、重要な動きをみせた。ひとつは、最終的に筑波大学として結実する新構想大学プロジェクト、もうひとつは放送大学構想である。

米国の社会学者マーチン・トロウは、高等教育への進学率が一五％を越えると高等教育はエリート段階からマス段階へ移行するとし、さらに、進学率が五〇％を越えるとユニバーサル段階に入るとした。これをわが国にあてはめてみると、一八歳人口比でみた高等教育進学率は一九六一（昭和三六）年の一〇・三％から六五年に一七・〇％、七〇年に二三・六％と急上昇した。「高等教育のエリートからマスへの段階移行は、内部組織を含めて大学のそれに応じた変革を、時には暴力的に要求する」とすれば、急激な段階移行にさらされた日本社会は、まさに吹き荒れる学生運動をはじめとする暴力的な変革の要求に直面させられたわけである（天野：39）。

そこで大学改革の機運が高まり、筑波大学をはじめとする「新構想大学」につながっていく。一九六九年三月、首相の私的懇談会として「新構想大学臨時懇談会」がスタートした。メンバーには文部大臣経験者と、加藤寛（慶大教授）、吉村正（早大教授）、香山健一（学習院大教授）らが名をつらね、橋本は座長を務めた。橋本は「いまの固定した大学制度は学問の研究や発展にそぐわず、新しい構想によって大学制度の改革を行うべきだ」との考えを早くから持っていた。

議論を重ね、一一月に発表されたのが「新構想大学要項」（モデル大学橋本私案）である。

戦後、大宅壮一は駅弁大学という言葉をつくったが、新構想（モデル）大学は、大学進学希望者の増加を見込み、その増加分を吸収しうる大学として一〇年間に一〇校程度を全国に設置することが目標とされた。ゆえにこれを〝新幹線大学〟とする呼び方もあったが、思うようには発展しなかった（評伝：208）。

もうひとつが、放送大学である。

一九六九年、大学紛争を背景に、「茶の間で学士号」「はたらく青少年に大学教育を」——そして〝ゲバのない大学〟という発想までふくめて放送大学構想は打ち出された。

放送大学は新構想大学のひとつであった。紛争のない大学は「開かれた大学」であり、「開かれた大学」は教育の機会均等に親和性があった。封鎖の解除は労働者に高等教育への道を開くものであった。

放送大学がお手本としたのは英国のオープン・ユニバーシティである。英国は、近代における遠隔教育（通信教育）発祥の地とされる。オープン・ユニバーシティは、遠隔高等教育に関する斬新なアイデアにもとづいて広い地平を開いたと評価され、わが国の放送大学を含む世界各地の遠隔高等教育機関のモデルとしての役割を果たしてきた（本田：244）。

『放送文化』一九六九年一二月号によると、放送界は「教育放送の単純な拡大としてながめる以上の、きわめて大きな重みをもつ」と受け止めた。なんとなれば、電波の有限性、独占性から放送制度というものが組み立てられ、放送局の特権的立場が許容されもしてきたわけだが、それがテクノロジー的に開発が進み、具体的にUHFやケーブルテレビといったかたちで拡大・開放が進みつつある中、従来の特権が突き崩される新時代の象徴として放送大学構想が登場してきたからである(2)。郵政族のドンである橋本は適任であった。

橋本は『新聞経営』一九七〇年九月号で、放送大学の目的について「大きくわけて三つあるのですよ」と言っている。第一は従来、教育を受けたいと思いながら諸々の事情で受けることができなかった人々に高等教育の機会を与えること。第二は教育内容の改革。これを新しいシステムによって行う。第三は従来の教育とは違ったやりかたによる視聴覚教育の実現(24)。

左派、リベラル側からは警戒の目が向けられた。稲葉三千男は、放送大学には三つの意図が隠されている、と当時指摘している。ひとつめの意図は、いわゆる「ゲバ抜き大学」として、学生の自主性を骨抜きにするものだ、というものである。二番目は、教師の自治にゆだねられている大学の教育内容への介入、及び権力統制の狙い。三番目は、労働力不足に対する対策、つまりこれからの脱工業化社会に必要な、一定の技術水準をもった若年労働力の効率的な供給という考えだ、というのだ(稲葉:10)。

が、実際にはそうした対立は現実社会の急激な変容によって無化された。放送大学構想は遅々として進まず、当初の〝ゲバ抜き大学〟などという文脈はあっという間に時代遅れになった。放送大学の授業開始は一九八五年四月である。

高等学校への進学率は九三・一％に、大学への進学は三三・二％に達していた。マス高等教育の成熟にともない、学生紛争に代わって問題になったのは受験戦争であり、その文脈において放送大学は「入試のない大学」として期待を集めるようになった。生涯教育はともかく、大学紛争はもはや緊急の課題ではなくなった（佐藤卓己 2008：88）。

佐藤卓己は、放送大学の夢と挫折について、「結局、放送による「孤独な学習の連帯」は、高度国防国家と高度経済成長が生み出した「一億総博知化」の夢だったのである」と指摘している。放送というメディアの持つ力によって、距離の壁や機会不平等を乗り越えられるとする期待と夢こそが、放送大学の核心であった（佐藤卓己 2008：103）。とすれば、その夢と期待が、戦前に国際派社会部記者として活躍し、戦後電波行政のグランドデザインにかかわった橋本という、メディアの力に対する（過度の）期待と夢を抱いたメディア政治家によって推進されたことは必然だったと言えるかもしれない。

メディア政治家たる橋本は、電波・放送だけにとどまらず、さらに新しく強力なメディアにも夢を馳せた。一九六九年八月に発表した「新構想大学に関する大綱」は、「研究・教育と管理行政の分離」をうたい、大学人たちの閉鎖性にくさびを打ち込もうとした。その際、ハードルとなるのは「専門性」であり、それを動かすオペレーション能力だ、とした。改革と叫んではみても、実際に大学を運営していくのは旧来の勢力の力に頼るほかない現実に、橋本はいらだっていたのだろう。その構図を突破する秘策として、目をつけたのがコンピュータだった。『国会月報』一九六九年九月号に載った大綱は「管理行政事務の効率化と簡素化の見地からコンピュータは極度に（傍点筆者）活用されねばならない」と説く（25）。橋本のコンピュータ、ひいては情報社会にかけた夢については、のちに改めてみてみたい。

仏心と飛鳥京

評論家の俵萠子は雑誌『PHP』一九七五年六月号に、昭和四〇年代前半に橋本と交わした会話を書きとめている。俵が何気なく、政治というのは権謀術数、だましあいばかりでイヤでしょうねえと言うと、橋本はボソッとした調子で「いや、私は、べつにだまされてもいいんです。だましたい奴は、だませばいい。そう思っていれば、べつにどういうことはない」と言ったという。「あとの会話はみんな忘れてしまったのに、そこだけにスポットライトが当たったように、細部がよみがえってくる」と俵は書いている（39f）。

もうひとつ、〝善人〟の側面を挙げておこう。例によって『履歴書』等は事案を橋本にぐっと引きつけた書き方をしているが、それをいくつかの側面資料によって補正して再現してみる。

「私は昭和四四、五年ごろから〝政治と心〟について深く思うところがあった」と橋本は述べている。党総務会長を退いて、後述する情報産業振興議員連盟を立ち上げるなどしていたころである。一九七〇年には運輸大臣に就任している。七〇歳を目前に、党の重鎮としての地位は確立していた。

一九七〇年五月、「飛鳥古京を守る議員連盟」という組織を作り会長になった（履歴書：124）。昭和三〇年代後半から四〇年代はじめにかけ、高度成長期にあって各種開発の波が急速に広がり、貴重な民族的歴史的遺産が守りきれないという危機意識が高まっていた。

連盟の結成に参画したのは、坂田道太、桜内義雄、原田憲、郡祐一、奥野誠亮、小渕恵三、竹下登、鈴木善幸、金丸信、新谷寅三郎であった。

前段がある。一九七〇年、明日香の素晴らしさに魅せられ、この地に移り住んでいた東洋医学研究家の御井敬三が、「特別な法律を作り、村も村民の暮らしも国で保護してはいかがですか？何よりも村民が誇りを持ってこの村に住めるようにしなければなりません」というメッセージを自らテープに吹き込み、松下幸之助を経て、時の総理大臣佐藤栄作に手渡した。つまり、社会問題としての飛鳥はなにも橋本が発見したわけではないことは確認しておくべきであろう。

とはいえ、橋本にも個人的な動機があった。橋本は学生時代から古代史、とりわけ律令国家の始まりである飛鳥時代には深い関心を持っていた、というのだが、さらに姪、橋本米の影響があったという。米は、学生時代から万葉の歌に憧れ、犬養孝、末永雅雄、網干善教の研究講座に出席、毎月明日香村を訪れていた。米は「このままでは飛鳥は開発の波で壊滅してしまう。日本の国の始まりを研究しつづけることも不可能になる」との危機感を抱き、強く橋本に訴えていた。

この下りについては、佐藤夫人の寛子が、詳しい説明を加えている。寛子によると、一九七〇年二月ごろ、公邸に橋本夫人の美也が訪れ、「飛鳥は古代史上、たいへん重要な遺跡だそうですね。国が早く保存に乗り出さないと手遅れになるという話ですよ。折をみて、ご主人にもおっしゃってくださいません？」と持ちかけたという（佐藤寛子：302)。

この「米―美也―登美三郎」ルートと、「御井敬三―松下幸之助」ルートはそれぞれ独立していたようだが、それが合流して、一気に動き出したようだ。

観光業界の業界誌『ホテルレビュー』一九七〇年七月号に、そうした経緯を伝える記事が載っている。六月二八日には佐藤みずから現地に足を運んだ。国会最終日に「近くわたくしも明日香を訪問し、総合的な保存対策を早急に策定したい」と発言して驚かせたことを受け、大阪万博の関連式典への出席の途次に訪れたものだった(12)。

その後、国による施策が動き出す中で、歴史的な発見が飛び出した。七二年三月二一日の高松塚古墳の極彩色の壁画の発見である。石廊内部に描かれ天井部の星辰(せいしん)と側面の日、月、四神と人物群像で彩られた壁画は一大ブームを引き起こした。

このとき、橋本は一計を案じた、と『評伝』は書いている。寄付金つき記念切手の発行である。当時は切手ブームで、投機対象としても売買が活発化していた時期だった。

高松塚古墳の鮮やかな壁画をあしらった切手は爆発的な人気を呼んだ。なけなしの小遣いを握って郵便局の窓口に並んだ小学生が、バラ売りはできないと断られ泣いて帰ったなどというエピソードも話題になった。結局六億六〇〇〇万円の寄付が飛鳥保存財団に寄せられ、高松塚壁画の模写にとりかかった。模写には平山郁夫が当たった。(評伝:201f)。

むろん、これも橋本のアイデアがすべてを決めたわけではなく、連盟全体で出た知恵がかたちになったものであろう。だが少なくとも、政府・与党の重鎮として橋本が飛鳥保存に力を尽くしたことは間違いなさそうである。

このころ、橋本は週刊新潮の名物コーナー「掲示板」に登場している。著名人が誌上で、個人的な事情を明らかにして、ひろく協力を求める企画である。『週刊新潮』一九六九年一〇月一八日号に次の呼びかけが載っている。

「お願いがふたつあります。ひとつは早稲田の学生だったころのこと。私はご多分にもれず、学生運動に足を突っ込んでおりました。もちろん最近の学生諸君ほどイデオロギーを叫んだわけではなく、運動の内容も軍事教育反対、カリキュラムの刷新、教授への文句付けなど穏やかなものでしたが、夏休みに郷里に帰る時など特高がついて来たものです。それだけに同志との連帯も緊密でしたが、いっしょに運動した諸君と写した写真が残っていればぜひ見たいのです。もうひとつは満洲事変のころのこと。朝日新聞の満洲特派員だった私は、海倫にいた敵将・馬占山の単独会見に成功し、国内で号外が出るという、いうところのスクープをやりました。この成功を助けてくださり、紹介状を書いてくださったのが、当時のチチハル総領事・清水さん。ご健在ならご近況が知りたいのです。」(130)

政治家として成功した橋本は、来し方を振り返る余裕を持ちつつあった。すでに、六八歳。このまま〝枯れて〟ゆけば、晩年は平穏なものになっただろう。だが、橋本はそういう道を選ばなかった。あるいは、選べなかった。

第五章
「交通」と「コミュニケーション」
（一九六六―一九七一）

よど号事件で、羽田から特別機で金浦空港へ向かう＝1970年４月１日（毎日新聞）

「工業社会が、人々が豊富な物的消費生活を享受する社会だとすれば、情報社会は、人それぞれの未来実現が一般に開花する社会だといえる。そして、工業社会の最高段階が高度大衆消費社会だとすれば、情報社会の最高段階は「地球的未来実現社会」だということになる。これこそ、スミスの普遍的富裕社会へのビジョンをさらに大きく展開し、発展させたビジョンであり、私がいう「コンピュートピア」の具体的な姿なのである。」（増田米二『原典情報社会』ティビーエス・ブリタニカ・一九八五年）

1 土地を拓き、道を作る

陸の孤島の改造計画

潮来と鹿島・神栖一帯は「鹿行地域」と呼ばれ、地域としての一体性を持っている。今は鹿島港を中心に重工業が集積し、鹿島臨海工業地帯を形成しているが、以前は砂に覆われた不毛の地だった。

石原裕次郎が主演した『甦る大地』という映画がある。一九七一(昭和四六)年に公開されたが興行成績はふるわず、石原プロの経営が一時傾く原因にもなったとされる作品で、内容は硬派である。フィクションではあるが、ディテールはともかく大筋は事実に即している。とはいえ、難しいのは、鹿島開発という大事業がドラスティックかつ大規模だったため、必然的に人々を賛成か反対かに色分けし、イデオロギーの踏み絵を迫る事業であるかのようになってしまった点にある。鹿島開発にかかわった橋本も重要な登場人物の一人として、またその二元論の例外ではない。

そうした留保を前置きした上で、『甦る大地』に描かれたストーリーをみてみよう。

この「文部省特選」映画は、実は単純に開発を賛美する映画、あるいは大プロジェクトを苦難の末に完成させた「プロジェクトX」ふうの感動ストーリーではない。冒頭のシーンは、幕末の鹿島で行われたある土木工事の場面から始まる。すでに触れたように、霞ヶ浦、北浦などの豊富な水資源は、しばしば洪水となって鹿島の地を襲い、甚大な被害をもたらしていた。そこで、湖の水を直接鹿島灘へ放流する水路を作ろうと、中館広之助という郷士が堀割の掘削を始める。人足（にんそく）を動員して堀割は完成。が、堰（せき）を開けたとき、太平洋の荒波が逆流し、堀割は治水どころか水害をもたらすものになってしまう。渡哲也演じる中館は、絶望して命を絶つ。

デフォルメされている部分はあるが、中館という人物は実在し、堀割川も現在に残っている。

時は下って戦後。貧しいままの鹿島に鹿島開発計画が持ち上がる。県は国に陳情を繰り返し、企業誘致を進める一方で、土地買収に取りかかる。先祖代々の土地を奪われると抵抗する住民を粘り強く説得し、ついに鹿島港は完成。日本を代表する大企業が次々と工場を建設し、鹿島は一大工業都市に生まれ変わる。

だが、土地買収のときに飛び交った札束のせいで、地元の人心は荒廃してしまう。石原裕次郎演じる熱血県庁職員は疑問を解決できないまま、映画はエンディングを迎える。苦く、観る者をスカッとさせない結末は、良心的かつ野心的ではあるものの、興行成績の不振と無関係ではなかっただろう。

原作は木本正次によるノンフィクション『砂の十字架』であり、映画では変えられている登場人物の名前もすべて実名で記されている。木本は元毎日新聞記者。世紀の難工事と言われた黒部ダム建設をテーマにした『黒部の太陽』ほか、社会性のあるノンフィクション作品を次々に生み出した。「鹿島人工港ノート」というサブタイトルが付けられ、あとがきで木本は「厳重に事実に基づくことを念願として調査・執筆した」と書いている。

同書もまた、開発をめぐるイデオロギー対立の外側に立っているわけではないが、それでも、ノンフィクションとしての中立性、客観性は可能な限り保たれていると言っていい。木本は鹿島開発の問題の中核を、「一握りの人達の「私権」が、法律によって手厚く保護」されることにあると喝破している。そのため「公益は軽んじられ」、「「善意」はそのまま「優柔不断」の別名」となる。「善意さえもが、ここでは両刃(もろは)の剣(つるぎ)なのであった」という木本の指摘は、戦後日本の宿痾(しゅくあ)を鋭くえぐり出している。

同書の中に、橋本は何度か登場する。知事や県庁職員が鹿島人工港の実現を目指し、試験堤築造費を含む『鹿島港建設調査費』の予算案が一九六二年度の大蔵省の査定に回ったとき、「強力な助っ人となったのは主として橋本登美三郎と赤城宗徳(むねのり)だった」。一九六一年一二月三〇日夕刻、大蔵省の査定をパスしたとの知らせをまっさきに茨城県東京事務所の陳情本部に電話したのも橋本であった。

「通ったよ、君。とうとう鹿島が――」

御用納めが済んで人影もない茨城県庁内に、ここだけは職員が詰めていた鹿行開発推進事務局の部屋は沸いた、と木本は描写している（木本：90-94）。

同じく鹿島開発をテーマにした作品として『砂のつぶやき』（一九八二年）という小説もある。作者は千田夏光(せんだかこう)。木本と同じく元毎日新聞社記者で、『従軍慰安婦』（一九七三年）などの著作で知られる。『砂のつぶやき』は開発をまっこうから批判する視点から書かれた作品である。

そこで、橋本は「黒幕」「大物」ふうに描かれる。調査費が通った場面も登場する。鹿行開発推進事務局幹部は「これで鹿島臨海工業地帯建設計画はナショナルプロジェクトになった。橋本先生のおかげだ」と叫んだことになっている（千田：149）。

『評伝』はこう書いている。開発が遅れていた鹿島について、一九五九年ごろ、橋本は建設省の下河辺(しもこうべ)淳(あつし)などと意見交換をした。さらに、建設大臣として北海道の苫小牧で掘込港をつくっていることを知り、一九六〇年、新苫小牧港を視察、外港ではなく内港に掘り込んだかたちを鹿島に取り入れようと考えたという(390)。掘込式の苫小牧港には元朝日新聞社の同僚、篠田弘作が深くかかわっており、二人の間でやりとりもあっただろう。

そのアイデアを岩上と共有した上で、鹿島開発のマスタープランを練ったとしているが、このあたりは水面下の話でもあり、確認は難しい。岩上の自叙伝では、もともと前任の友末知事時代に農業振興策を図ろうとしたが、行き詰まっていたことから港と工業団地という方向に作り替えたのだ、と説明している。政界の関心も薄く、「地元の関係から、途中で橋本登美三郎代議士の積極的な協力はあったが、ほかの多くの方は無関心で、ほとんど事務局ペースではこんだ」と書いている(岩上:120)。橋本がどれだけリーダーシップを取ったかは不明だが、例外的に鹿島プロジェクトに関心を寄せた政治家であったことはまちがいないだろう。

一九五九年四月に知事に選出された岩上は、九月、ブレーンとして江戸英雄・三井不動産社長らを招き、鹿島開発の方向性について議論。一九六三年には鹿島は国の重要港湾に指定される。同年一一月、港の起工式。翌年二月から土地買収にとりかかり、一九六九年一〇月に鹿島港が開港。あわせて各企業の工場も操業を開始した。

この間、橋本は一九六〇年七月に池田内閣の建設相として初入閣。さらに一九六四年一一月から官房長官を務め、一九六六年八月には再び建設相に横滑りする。橋本が鹿島開発に少なからぬ役割を果たせる立場にあったことは明らかだ。

橋本は初入閣の建設相時代、広域都市建設計画の構想を打ち出す。さらに党地方工業開発特別委員会の委員長として各省間の調整を開始し、「新産業都市」という呼び名を作り出し、それが新産業都市建設促進法に発展する（御厨：61）。

鹿島開発を語る際、いつも「陸の孤島」という枕詞が登場する。東京から直線距離ではわずか八〇キロ、しかし利根川、霞ヶ浦という天然の要害に阻まれ、当時は県庁所在地の水戸からでさえ、砂地の悪路をバスに揺られて四時間あまりかかった。交通＝コミュニケーションがいかに世界を変容させるかを知る橋本にとって、鹿島開発は格好の政治テーマであったにちがいない。

有山輝雄は、福澤諭吉について、「文明開化の原動力を「人民交通」の発達に見ていた」と指摘している。「西洋諸国の文明開化は徳教にも在らず文学にも在らず又理論にも在らざるなり。（略）其人民交通の便に在りと云はざるを得ず」。特定の特産品や生産物よりも、ものが、人が、情報が流れるところに新しいものが生まれるという感覚こそ、潮来に生まれ育った橋本が本能的に持っていた感覚だった。

ただし、福澤諭吉はその「人民交通」＝コミュニケーションを手放しに礼賛していたわけではない。コミュニケーションの活発化が人心を不安定化させ、「社会の騒擾（そうじょう）」にもつながりかねない。こうした矛盾に福澤は終生、意を砕いた（有山：44-46）。

「人民交通」が発展と富をもたらすと同時に、人心の荒廃と社会不安にもつながるという図式は、まさしく鹿島開発に当てはまる。一九八二年に公開された映画『さらば愛しき大地』は、その現実を描いた傑作だ。変貌する鹿島の地を背景に、根津甚八演じるダンプカーの運転手が、秋吉久美子演じる愛人とともに人生の歯車を狂わせていく。監督・脚本・製作を務めた潮来出身の柳町光男は「鹿島開発を批判するための映画ではなく、社会の変化に翻弄される人間の内面や業を描きたかった」と、二〇二二年一一月一一日付朝日新聞記事で述べている。

橋本はこうした矛盾をどうとらえていたのか。橋本はその後、豊かさがもたらすこころの荒廃を強調するようになり、仏教の教えを説くようになっていく。鹿島開発の裏側で、橋本はそうした成り行きを目の当たりにしていた。

潮来に住む橋本の関係者によると、あっという間に工場が建ち並び、税収が日本で最高位となる鹿島、神栖の発展をみて、隣接する潮来町関係者は、しばしば潮来への産業誘致を陳情したという。そのとき、橋本はきまって、自分の故郷にはむやみな開発を持って来たくないと諭していたというから、開発に対するアンビバレントな感情は当然、あったのだろう。

橋本が生まれた潮来旧市街の東側に、浪逆浦と呼ばれる湿地帯が広がる。橋本が生まれる直前、登美が観音様をみたという方角である。戦前から干拓が進められ、農民が入植していたが、設備は老朽化し、改善が急務となっていた。一九六八年夏、住民側から橋本へ陳情が行われたが、橋本は逆に農業の放棄とニュータウン建設構想を持ちかける。最終的に干拓地はさらに埋め立てられ、盛り土された。『評伝』によると、そもそもの埋め立てのアイデアは住民側からのもので、当初は鹿島港建設の浚渫で出た土砂をパイプラインで潮来に持って来るという構想だったという(353ff)。
こうしてできた広大な宅地に、橋本は寺を建てる。工場でも、劇場や文化施設などのハコモノでもない、寺というところに、橋本の思いをみてとることも可能だ。

コミュニケーションとしての交通

一九七〇年一月、第三次佐藤内閣で、橋本は運輸大臣に就任する。結果的にこの就任が彼の晩節を汚す結果につながった。ロッキード事件との関わりが生じたからである(山田:四章13)。とはいえ、まだそれは先の話である。それより、橋本は運輸行政に強い興味を持っていたことに注目しておきたい。

一九六六年一二月二日、佐藤内閣の改造で橋本は建設省を去ったが、佐藤内閣が「人類の進歩と調和」をテーマに、国際的地位の向上と自らの内閣の人気浮揚を狙った「日本万国博覧会」をバックアップする自民党万国博対策特別委員会の委員長に起用された。そこで成功に向け汗を流した経験が、のちに顧問として参加し、地元に花を飾るつくば科学博にもつながった(評伝:178)。

万博対策特別委の委員長として、小松左京がちょっとしたエピソードを書きとめている。「EXPOの顔」として今も残る岡本太郎作「太陽の塔」を含むテーマ展示の総予算の見積もりを約三〇億円とはじき出したところ、通産省側から「あまり正面に大きなものを建てられると、ホストカントリーの日本政府館が目立たなくなる。(略)テーマ展示の総予算はせいぜい三、四億でいい」とクレームを付けてきた。「そんな予算ではとてもテーマ展示はできない」とプロデューサー側が反発すると、もともとテーマなんてものは万国博にはいらないとまで言い放った。

居合わせた橋本がさすがに色をなした。「今のは個人の意見か通産の公式見解か、もし後者なら議事録にとどめて国会に報告する」と語調を強め、発言者は訂正したという。記者上がりで野人と呼ばれた橋本らしいエピソードである（小松：339f）。

展示だけでなく、橋本は万博で、開催地大阪での会場建設、関連道路の整備などはもちろん、参加国の招請などの懸案に包括的に取り組んだ。その経験が、運輸相としての仕事の原点になった。運輸大臣に就任すると、翌二月に大臣の特別諮問機関として学識経験者で構成する特別委員会の設置を決め、議論を進めた。議論は、全国新幹線網の整備、通勤新幹線、鉄道はもちろん道路、港湾、航空など陸海空にわたって二〇年先の日本の交通体系を打ち立てることを目指した（評伝：221）。

橋本はアイデア大臣と呼ばれた。根回し・調整型ともみられがちだが、むしろ思いつきを次々口にするタイプだった。一九七〇年六月にイタリアのフィレンツェで開かれた欧州運輸大臣会議で、イラストを示して巨大組織都市構想をぶち上げ、居並ぶ各国の運輸大臣を驚かせたことがある。

新幹線は当時の最高時速二一〇キロを二五〇キロまで上げる。リニアモーターカーが開発されれば時速五〇〇キロとなる。こうした鉄道、道路、航空網を張りめぐらし、日本列島を一つの組織化された巨大な有機的都市、つまり巨大組織都市にする――というのである。

会議では、東京―大阪間の未来像を示したイラストが話題になった。東京、静岡、名古屋、大阪の四大都市を交通の大動脈としての複数のパイプが結ぶ。東名、名神高速道、国道一号、東海道新幹線などに加え、構想中の第二東海道高速自動車道、超高速鉄道（リニアモーターカー）もある（評伝：225）。のちロッキード事件で逮捕されたときに朝日新聞が出した号外（一九七六年八月二一日付）に掲載された「橋本語録」によると、「巨大組織都市構想は好評。陸上におけるアポロ計画と名づけた」と胸を張ったという。

運輸大臣を辞めてから、自民党の総合交通調査会長、港湾議員連盟会長に就き、運輸大臣時代に路線を敷いた港、海、空を一体とした「総合交通政策」の総仕上げを目指す。

一九七一年一二月、「総合交通政策」の大筋が発表された。①産業と人口の地方分散、国土の均衡ある発展を図るための陸・海・空を総合した新交通ネットワークの確立 ②安全性の確保と公害防止 ③快適な生活環境作りと自然保護――の三つを最重点課題とし、財源措置として思い切った公債の発行、税制改正、民間資金の活用のほか総合交通特別会計の創設の必要性を打ち出している（評伝：231）。

ロッキード事件での逮捕後、まだ衆院議員を務めていた一九七八年の後援会機関誌『西湖』四月号（西湖会創立三〇周年記念号）に、「昭和七〇年目標（橋本私案）21世紀にひらく茨城」の図が掲載されている。県庁所在地水戸は人口一五〇万都市を目指し、郊外各地に学園都市やレクリエーションセンターを設ける。常磐新幹線が霞ヶ浦の東を通って首都と水戸を結び、潮来から県北へ向かう東関東自動車道をはじめ、高速道路網が縦横に伸びる。同誌一九七九年六月号にはさらにアップデートされた「橋本構想図」が登場し、「霞ヶ浦をぐるりと取り囲む観光ドライブ道路を作り、適当なところに自動車も通行できる観月橋をかけ、その真ん中で月見をしてはどうか」と提案している。こうした夢物語は得意とするところであったし、また、そのいくつかは実現させてきたという自負も持っていた。

だが、そのアバウトさは、成田空港問題で裏目に出ることにもなる。

東京新空港問題は一九六二年一一月、閣議で「東京近郊に第二東京空港を作る方針」を決定したことに始まる。当時、羽田空港の過密化が進行し、新しい国際空港の整備が急務とされていた。極東の航空路の中心だった羽田は当時、総面積三五〇ヘクタール（約一〇〇万坪）、滑走路も三〇〇〇メートルと二五〇〇メートルの二本しかない狭い空港であった。運輸省は一九五七年、一〇―一五年先を想定した整備計画を発表したが、需要増大は予測をはるかに超えていた（大坪：15）。『月刊自由民主』一九八四年一二月号によると、羽田の年間発着回数は一九六〇年の六万回に対して一九七〇年には二二万回に達して能力をオーバーすると予想されていた(44)。

だが、航空審議会への諮問もない翌年六月、運輸相の綾部健太郎が浦安沖、建設相の河野一郎が木更津沖の建設案を相次いでぶち上げ、迷走が始まった。それは「新空港の問題がそもそもの初めから政治がらみであり、実力者対運輸省の抗争という様相をのぞかせていた」ことを示すものだった（大坪：9）。

当時は池田内閣。河野は次期首相をもうかがう大物であり、浦安沖案、木更津沖案は実力者同士の怒鳴り合いにまで発展し泥沼化する。そこで浮上したのが千葉・富里ないしは茨城・霞ヶ浦の埋め立て地という内陸部案だったが、暗礁に乗り上げる。対立が続く中、一九六四年一一月に池田が退陣、佐藤が後継に就く。ここで、橋本が官房長官に就任する。

新空港の建設は佐藤内閣にとっても急務であった。内閣発足翌日の一一月一一日、佐藤は運輸相松浦周太郎に「予算関係からも候補地の決定を急ぐよう」指示。さらに河野を新国際空港問題懇談会の座長としてとりまとめを一任する。ところが河野はこれまで名の出た「候補地や羽田拡張案などすべてを白紙に戻す。広い視野で考え直す」と爆弾発言をしてさらに状況は混迷を深める(大坪:24f)。

事態を大きく動かしたのは、木更津沖埋め立て案に固執してきた河野の一九六五年七月八日の急死だった。一一月一八日、関係閣僚懇談会の座長を務める官房長官の橋本は「新空港を富里にすることに内定した。あす閣議決定する」と抜き打ち的に発表した(大坪:28)。

新空港選定プロセスで運輸相を務めた一人である中村寅太によると、霞ヶ浦のボーリング調査で、ヘドロの堆積がひどく、「しかも、底の方には塩分のある水がたまっている。これをかき混ぜると、霞ヶ浦の魚が全部ダメ」になるというので候補から消えた、としている。しかし、社会党代議士の木原実は『文藝春秋』一九七一年六月号で、「ボーリングした当時は、橋本登美三郎官房長官も「霞ヶ浦はいいじゃないか」といっていたし、地元でも「予科練のような軍事基地に使われるより」といって賛成が多かったんです。ところが、空港の尻になる行方郡、ここが橋本の選挙地盤なのだが、ここの住民が、騒音だけがやってくると、橋本にヒザづめ談判をして反対しました。ヘドロでダメということになっているが、それは表向きのことで橋本がぶっこわしたのではないかと思う」と証言している(169)。

当時、自民党政調会長を務めていた赤城宗徳も、霞ヶ浦案は橋本がつぶしたと述べている。「霞ヶ浦案は埋め立てるにしても、ドロが大変だった。（略）霞ヶ浦の北部の土浦の方なら、埋め立ても可能だとわかって、一時は茨城県も誘致を希望しておったね。ところが、土浦は橋本登美三郎くんの地元でね、彼の選挙民が反対した。それで橋本君も反対し、土浦もだめになった」という。赤木自身は、「富里より霞ヶ浦を推しとった。富里は明治のころからの開拓地。そういう土地を飛行場にとられてはかなわぬ、という反対派農民の気持ちはわかる。それで、土浦なんかのほうが、人にも迷惑かけんということで、支持しておったのだ」と当時の入り組んだ情勢を振り返っている（森：28f）。

橋本が当事者の一人としてかかわっていたことには間違いないが、内実について石原慎太郎がさらになまなましいエピソードを明かしている。当時の自民党幹事長は寝業師的政治家の川島正次郎が務めていたが、川島が佐藤に対し、総裁選での協力と引き替えに有力候補だった霞ヶ浦案を断念させたというのだ。「今は亡き橋本登美三郎氏の述懐だったが、佐藤総理に新しい国際空港を登美さんの選挙区のある茨城県の利根川沿いのいずこかに造るから適切な土地を検討しておくようにといわれてその気になり密かに作業を始めていたら、総裁選の前に突然あの計画は千葉県で行うことになった、といい渡されたそうな」。石原の言う事実関係と周辺状況との矛盾も指摘されているが、橋本が新空港をめぐる暗闘の中にいたことは事実だろう（石原：136）。

橋本に特徴的なのは、自説に固執する頑固さや利権を目論む金権臭よりも、大風呂敷を広げる気宇壮大さや、それを即断して反対されるよりむしろ喜んでもらえると信じている楽天性だ。「もともと運輸省は飛行場を造るのに、その地元に頭を下げることなど考えていなかったようだ」（大坪：32）という官僚の傲慢さが、のちのち現在にまで続く成田問題の導火線となっていくが、橋本の〝アバウトさ〟もそうした読み違えの一部を構成していたかもしれない。

一九七一年五月には市長選応援のため成田を訪れ、「ぼく自身も半農半商のせがれで、畑を耕したこともある。農民が土地に執着する気持ちは心の痛みまでよくわかるんだ」と反対派に一定の理解を示した。が、同時に「ただ、(土地を)離れるのは困る、(代替地も)同量同質の土地でなくては困るんだといわれてもしかたないし…。空港はつくらんわけにはいかんから」と言ってしまうのはワキの甘さであり、人の好さだっただろう。これもロッキード事件での逮捕時の朝日新聞号外に掲載された「語録」だ。

官房長官や幹事長時代も含めて、橋本の国会答弁や記者会見にはスキが目立った。そして往々にして「トミさんだから仕方がない」で済まされるし許されてしまう。「これは彼の人徳のなせる得な要素でもあったわけだ」(浅川:52)。水面下の調整や根回しよりも、アイデアや構想力に長け、それが選挙民には必ず伝わるとコミュニケーションの力を信じた橋本は、やはりメディア政治家というにふさわしかった。

よど号事件の陣頭指揮

官房長官を卒業し、再度の建設相時代を経て第三次佐藤内閣で橋本は運輸相を務めるが、その時代の印象に残る場面として、よど号ハイジャック事件でのいきさつに触れておこう。

『評伝』などでは、「驚くべきことは、橋本が現地で重大な方針を次々に決定するに当たって、いっさい政府の了承をあおがずに自らの判断で行った」「ぎりぎり交渉の中で、しかも人命の安全確保を最優先に指揮をとっていたから、事前に一つ一つ本国政府の了承をとっていたら後手後手になり事態の打開はできなくなるという判断と、万が一に本国政府の問題になった場合、責任を一身に背負う覚悟であったからだ」などと、英雄的に書かれている（評伝：219）。ウソではないだろうが、一方で、のちに出版された関係者の手記などでは、英雄というよりもむしろ右往左往する人間くさい側面が印象に残る。

一九七〇（昭和四五）年三月三一日、日本航空機「よど号」（乗員七人、乗客一三一人）が、富士山上空を飛行中、赤軍派に乗っとられた。犯人側は乗客らを日本刀でおどし、北朝鮮へ行くよう要求した。橋本は報告を運輸大臣として参議院予算委員会の閣僚席でうけた。予算委員会の最中とあって、席をはずせず、山村新治郎（運輸政務次官）を急いで着陸地の福岡空港に派遣し、情報の収集と対応に当たらせることにした。

よど号はいったん離陸し、平壌に向かうが、途中、韓国軍機のスクランブル発進によって金浦空港に着陸する。だまされたと激昂する犯人グループをなだめ、事態を打開するために閣僚級の派遣が必要とされ、橋本が現地入りすることになった。

記者会見が開かれた。「手ぬるいと質問攻め／低姿勢の橋本運輸相」の見出しで会見の模様を報じた『読売新聞』四月二日夕刊は、「記者たちは終始鋭い口調で詰め寄り、会見の質疑応答というより、法廷の検察官対被告（橋本運輸相）のやりとりといったふん囲気」「日本政府首脳のこのたよりなさに、外国特派員もいらだっていた」と手厳しい。山村政務次官に、身代わりになってもよいと言っているそうだがと質問すると、山村が「犯人たちがOKすれば喜んで」と答えたのを遮って、「いや、それは私がきめる」と言ったり、冴えた印象はない。

同日午後の日韓会議では、橋本が口火を切り、「乗客の安全が第一で、これ以上長引かせることは得策でない」と、乗客ともども北へ向かうこともやむを得ないとの姿勢をにじませた。これに対し、韓国側は「北朝鮮のいうことをそのまま受けてはいけない。北朝鮮は乗客を仕分けして扱い、一部の人はいつ帰れるかわからなくなる。韓国国民はそれを知っている。もし犯人の要求通りにして乗客を北に持っていかれたら、韓国の国民感情が許さない。ここで乗客を一人残らず降ろしてしまわないと、われわれの権威が保てない」と強硬であった。

山村政務次官が乗客の身代わりになって平壌に行くという案が動き出したのはその後である。結局、その案が通った。

橋本は『履歴書』でこんなふうに言っている。


「日航機ハイジャック事件は、私が運輸大臣の時であった。この時は山村新治郎君(運輸政務次官)とともに韓国の金浦空港へ飛び、現地で総指揮に当たった。出発に際し、佐藤総理と会い「いっさいを任せる」という了解を得て渡韓した。(略)私の第一の任務は、人質となった多数の人命をいかにして救出するかであったから、私は犯人たちの興奮状態をどうやって鎮めるかに意を用いた。人間というものは腹がへったり、まずいものを食わされると余計腹が立つものだ。そこで山村君に「かまわんから、できるだけごちそうを作って、うまいものをうんと食わせろ。アルコール以外はなんでも差し入れてやれ」と指示した。そうして、連日連夜の休みない説得をひかえめにして、犯人に休養を与えることにした。うまいものをたらふく食わせて、睡眠を与えれば、殺気だった気持ちも落ち着くだろう。」（122f）

「ご馳走ぜめ」作戦の実態はどうだったのだろうか。乗客の一人がのちに発表した手記によると、夕方、食事が運び込まれた。日航製ランチボックスだった。犯人の演説が続いていたが、一時中断となった。「ケーキ、バナナ、リンゴ、ミカン、次々と配られるデザートに久しぶりで生気がよみがえった」と手記は記している。

「今でこそユーモアまじりで語れるが、実際には重大な覚悟を固めての指揮であった。私の素朴な懐柔戦法と山村次官の勇気ある行動もあって無事解決した」と橋本は書きとめている（履歴書：123）。『評伝』などでは、そもそも橋本自身が身代わりになる覚悟で、佐藤首相を含む周囲はそれを懸念して絶対に北朝鮮には行くなと釘を刺していたとの記述も目立つ。評論家の宮崎吉政は、「金浦で橋本は、この佐藤の勧告を無視して「自ら身代わりになろう」としたようである。ここで、山村が「私は泣いて大臣に頼んで、私が〝身代わり〟にさせてもらった」そうである」と書いている（宮崎：295）。

事件については、二〇〇二年に当時の日航現地対策本部事務局長の島田滋敏が、よど号の乗客の一人だったアメリカ人の神父が、金浦空港での乗客解放の際ふっと消えてしまい、しかしながらそれを韓国当局がなにもとがめなかった事実について、それは米国の工作員だったからではないかとの見方を示して話題を呼んだ。神父が実はＣＩＡの工作員で、どうしても北朝鮮に行っては困る状況であったことから、米国が韓国政府に圧力をかけて平壌に向かっていたよど号をスクランブルによって金浦空港に強制着陸させ、韓国当局に強硬な対応を取らせたのだとの仮説だ（島田：180ff）。仮にそれが真実とすれば、のちに橋本がことさらに食べものや身代わりの話を強調しているのもうなずける。

山村は橋本と、佐原中学校を引き継ぐ佐原高校の同窓生である。山村家は佐原の米穀商で、代々新治郎を名乗ることになっており、父親も佐原中卒業生として最初の衆議院議員、行政管理庁長官（第二次池田内閣）であった（千葉県立佐原高等学校創立百周年記念事業実行委員会内校史編纂委員会編：216）。

2　情報化社会への着目――哲学としての未来予測

「情報化社会論」「情報産業論」の誕生

橋本のコミュニケーションへのこだわりは、物理的な移動に伴う「交通」だけに対するものではない。言うまでもなく、電気的な情報のやりとり、つまり情報通信に対する興味関心こそ、橋本を特徴付けるものであった。すでに本書でも、戦後代議士になってからの逓信委員会での活躍、戦後の放送産業のゴッドファーザー的な位置づけについてみてきた。それが、戦前の朝日新聞記者としての特性につながっていることも考察してきた。

名文家として、あるいは特定の分野の専門家として、おそらく橋本は今一歩、足りなかった。たしかに橋本は、スター記者であった。読者の注目を集め、中国戦線での取材から帰国した際には講演会などで引っ張りだこになるほどであったが、そこに「深い内容」が欠落していることはおそらく自覚していた。橋本の特ダネの多くは、おそらく福家俊一が明らかにしているように、単に「もらった」宝くじ的なものだっただろう。

一方で、「深い内容」がメディアとしての優劣を決定づけるものではないという発見こそ、橋本が新聞記者生活から得た最大の知見だった。一部の目利きにしかわからない「深さ」よりも、紙面に載るか載らないかを左右するのは「速さ」や「面白さ」「目新しさ」であり、往々にして問題に対する深い背景知識や現地情勢に対する事細かな理解よりも、単に通信回線が確保できているか、派手な見出しが立つかどうかこそが、価値を決定づけるのだ…。身も蓋もないが、メディア社会に普遍的に通用する真実の発見であった。

そうした経験を持つ橋本が、戦後のコンピュータ革命と出会い、そこに分け入っていくさまをみていく前に、まず、戦後における情報社会論がどんなふうに登場し、どのように受容されていったかをおおまかに整理しておこう。

情報（化）社会という言葉についての懐疑的な見方は、もはや定着していると言える。それにあたって決定的な役割を果たした一冊に、佐藤俊樹『社会は情報化の夢を見る』（二〇一〇年）がある。

佐藤は、「情報化社会」を「夢」であるとした上で、こう述べる。「それゆえ、その夢が現実として私たちの前に現れることはない。むしろ「情報化社会」という夢を見ていること、未来の「情報化社会」

を語っているということ自体が、私たちが近代産業社会を生きている、生きつづけなければならないという事実を、何よりもよく物語っている」(32)。とすれば、次に問われるべきは、なぜ夢をみなければならなかったのか、夢をみることによって人々は何を得たのかであろう。

第二次世界大戦の敗戦国日本が高度経済成長を本格化させた昭和三〇年代後半、京都大学人文研究所の教授だった梅棹忠夫が雑誌『放送朝日』にある論文を発表した。「情報産業論」と題するこの論文こそ、われわれが今日もなお当たり前のようにその到来を期待している近未来の「情報社会」という概念を提唱した最初の論文だった(渡辺保史:30)。

情報という言葉は、最初あまり受け入れられなかった、と梅棹は言っている。「情報産業ということばは、じつはわたしの造語であります」と梅棹は言う。「当時は、情報ということばは、なにか戦時中の内閣情報局のようなものとでもつながっているかのように受け取られました。産業スパイまがいのイメージをもたれた。情報ということばは、ニュートラルなものとしては受けとられず、なかなか世間に定着しなかったのです」。イメージ的には「知識産業」という言い方のほうがよかった。米国発の「ナレッジ・インダストリー」という用語が流行し、翻訳として「知識産業」という言葉が出現したからだという。「初期の段階では、情報産業の情報ということばのもっている日本語のイメージがあまりよくなかったために、知識産業のほうがすなおに受けとられた」と梅棹は述べている。

ところが一九六七年あたりから「知識産業」の「情報産業」に対する優位は逆転しはじめ、一九六八年あたりになると、「だいたい、情報産業の勝ちになった」と梅棹は言う。梅棹は理由として、情報社会をつかさどるテクノロジーや機械の発達を挙げている。「情報処理機械、たとえばコンピュータというようなものの飛躍的な発展、そういう変化を背景にして、情報ということばが定着してきた」(梅棹：121f)。つまり、現実が理念に追いつき、追い越したのがこの時期だったとみることができよう。

もっとも梅棹は、情報産業論とコンピュータ産業論との混同を危惧する発言を行っている。「情報産業論の定着過程において、情報処理機械の発展、とくにコンピュータの大発展という現象があり、今日では逆に、情報産業とはコンピュータ産業だという理解がおこなわれるようになってきました。これはコンピュータというものの重要性への理解がたいへんすすんだという事情によるものですが、情報産業はやはりコンピュータ産業ではありません。無関係とはいえないまでも、わたしはコンピュータ関連産業をもって情報産業というつもりはさらさらありません」(梅棹：120f)。「情報産業論」が放送局の刊行する雑誌に発表されたことをみても、梅棹の念頭にあったのは必ずしもコンピュータではなく、むしろマス・コミュニケーションであった。

ややシニカルな独特の論調で情報産業という概念を定義した梅棹の「情報産業論」のあと、学習院大学助教授だった香山健一は一九六八年、『別冊中央公論経営問題特集号』一二月号に「情報社会論序説」を発表した。日本電気社長・小林宏治は「知識産業こそ人類の進歩をめざしつつ、人間性を解放し育成する産業」と述べ、情報産業ないしは知識産業という概念はもはやアカデミズムの専売特許ではなくなった(小林宏治：63)。

日本の情報化社会論が世界的にももっとも早く、独自に現れた議論とする見方は少なくない。社会学者の小林宏一は「世界に先駆けて情報化社会論が打ち出されたのは日本であった」とした上で、それを「西欧近代哲学の肉付けに西欧後進国のドイツが貢献したことに似ている」と指摘している（小林宏一：239）。社会学者の渡辺良智も「「情報社会」という呼称ならびにそれを表す英語の Information Society は、日本でつくられた」と述べている（渡辺良智：5）。

もっとも、情報化社会論の端緒としてしばしば言及されるF・マッハルプ『知識産業』（産業能率短期大学出版部・一九六九年）が一九六二年に、P・ドラッカー『断絶の時代』（ダイヤモンド社・一九九九年）が一九六八年にそれぞれ原著が刊行されていることを考えれば、むしろ同時多発的な思潮であったというべきだろう。

情報産業、知識産業などといった言葉が市民権を得ていく中で、東京電機大学教授を務めていた安田寿明は、ブームの演出者の役割を果たした存在として、林雄二郎、白根礼吉ら当時の著名な情報社会論者を擁して一九六六年一〇月に発足した社団法人「科学技術と経済の会」を挙げている（安田：22）。このうち林は「情報化社会においてはコンピュータリゼーションの進行は、必然的に社会のあらゆる分野におけるいっさいのムダを排除し、もっとも効率的な社会を作りあげることでなければいけない、とよくいわれる。この点に私はまず深刻な疑問を感ずる」と述べている（林：207）。佐藤俊樹はこうした主張について、コンピュータの処理能力を使った「集中制御型のシステム社会のしくみ」への危惧の表明と指摘すると同時に、現実にはそうしたシステム社会こそハイパー産業社会論が夢みた情報化社会の理想だったとしている（佐藤俊樹：222）。テクノロジーと人間とのかかわりについて、急速に議論が深まっていったのもこの時期であった。

日本の情報産業、具体的に言えばコンピュータ産業や半導体産業は、通産省による産業育成策が奏効したことで、七〇年代末期から八〇年代にかけて黄金期を謳歌した。源流としてしばしば、米国から「官民癒着」などと激しく非難された半導体の国家プロジェクトである超LSI研究組合など国策として導入されたさまざまな施策が挙げられるが、さらにその背景に、六〇年代に芽吹いた、わが国独自の潮流とも言える「情報化社会論」の隆盛があったこともまちがいない。

橋本はまずもって朝日新聞の記者出身ということでメディア出身議員と言うことができるが、それ以外にも、メディアとの多面的なかかわりを持っていた。代議士当選後の逓信委員会への所属と電気通信、放送業界とのかかわりは、橋本のメディアへの関心を示すものであり、郵政族のドン的存在におさまったのはその帰結だが、さらに通産省が主導した情報産業育成政策にも深くかかわり、現在も続く情報産業振興議員連盟という組織を立ち上げ、会長として強い影響力を保持した。のみならず、情報産業振興の気運の背後にあったわが国独特の情報化社会論にも強い興味を持ち、月刊誌などでしばしば自らの「情報化社会論」を語ってもいる。

本書はこれまで、橋本は、今固定化しているおおかたのイメージと違って、アイデア重視、思いつき指向の、夢みがちな政治家だと指摘してきた。そうしたアイデア先行型の政治家に、「集中制御型のシステム社会」という理想はどう響いたのだろうか。

東アジアとの連携という理想が戦争によって破綻した後、協同主義という理念を掲げて出発した橋本は、鹿島臨海工業地帯開発など国土開発に邁進し、また運輸相として交通政策をリードする現実政治の中で、公害や成田空港問題、さらには物質主義の台頭や人心の荒廃といった負の側面に突き当たる。橋本は一九六六年一二月、第二次改造佐藤内閣で建設相から外れる。党総務会長、党都市政策調査会長を務めるが、六九年一月、会長として情報産業振興議員連盟を設立する。そこで、情報産業という概念が、経済成長、国際競争という「現実」と、「よりよい社会」「心の政治」という「理念」を統合するアイデアとして立ち現れてくるのである。

ユートピアとして、フロンティアとして

情報社会論がコンピュータの夢と重なりつつ語られた六〇年代の状況について、戦後のコンピュータ産業の盛衰を追ったノンフィクション作家の立石泰則は次のように述べている。

「その頃、「コンピュートピア」という言葉がよく用いられたが、コンピュータが我々人間社会にユートピア（理想郷）をもたらしてくれる、くれるはずだと言う信仰に近い願望がその表現の中には込められていたのではないだろうか」（立石：310）。

香山健一は「われわれは現在、いわば新しいユートピア思想のルネサンスをむかえつつあるのかもしれない」と述べ、A・ハクスレーの『すばらしい新世界』（一九三二年）やG・オーウェルの『１９８４年』（一九四九年）などに象徴されるディストピア的な未来像に別れを告げるときが来たと楽観的な議論を展開した（香山 1967：11ff）。増田米二は「未来のコンピュータ社会はかつてない新しい知的社会を形

成することになるだろう。（中略）この高度大衆創造社会に開化する知的社会は絶えず未来に目を向け、自ら未来を作り出し、そうした未来を着実に実現していく人間集団によって構成され、未来に向ってダイナミックに発展し続ける社会である」と述べ、「これこそ、まさにコンピュートピアというにふさわしいであろう」と高らかに宣言した（増田 1967：170）。

「高度大衆社会が出現した暁には、かつてアメリカ大陸でみられた以上の広大で未開なフロンティアがわれわれの前に開けてくるであろう。それは、おそらく西部開拓時代やゴールドラッシュ時代よりもはるかにスケールの大きい、しかも永続性のあるフロンティアであろう。（略）これから開けるフロンティアはいわば知的な辺境であり、だれの頭の中にも眠っているのである。それを開拓するのはわれわれ自身なのである」（増田 1967：161f）。

こうしたユートピア的楽観論は、資本主義における成長に際して不可欠な存在である「フロンティア」の機能を果たすものとして、戦後高度成長をサポートする役割を演じた。狭小な国土、貧弱な地下資源という不利な条件を克服するための発想の転換として、コンピュータリゼーションそして情報化社会論はその出発点から明確なかたちでフロンティアとして語られていた。

香山のほか武者小路公秀（むしゃこうじきんひで）、加藤寛ら当時の論客が編者となり一九七一年に全二〇巻の規模で刊行された『講座　情報社会科学』（学習研究社）にも、こうしたビジョンは頻出する。電電公社のエンジニアにして情報社会論の論客でもあった白根礼吉は「おそらくはあとたった一つ、人類の挑戦すべきフロンティアとして残されているのは、知的空間のみというのが今日の世界の現実である。幸いにも、この空間にはまだ物理的な制約条件がなく、常に新しいものを求める人類のモチベーションを長年月にわたって、維持してくれるに違いない」と述べている（白根：104）。

ユートピアであれフロンティアであれ、いずれも夢や可能性を担保する機能ということができる。その意味で、情報化社会論は夢や可能性を振りまくことで、具体的な影響を多様な分野に及ぼした。たとえば、この時期に経営への情報社会論の応用がブームとなった。コンピュータを活用した情報処理によって経営を高度化、最適化するという「マネジメント・インフォメーション・システム（ＭＩＳ）」への関心がそれで、一九六七年には財界の有力者によって訪米ＭＩＳ視察団が組織され、それまでの「コンピュータリゼーションとはいうものの、コンピュータそのものに対する社会一般の関心はそれほど高いものではなかった」という状況を変え、「直接的な効果をどれだけもたらしたかは別にして、少なくとも〝ブーム〟と呼ばれるに相応しい話題を提供し、コンピュータに対する関心を経営層にまでもたらした」のだった（立石：455）。

転向とは言えないまでも、「レフトからライト」への守備位置変更を経験した橋本と、新左翼の共産主義者同盟（ブント）を設立しながらその後情報社会論を提唱しエスタブリッシュメントに迎えられる香山との親和性をみることもできるだろう。ひとつの理想が挫折した後に登場する新しい理想としての役割を、情報社会論は果たしたのである。

「コンピュータを使って、社会や経済のあらゆる現象を解明する能力を身につけることができれば、その人間は、これによって彼自身の思考力や創造力を高めていくことができる。そして、このような創造する知性を身につけた人間がマスとして大衆の平均的レベルになったとき、真のコンピュートピアがこの地上に出現する」「このようなコンピュートピアの社会における人間は創造的に思考し、行動することに最大の生甲斐を感ずるようになる」(増田 1967：151)。

橋本が情報社会論に目を向けたのは、まさしくこのようなバラ色の未来像が振りまかれている時代だった。

情報社会論は単に夢物語として語られただけではない。フロンティアとして、あるいはユートピアとしての情報社会論はなるほど夢物語にすぎなかったかもしれないけれども、一方で政策に導入され、予算をつけられ、産業としての育成をめざした現実の事象でもあった。

増田米二は一九六九年一二月二四日付『朝日新聞』で、「アポロ11号が月に行って無事帰ってきたというのに、役所の予算編成など相も変わらず原始的な書類作りで半年がかり…」と、情報化が現実の政治や行政、法律に対しレベルの高いソリューションを供与する可能性について、情報化社会論の専門家としてなかば得意げに述べている。

経営学者の松行康夫は、自動車メーカー・フォードの経営再建のあと米国防長官に転身したロバート・マクナマラが導入したPPBS (Planning, Programing, and Budgeting System／効用計算予算運用法) のシステム分析の例を引き、「行政におけるコンピュータの活用、あるいは行政におけるシステムズ・マネジメント」の導入を提言した (松行：294)。

戦後社会の急速な技術革新は分野をまたいでさまざまな形で語られ、一部は実現し、人々の考え方や感じ方自体を変容させつつあったのである。一九四九年に衆議院に初当選した橋本登美三郎も、そうした理想に共感を示す一人だった。

『情報化研究』一九七五年八月号掲載の鼎談で橋本は、コンピュータに興味を持った原点としてロボットもののマンガや科学小説を挙げている。

「だいたいが私は機械には弱いんですが、しかし、一種の夢は人一倍にあるんですよ。したがって二〇年前から「ロボット」というものに非常に興味を持っておったものでしたから、「科学小説」とか、「ロボット」を中心にした漫画的なものとか…。これは五〇年以上前から、盛んでしたし、いまもテレビあたりにそういうものが使われるわけですね。「夢」というか、一種の「ユートピア」というものに対して、とくに性格的に好きなんですなあ。浪漫派ですな、ある意味においては――。そういうこどもっぽいところがあるんですがね。」(9)

橋本は一九六九年に設立された情報産業振興議員連盟の会長として、通産省主導で進められた国策型の情報産業育成策に強い影響力をふるうことになる。

同議連の会長に就いたのは自らの意欲からのことだったのか、あるいは周囲に担がれてのことだったのか、正確なところはわからない。中心となったのは中山太郎ら当時の若手議員で、橋本は担がれる側だったという証言も残っている。また、素直に考えれば、政治家としての情報化社会論への興味は、前述のアカデミズム発の議論から経済界、そして通産省を中心とする官僚の世界での盛り上がりを受けてのことだったと考えるのが自然である。

ただし、単にテクノロジーの進化と、それを政策に盛り込む機転だけが政治を動かすわけではあるまい。「ロボット好き」という、韜晦めいた言辞の後ろに橋本が隠した青臭い理想も、そこには一役かっていたのではないか。

情報産業振興議員連盟立ち上げ

一九六九年一月二八日、午前八時。自宅で新聞を広げていた山岡剛のところへ電話がかかってきた。竹下登からであった。「今日、情報議員連盟の発会式をする。ついては、君に事務局長をやってもらうから、いますぐ事務所まで来い」（立石：467）

山岡は島根県の出身。四七年、第二早稲田高等学校に入学し、竹下と同じ雑司ヶ谷の学生アパート「長内荘」に住んだ縁で、政界回りのさまざまな仕事を引き受けるようになったとされている（佃：366f）。

「一体何をやるんですか」

「くわしいことはあとで話すから、とにかくすぐに町村会館の木研まで来てくれ」

町村会館というのは、東京都千代田区平河町にある施設で、「全国町村会館」という。その中に「木曜研究会」を名乗る自民党佐藤派の事務所があり、ちなみに橋本の事務所もそこにあった。

山岡が到着すると、部屋には橋本、竹下、亀岡高夫、小渕恵三、中山太郎の国会議員が集まっていて、当日の発会式の打合わせをしていた。「私は、全く話がわかりませんので、ただ黙って様子をうかがっているばかりでした」と、山岡は自叙伝に書いている(山岡 1997:46f)。

ただし、この日正午からの設立総会のことをまったく知らないまま朝、呼び出されたというのもいささか、不自然である。山岡の自叙伝にはバイアスがかかっている可能性がある、と指摘する向きもある。『日本IT書紀』で情報産業創成期の熱気を活写した佃均は、「彼は要するに〝食詰め浪人〟でしてね。最初、橋本登美三郎さんの〝秘書〟ということで姿を現わしたんです。竹下さんとは同郷だったかもしれないが、彼が接近したのは橋本さんでした」という関係者の指摘を書きとめている。実際に、山岡はのちに橋本が慈母観音を祀る潮音寺を開いたあと、関連の出版物を取り扱う慈母観音出版社の社長等を務めている(佃:366f)。

ともあれ、連盟が発足するのは事実だった。テーブルの上に置いてあったのは連盟の設立趣意書。部屋に集まっていた議員たちは発起人で、橋本を除けば佐藤派の若手議員たちばかりであった(立石:467)。

橋本はのちに『情報化研究』一九七五年八月号掲載の鼎談で、設立当時を振り返っている。

「(情報産業振興議員)連盟を作った当時、一応連盟で、なぜこういうものをつくるか、というような意見を私が発表したのです。私も懇意な国会議員が多いものですから、入会する人がいっぱいいたのですが、集まってきた連中が「君は、何やるんだ、産業スパイ防止でもやるのか」と、こういうわけなんだね。全体にその程度の認識だったんですよ。そのときに私が二〇分ほど「今後の日本の産業形態、産業構造から、コンピュータを中心にした産業にならざるを得ない」と――。(略)

みなさんから大いに教育を受けて、一人前まではいかんが、それに近いようなことを偉そうに言ったわけですよ。」(10)

設立総会にやってきた総勢一六〇人もの国会議員にみな、コンピュータや情報社会、情報産業に対して十分な理解があったわけではない。「当時、情報産業論が高揚を見せていた時代であったとはいえ、そうした動きに比較的うとかった政界の人たちが〝情報産業〟という言葉から「産業スパイ」を連想されたことも無理からぬことであったかもしれない」(立石 : 471)。

時の通産大臣だった大平正芳が、メンバーではなかったものの関係省庁のトップということもあり、祝いの挨拶にやってきたが、当時の政治家の中で屈指の知性派とされた大平の頭の中にも情報産業などという言葉はなかった。大平は面食らってしまい、「橋本さん、いつの間にそういう専門語を覚えたのか」「ぼくにはさっぱりわからんから、簡単な祝辞しかできない」といって苦笑いした。橋本は、前掲の鼎談でそんなエピソードを披露している(10)。

山岡は、情報議員連盟の設立の裏話を、こう打ち明ける。「政治家が動き出したのは、昭和四三年の秋頃からだったと思う」。竹下と中山が議員連盟設立の相談をし、会長をだれにするかという問題になって、「それは、やはり橋本先生がいいだろう」ということになった。橋本は、もともと通信行政、電波行政を手がけてきて、その道のエキスパートというべきポジションにあったからだ。それに、当時の首相、佐藤栄作との関係も深かった。

議連は、「もとはいえば六八年七月七日に行われた第八回参院選で初当選を果たした中山太郎が持ち込んできた話であった」と佃は書いている。

地元大阪財界の大物に芦原義重がいた。京都帝国大学を卒業して阪神急行電鉄に入社し、戦時下、電力を統制するために設立された関西配電に転じて、終戦後、常務となった。さらに電力再編で設立された関西電力に移って五九年社長、六六年から関西経済同友会会長を務めた。

中山が相談に行くと、芦原は言った。「コンピュータ業界にはIBMというガリバーが君臨していて、国産メーカーが単独で挑んでもどうにもこうにもならない。こういう問題は議員連盟のようなものをつくって、国会の場で国策として推進するようにしなければダメだ」

その芦原が橋本に話を通した。橋本は意味を理解した(佃:369)。そのころ、橋本は自民党総務会長の地位を離れた直後で、無役の身軽な立場にあった。そこで、会長に就任することになった――という。

中山は情報議員連盟五周年を祝う座談会で、コンピュータとのかかわりについて、こう語っている。

「関西電力の芦原会長が昭和四二年頃「コンピュータについて」という論文のなかで、コンピュータ配置のアンバランスを指摘されたことがありました。(略)私はこれに触発されました。(略)当選後すぐにこの問題にとりかかり、日本電気の小林社長に会い専門的意見を聞き、現幹事長の橋本登美三郎さんにご意見をうかがったところ、「うん、やろうじゃないか。俺もこれを考えていた」と」(倉成、中山ほか:16f)。

橋本は、議連の発足にあたって次のような所感を述べた。

「ただいまの時期は、わが国における情報化社会への幕開けの時代である。この時期にしっかりとした対策をとらなければ、長期的にみていろいろ困難な問題に直面するのではないか。まずハードウエア産業、ソフトウエア産業の強化自立を図ることが第一である。わが国のこの両産業における力は国際的に極めて劣勢であるし、また近い将来、貿易・資本の自由化も避けて通ることはできない。コンピュータ・システムを駆使して、新しい情報化社会への誤りなき展望を切り拓いていくためには、まずこれら産業の実力を培養することから始めなければならない。この基礎の上に立って、私たちはさらに高い段階へと進まねばならない。物価、公害、交通、都市等々の課題の解決のためには、より高次のシステム手法を必要とする。すなわち、ソーシャル・システムへの飛躍を期さなければならない。そして、さらに社会の構成員たる個々の家庭、人びとをも含めて豊かな情報化社会への道筋をたてなければならない」(立石：468)。

この所感について、佃は「この政治家は人を感動させる哲学的で格調高い文章をよく書いた。〔新聞記者あがり〕というだけでなく、思うところがなければ、次のような文章は書けない」とし、「この文言を読む限り、橋本登美三郎という政治家はコンピュータの本質を鋭く見抜いていた」と賞賛している。

そうした見方は業界に共通していたようだ。佃によると、ソフトウェア産業振興協会の理事だった東京データセンターの野崎克己は「橋本さんがいちばん理解が早かった。コンピューターやソフトの技術は分からなかっただろうけれど、産業振興のツボは押さえている、という感じだった」と話していたという(佃：370f)。

設立総会は二八日正午すぎ、東京ヒルトンホテルで行われた。当日の読売新聞夕刊は、「情報産業は電子計算機と通信回線の結合により情報資料（データ）をサービスしようというもので、これからの成長産業といわれる。しかし、わが国では現在、通信回線が公衆電気通信法により電電公社の独占になっているなど問題点が多い」と簡単な解説を加えている。

3　コンピュータ時代の黎明――情報産業振興議連

郵政省vs通産省

政治家橋本登美三郎の幸福は、たとえば放送、通信といったときどきの自身の興味関心が、いずれも時流に即し、大きく化けていったことにある。

情報社会、あるいはコンピュータ産業の爆発的な膨張もまた、幸運として作用した。日立製作所半導体事業部長などを務めた牧本次生（つぎお）は、わが国における半導体産業の黎明を、占領下における連合国軍最高司令官総司令部（GHQ）のメンバーからの日本の研究者に対する情報供与に求めている（牧本：154f）。その後、ソニーのトランジスタ・ラジオに代表される民生品としての電子デバイス分野への進出が、当時軍需・コンピュータ方面を志向していた米国とうまく棲（す）み分けができたせいもあり、日本の半導体産業の離陸につながった（牧本：94）。

その後、コンピュータ（当時は「電算機」）分野への進出が志向された。さらに前述したように、日本ではアカデミズムが先行して情報化社会論ブームが沸き起こった。そうした議論が霞ヶ関の官僚たちに影響を与えるかたちで、通商産業省は一九七一年、知識集約産業の発達を強調する産業構造審議会の答申を世に問うた。答申は、電子立国を目指す基本方針として、その後もしばしば引用されることになる。「刊行にあたって」と題したまえがきで、当時通産省重工業局情報産業室長を務めていた平松守彦は「情報化は、今、始まろうとしており、今後の経済社会のあらゆる分野において情報化が進展していくものと予想されます」と述べた。のちに大分県知事を務める平松は、日本の情報産業育成の唱道者とも言える存在である。

ただし、巨人IBMの存在の前に、日本のコンピュータ分野への本格進出は簡単な道のりではなかった。敗戦から二〇年以上が経過した日本は国際競争において特別扱いが許されなくなってきてもいた。いまだ幼年期にあった国産コンピュータが自由化によってひとたまりもなくなぎ倒されるのではないかとの危機感が、国策としての国産メーカー六社の再編成につながった。

当時の通産省がとった、自由化問題に対する態度は、「内なる自由化、外なる保護政策」とも言うべきもので、コンピュータにもこの路線が適用されていた。しかし、輸入、資本の自由化の圧力は急激に高まり、政府は一九七一年七月に一部自由化を決定、さらに一九七五年末までに全面自由化する方針を決定した。決定は、その後の日本コンピュータ産業のありようを決定づけるものにもなった。国産メーカー六社の「三グループ」（日立・富士通、日電・東芝、沖・三菱）編成と、グループごとの新機種（シリーズ）共同開発計画がきまった（臼井：404）。それぞれの規格の下に開発を進め、巨人IBMに対抗できる国産コンピュータをなんとしても作り上げようとしたのである。

三グループへのとりまとめをめぐって、こんなエピソードがある。

平松守彦が大蔵省に日参し、新型コンピュータ開発のための補助金の交渉をしていた一九七一年ごろだった。平松はなぜか、運輸大臣室から呼び出しを受けた。時の運輸大臣は、橋本登美三郎である。

平松が運輸大臣室に入ると、橋本は一枚のメモを手渡した。そこには「電電公社」と「国策会社」という文字が書かれていた。国策会社の文字の横には、一九億円という数字が添えられていた。

国産メーカー六社を一社にまとめて国策会社を作れば、政府も一九億円を出資するというのである。その上で、国産コンピュータの開発を二社体制で進めるというのが、案の大筋であった。

「電電公社と国策会社一社で、(コンピュータ開発を)やれ」。橋本は要点だけをズバリ言うと、無駄口を叩かなかった、と『覇者の誤算』は描写している(立石:632f)。

やや解説が必要かもしれない。当時、IBMに対抗して国産コンピュータを作り上げる技術力を擁する存在として、電電公社があった。通信事業を独占していた戦前の逓信省の流れを受け継ぎ、電子通信に関してはたしかに民間を凌駕(りょうが)する実力を持っていた。橋本は郵政族のドンであり、かつ電電公社の生みの親と言ってもいいほどの存在だ。一方に電電公社を置き、「その他大勢」の民間メーカーを一社に統合して国策会社にすればいい――。そういう考えだった。背後にはもちろん、郵政省や電電公社の知恵者たちがいただろう。

だが平松にとっては呑めない提案だった。動きが速く、また機敏な方向転換を強いられることもしばしばのコンピュータ産業を、国策会社として国の承認や、多方面の合意を得つつ進めることは不可能であることが目にみえていたからだった。平松は橋本案に対して、即座に反対意見を開陳した。橋本は渋々ながら、とりあえず自説を白紙に戻した（立石：633f）。

平松はのち、田原総一朗のインタビューに答え、当時の胸中を明かしている。「当時、私は電子政策課長（初代）でしたが、国策会社案には絶対反対で、橋本さんはじめ議員の先生方、そして大蔵の連中を説得して回った。各個撃破ですよ。だってコンピュータのように技術革新が速く、形も機能もどんどん変っていく化け物みたいな産業を国策会社にして、大蔵省が給料の末端までチェックし、いろんな役人が入り込むなんてかたちにしたら成長、発展するわけがないでしょう」（田原 1989：78）。

郵政族である一方で、理想を共有し、「話の分かる」橋本は、通産省にとっても不可欠な存在だった。平松は情報産業振興議員連盟と毎週一回〝朝飯会〟を開き、国会議員の先生に対するレクチャーや情報交換を交えた交流の場を設けた。

平松は当時の連盟との微妙な関係を隠していない。「通信回線の自由化問題などでは、通産省と情議連は一種の緊張関係にありました。いっそうの情報化を進めるためには、コンピュータをオンライン・リアルタイムで利用できる通信回線の自由化が必須条件でした。ところが、電電公社は電話回線の開放には反対です。そこでは、橋本さんたちは、電電公社に近い立場にありました。だから、通産省と情議連は一心同体で（コンピュータ政策、情報化対策を）やったわけではない。ただ、コンピュータ産業を育成しなければいけないという点では、橋本さんにしろ、倉成（正）さんにしろ、応援してくれました」

(立石:493f)

郵政省と通産省のせめぎ合いは激しかった。郵政省には怨念めいた思いがあった。戦前、電信電話のみならず航空機や船舶、つまり広義のコミュニケーション全般を統括していた逓信官僚たちは、戦後、「夢よもう一度」という気持ちを抱えていた。

戦前の逓信官僚で、戦後郵政大臣を務めた広瀬正雄は『コンピュートピア』一九七一年九月号掲載の橋本との対談で、「ご承知のように、郵政省は以前は逓信省といっておりそのころは電気、航空、船などを管理しておって、郵政省の仕事は、日常の郵便、電信電話、郵便貯金、簡易保険などと生活に密着した仕事ばかりではなく、文化の先端をいく、より斬新な進歩的な仕事が多かったんです。私が若いころ昭和六年ですが、逓信省に勤めたころ、そのころの仕事は文化、文明の最先端をいくんだということでやっていたわけです。その後、船がとられ、電気がとられ、航空がとられ、公社をとられ、郵便と電報と電話の監督ということになってしまい、非常にさびしく思っていたんですが、こんどこういう電波の通信の進歩がいちじるしいものをみて、データ通信というものが出てきて、しかも、ご承知のように、先般国会で公衆電気通信法が改正になり、電電公社の通信回線をデータ通信に開放するといってもいいような、画期的な措置を講ずることになり、情報化社会に対して非常に重要な役割りを郵政省が果たすことになったことについては、昔の逓信省に帰ったような感じがして、血湧き肉おどるような使命感というものを痛切に感じているわけです」などと、率直な思いを吐露している(67)。橋本は、積み重なった因縁を整理し統合する立場にもあった。

情報通信省構想――縄張り争いを越えて

橋本を郵政省の利益代表者であり守護神とする見方は、当時支配的だった。田原総一朗は『現代』一九八五年五月号で「郵政の縄張りで、電波つまりテレビ・ラジオは田中角栄ですね。そして電気通信は橋本登美三郎と、二人が分担してきた。かつては電波の方が段違いに華やかだったけれど、いまになってみると電気通信の方が大きい。橋本さん、先見性があった…」と述べている（125）。

通産省では「データ通信」という言葉は禁句であった。その言い換えとして「オンラインによる情報処理」という表現をしていた。〃通信〃は法律で国内は電電公社、国際間はＫＤＤの独占、管轄は郵政省とされていたから、通産省はかかわれない。ところが、「オンラインによる情報処理」ということであれば、これは産業政策の問題となる。

未来の基幹産業の主導権をめぐって、両省のつばぜり合いは激しかった。その中にあって橋本は「郵政・電電に非常に理解があって、通信業務は一元的に郵政・電電が握るべき」だと主張し、郵政・電電公社の「頼りになる防禦壁」だと官僚側からみられていた。「その橋本さんの力がロッキード事件で失われた。すると、それを待ちかねたように、回線開放の大合唱が起き、まるでそれに呼応するかのように、アメリカが資材調達開放を要求しはじめた」。一種の陰謀論である（田原 1981：238f）。

もっとも橋本は、単純に開放反対、電電公社保護を訴えるだけの政治家ではなかった。むろん、現実の複雑さにそっと自らの利権を紛れ込ませるということはあっただろうが、少なくとも正面切っては、郵政とは距離を置くことも多かった。『コンピュートピア』一九七一年九月号の対談で「これからの郵政行政とからめた情報産業の基本的なあり方というもののポイントは、どこにおかねばならないとお考えですか」と尋ねられ、橋本は「これは根本的には郵政行政ではないわけです。電信電話事業は郵政省所管であったから暫定的に扱っているが、質の違ったまったくの別問題」と答えている。「日本では電信電話事業は、国の独占事業になっているし、この通信回線を別に作ることはコストも高くなるし、できている通信回線を使うということですが、郵政省、公社に考えてほしいのは、データ通信、タイムシェアリングについては、電話回線のあい間に使うんだという思想をなくさねばならないということです」と、むしろ郵政、電電公社に注文をつけている。コンピュータ産業の重要性は「単なる物の価値の売り買い、もしくは貿易ではなくて、その国のもっている知識の価値をいかに決定し、これを高揚していく」ことにあるという持論から導き出された結論だった。「いわゆる電子頭脳といわれるものを、第三国に支配される状態」にしてはいけない「この点のつかみ方が産業界あるいは政府にも弱いと思っているんです」と、橋本はかなりの熱を込めて力説している（71ff）。

情報産業振興議員連盟が発足した最初の年の活動記録をみると、加盟議員たちは猛烈に勉強した。六八歳の会長が率先して会合に出、泊まり込みの合宿に参加するのだから、ほかの議員たちもおちおちしていられなかった。

中山太郎が回想している。

「橋本先生は大変に意欲的で、今でも忘れもしませんが、霞ヶ浦の宿屋で泊まり込みで勉強会をやりまして、（略）優秀な官僚を活用しまして、実に活発に政策を練ったものです。科学技術議員を標榜したのは私一人だったと思いますが、考えてみるとみな出合ですね。芦原さんに、橋本先生に、出合ですよ。（略）今想いますと、業界はよくなったし、国も栄えたし、私たちは一つの歴史を作ったと思いますよ。」（山岡 1992：29）

一九六九年の連盟の活動をまとめた一覧表がある。戦前からの橋本の盟友で、「日本民党」をともに立ち上げた同志である古沢磯次郎が保存していた「情報産業振興議員連盟月報No．1」の中にあるもので、たとえば四月の予定をみると、四日には午後零時半から警察庁電子計算機室、午後一時半から通産省データセンターをそれぞれ見学。五日には九時から党本部で七省庁連絡会議。一一日には通産省審議官を招いて産構審情報部会の中間答申についてのレク。一二日には日本電子工業振興協会会長を務めていた日本電気社長の小林宏治をはじめ、富士通や日立製作所の幹部らが出席して「民間側からみた情報産業の問題点」という勉強会。さらに週明けの一四日には三班に分かれてNEC府中工場、富士通川崎工場、日立製作所秦野工場をそれぞれ見学している。その後も、連日のように予定が入り、極めて活発な活動が行われていたことがうかがえる（古沢磯次郎関係文書：564）。

橋本は情報産業振興議員連盟を超党派にしようとしていた。当時、野村證券の社長だった奥村綱雄が「原子力委員会あるいは宇宙開発委員会などと同じように、『情報産業委員会』という行政委員会を作っていただき、担当大臣をお考え願いたい」と提言した。奥村は、「コンピュータの重要性に早くから気がついていた」一人だった。「奥村の提言を受けて、橋本は国務大臣という手法ではなく、ひそかに「情報通信省」という新しい官庁の設置を考えた」という。

「総理大臣の任命で国務大臣を置くことは可能だが、野党の賛成を得て国策としたい」と橋本は野党にまず議連への参加を呼びかけた。だが野党は「大企業を強化する方策に手を貸す必要はない。それに、自民党の佐藤派が作った議連に、のこのこ参加できるか」と考えたのだった。「橋本の構想はここで潰えた」と佃は指摘している(佃:373f)。

単純な理想だけで動いていたわけではない。田原は、平松に直接当時の事情を聞いている。一九七一年当時、日本はアメリカから輸入と資本の自由化を強く迫られていた。が、コンピュータ関連はいわば最後の砦として、自由化から外すことになっていたという。「ですが、事態が変わりましてね」。自由化の例外業種として守られるはずだった電子計算機業界は、当時の首相、佐藤栄作が通産相の田中角栄に指示し、一転して自由化が必至となった、というのである。理由は、佐藤によるバーター取引であった。田原は、「沖縄返還と日米繊維交渉のからみで、コンピュータの自由化を阻止出来なくなった」という別の通産官僚OBの証言を記している(田原2005:405)。橋本はそうした佐藤政権が抱える難題全体に関与する立場にもあった。

情報化の哲学

郵政族のドンであり、通産省がめざす国産コンピュータ産業育成の旗振り役でもある…。対立する利害関係の間にたち、しかも単に足して二で割るだけの調整にとどまるのではなく、みずから専門家たちと対峙してリーダーシップを発揮していくためには、〝哲学〟が必要だった。

橋本は、情報化社会論あるいはコンピュータリゼーションを手放しで賛美するわけではなかった。感覚的ながら、たとえば前にもふれた『情報化研究』一九七五年八月号鼎談で示した「コンピュータというものには限度がある。結局、人間が中心であると同時に、コンピュータに対するデータをいかに正確に、もう一度セレクトするべきものがないかどうかと、それを吟味しなければわれわれの政治とか、社会のうえからいえば、コンピュータというものは、かえって大きなマイナスをもたらす」などの言葉を〈哲学〉と呼ぶことも可能だろう(11)。

新聞経営に関する業界誌『新聞経営』一九七〇年九月号に、「最近「情報化社会」という言葉が流行語のようになっていますが、(略)自民党きっての専門家としての橋本さんはどう考えますか」と尋ねたインタビューがある。橋本は「一概に情報化社会といっても範囲が広すぎるが、各方面の専門家がいうように、現代は情報化社会への準備時代、あるいはすでに情報化社会が育成され、急速な展開を示そうとしている時代といえるのじゃないですか。その意味では、新聞も変化して来たし、変化せざるを得ない状況にあるといえましょう」(20)と答えている。

いわば、最も早い電子新聞論である。インタビュアーは朝日新聞の編集委員。しばし耳を傾けてみよう。

「このさい、新聞にアドバイスしたいことは、将来何が新聞企業の行く手を妨げるものになるか、新聞社自身がもっと考えて、その対策に積極的に取り組む必要があるということなのですよ。問題の第一は、なんといっても労働力の面でのゆき詰まりだ。だんだん配達制度の維持もむずかしくなってくるだろうし、新聞社内部の労働力にしても、同じように確保することが困難になるだろう」。

橋本はこう指摘した上で、テクノロジーをもっとどん欲に取り入れるよう提言している。脳裡には、自らが戦時下の中国で最新鋭の携帯型無線機を開発した記憶があったにちがいない。

「一部の新聞社では、電送写真型のものを開発しているだろうが、思い切ってもう少しそうした技術革新を生かす方法を考えるべきでしょう。そうしたことを新聞社自身が考えて、いかに合理化し、新しい需要に即応するか、その努力がなければ、やがてはテレビその他新しい情報メディアに先を越されてしまうだろう」(24)。

橋本は、メディアにおけるテクノロジーの持つ意味に敏感な政治家だった。

情報産業振興議員連盟が設立された一九六九年が、国会議員にとってひまな年だったというわけではない。むしろ逆だった。当時は「断絶の時代」とも言われた。ベストセラーになった、米国の経済学者、P・F・ドラッカーの同名の著書からとったものだ。

断絶の時代は深刻な対立の時代でもあった。スチューデント・パワーはその象徴だった。一九六八年四月には日本大学で多額の脱税が発覚し、日大闘争が始まる。東京大学では新左翼系の学生が安田講堂を占拠し、東大安田講堂は全国の大学闘争の象徴となった。情報議員連盟の設立総会が開かれた同じ月には、政府は八〇〇〇名を超える機動隊を出動させて、占拠していた学生の排除に乗り出した(立石:474)。

橋本は、「情報化時代と政治の責務」と題した講演で、ドラッカーの『断絶の時代』を取り上げている。橋本は、ドラッカーが説いているのは価値の変化である、と述べ、「従来の社会は価値の尺度を「もの」においた。つまり価値というものを「もの」の尺度で計算していたのが、ドラッカーや、未来学者、あるいは情報化社会を研究している人たちは、「もの」の価値に加えて「知的価値」「知識」をより重視するようになっている。価値の判断が「もの」から「質」の基準に変化して来ているのである」と説く（水戸っぽ：207）。

その上で、「情報化社会においては、人間の感覚に変化が生じて来ている」と述べている。コミュニケーションの発達、とくに電子メディアの発達によって、「人間が、だんだんに「考える」ことから、肌で感ずる感覚意識の方へ傾斜していく傾向が強く現われている」と指摘している点は興味深い。新聞記者から政治家となり、その活動の中でテレビの発達を文字通り演出してきた橋本は、メディアの変化がもたらす人間の感性の変化に敏感だった。思考型人間から感覚型人間へという現象が生れてきている、と橋本は言う。「われわれ政治家は、そうした世の中の変化、つまり価値の変化や、人間そのものの変化にいつも眼を向けていなければ、国民に対して説得力を失い、また国民を把握する力を失う」。情報産業とは「産業社会だけの問題のように思われ勝ちだが、そうではなくて、政治の問題なのだ」と橋本は言うのである（水戸っぽ：207ff）。

橋本はしばしば「接点の理論」というたとえ話をした。いわく、「テレビをみていても小さな画面にアップの構図が大変に多い。それはテレビという限られた画面の中での表現方法という意味もあるわけだが、これを視る人たちは、全体をマクロ的なとらえかたでなく、一部分をミクロ的なとらえ方をする傾向が強くなる。とくに若い人は感覚的にミクロなとらえ方が強くなって来ている」テレビのように視覚的なメディアが発達してくると、現代人のものの考え方受けとり方が感覚的になってくる。理論的に考える前に、感覚的にものをとらえる傾向が強くなってくる。こういうのである。

当時、ミニスカートが大流行していた。「接点の論理」によれば、絵やテレビをみていても、人間の眼はどこへ注目するかというと、異質なものの触れ合うところへ行く。これは女性へのまなざしにもあてはまる。女性をみる場合どうしても人間（男性？）の眼は、スカートと脚の接点のところへ行く。ミニスカートがさらに短くなって、ミニミニになってくると、眼もだんだん上にいって、太い脚もあまり太くなくみえる。これがミニの美学であるというのである。

今では失言に属する類の発言だが、あえてメディア論的に考察すれば、橋本は女性の脚が太いか細いかという「内容」よりも、それがミニスカートというメディアによって「どう伝わるか」に興味を持つメディア政治家だった。そして、「これからの人間は、すべて感覚的にミクロなものの見方をする傾向が強まり、深くものを考えずに、すぐに行動に移る傾向を持ってくる。その善悪は別として、われわれ政治家は、政治や行政、あるいは教育の問題を考える場合、どうしたらこういうタイプの人たちと意志の疎通が出来るかということを考えなければならない」と、現代メディア社会の帰結にも思いを馳せていた（水戸っぽ：210f）。

第六章

絶頂と転落（一九七一―一九七四）

受託収賄容疑で出頭を求められ東京地検に向かう＝1976年8月21日（毎日新聞）

「七四年、月刊「文藝春秋」が、角栄の金脈と女性問題を取り上げた。この二本の記事で、世のサラリーマンたちの恨み節は、さらに膨らんだ。

そんな時に、角栄は巨額の賄賂を受け取っていたとされたのだから、国民の怒りは、すぐに沸点に達した。

一億総中流と言われて、不満を腹に溜め込んできた日本社会に渦まいた、この時の世論の破壊力は、ロッキード事件が語られる時、なぜかいつも見過ごされてきた。

だが、この現象は、日本が民主主義国家になった証であり、民主主義の怖さを示す好例でもある。

世論が突然コントロール不能になって、社会を突き動かし、誰も止められなくなるような事態は、あの時が最初で最後であるという保証はない。」（真山仁『ロッキード』文藝春秋・二〇二一年）

1　裏切りの報酬——自民党幹事長という権力

角福戦争

佐藤内閣は七年八ヵ月、二七九七日の長きに渡ったが、一九七二（昭和四七）年七月六日、退陣の日を迎えた。その日の約一年前からポスト佐藤をめぐって繰り広げられた権力闘争は、戦後の政局史の中でも語り継がれる激しさとなった。そこで、橋本は重要な役割を果たした。

中心軸は田中角栄である。後継選びがすんなりいかなかった最大の理由は、「池田（勇人）も佐藤（栄作）も田中角栄が総理の器であるとは思っていなかった」からだった。佐藤ははっきり福田赳夫を後継者として考えていた。「にもかかわらず、田中角栄はこの佐藤の目の前で総理の座をわしづかみにするのだ。これほど奇妙で、これほど不思議なことはない」。池田の秘書を務めた伊藤昌哉はそう書いた（伊藤昌哉：46）。

池田、佐藤と続いた官僚出身の宰相に、世論は飽いていた。田中は国民の期待の受け皿になり得る存在であった。が、佐藤は露骨に田中外しを仕掛けた。

発端は、一九七一年七月五日。佐藤首相は党三役を改選し、同時に内閣も改造した。最大の眼目は田中角栄を幹事長の地位から外すことであり、福田に後継者としての資格を準備させることであった。改造で、田中は幹事長から通産相になった。幹事長には保利茂が座った。「人事ほど、首相の肚(はら)を端的に物語るものはない。佐藤が田中を総理としての器と見ていないことは明らか」だった。田中角栄はこのことを痛いほど感じていた、と伊藤は言う（伊藤昌哉：52）。

朝日新聞の政治コラムニストだった早野透は、田中はかなりな程度、佐藤と肩を並べているつもりだった、と述べている。田中曰く、「佐藤はおれのことを独断専行だというんだが、結局、おれのいうとおりになるんだ。佐藤とおれがそっぽをむいて座っていると、橋本登美三郎が「もうけんかはすみましたか」と入ってくる」（早野：174）。

翌年一月五日、佐藤首相は福田、田中ほかを伴って日米首脳会談のため羽田を出発した。その訪米は、次の首相の座をめぐるつばぜり合いを白日の下にさらすものとなった。

伊藤は、田中と盟友関係にあった大平正芳から聞いた話を書きとめている。田中は大平にこう語ったという。「佐藤は静かに退陣すればよいのだ。この局面で佐藤が主導権を行使すれば、つまらぬことになる」。さらに、「佐藤派の最大限は、おれが取った」と言い、「橋本登美三郎、木村俊夫などはこの中には入れてはいない」と付け加えた。橋本も木村も、佐藤派の大物で、堅い忠誠を誓っているとみなされていた。この証言によれば、この時点ではまだ、橋本は田中には付いていなかったことになる（伊藤昌哉：58）。

だが、橋本は大きく動く。

「一目ぼれだね。佐藤のためには死んでもいい」。そう言ってはばからなかった橋本は、七〇歳を越えて大勝負に出た。佐藤の指示に背くのである。

三月中旬、田中角栄は佐藤派内にあからさまに手を入れた。それでも三分の一ほどは田中になびかなかった。疑心暗鬼が渦巻いた。

伊藤はこんなたとえ話をしている。ワンマン社長の佐藤に部下の田中が反旗を翻した。ワンマンが「社員を動かそうと思っても手がかりがない。現在の人事部担当専務（保利茂）を使ってもせいぜい社員の三分の一しか動かせない」。だが、反旗を翻した田中系の人々にしても、佐藤の恐ろしさは身にしみている。だからこそ、いったん逆らった自分たちはもはや田中に付いていくしかない。会社は「痙攣し硬直した状態だ。だれもが押し黙り一言も外部には喋らないが、内部の者同士は互いに反目し、対抗し憎しみ合う。そういう異常な状態が続く」（伊藤昌哉：70f）。

四月下旬、大平は伊藤に、田中・大平連合を目の敵にする佐藤が締め付けを強めていることを口にした上で、「田中角栄はこれから屠殺場につれて行かれるだろう」と話したという。戦国時代と違って、現代の権力闘争は、命までは取られない、ということになっている。しかし、伊藤は「国民の目に見えないところでの、田中と佐藤との孤独な死闘は、心理戦の形で間断なく行われていたはずである。のちに佐藤は〝新喜楽（築地の料亭）〟で倒れ、ついに不帰の客となったが、田中角栄はこの時、最大の脅威（佐藤前首相）から解き放たれて、はじめて青空をのびのびとながめることができたのではないだろうか」と、権力闘争に命をかけた者たちの内面を推し量っている（伊藤昌哉：76f）。

橋本はいつごろ動いたのか。読売新聞の政治部記者だった中野士朗は「田中が二階堂進、西村英一、橋本登美三郎、愛知揆一、木村武雄、植木庚子郎（こうしろう）の佐藤派長老六人に、立候補の意思を打ち明けたのは、二月」としている（中野：68）。評論家で、早稲田時代からの親友でもある宮崎吉政が耳にしたところによると、正月ごろ橋本は「俺の方も若い候補者を考えているんでね」と、田中をかつぐ意思をみせていた。相当早い時期から橋本は田中でいく腹を固めていたことになる（評伝：236）。

通常国会終幕近い五月九日、田中は「木村武雄の名で、衆参両院の佐藤派議員八一人を一回だけ集めてみせた」。田中派の正式な旗揚げであった。佐藤派は分裂した。だが、佐藤派は両院で一〇二人だったし、うち橋本、愛知、さらには田中自身などは集まった中に含まれていないのだから、田中派は圧倒的多数であった。その勢威を「党内外に示すのは一度だけで」よかった。しかも旗振り役は、「元帥」のニックネームでご意見番をもって任じていた木村——。綿密な上に綿密な進行であった（中野：68）。

その後まもなく、橋本が国会内の自民党幹事長室に立ち寄った際のことだ。時の幹事長は同じ新聞記者出身の保利茂。保利は田中に派内をかき回され、こともあろうに佐藤派会長の橋本がその片棒を担いでいるのを苦々しく思っていた。保利は幹事長として総裁・佐藤の意を受け福田の線で動いている。保利は「アレ（九日の会合）は何だ」と切り出した。

保利の口調にトゲを感じ取った橋本は受け流さず、「アレとはナンだ。あの日の会合のことは、当日聞かされたくらいで関係ない」と切り返した。そもそも橋本は、かたちとしてはということだが、会合には出席していないのである。「双方とも新聞記者上がり」、上品なタイプではない。「口角泡を飛ばしての大激論となった」。

同席していた副幹事長らはあまりの剣幕におそれをなして退室した。保利は春の叙勲で「勲一等旭日大綬章」を受章し祝賀パーティーの案内状を印刷する段階まで進んでいたが取りやめとなった（評伝：244）。

伊藤は、「「それにしても田中のやり方は凄い」と正直のところ私も心中舌を巻いた」と書いている。「佐藤に文句をつけられないよう、少しずつ少しずつ前進する。おかしいな、おかしいな、と佐藤が感じている間に、ある段階にくるとパッと展開する。佐藤が押し返そうと思うと、押し返したことのマイナスの方が大きいことに気がつく。佐藤が対抗策を考えている間、田中は恭順の意を表している。忘れたころ田中はまたパッと展開する、そのときはもう前回の展開は既成事実となってどうしようもない。こういうやり方だ」（伊藤昌哉：78）。

浅川博忠は、橋本の寝返りは、若手に人望のあった橋本を抱き込めば一気に多数派工作で優位に立てると踏んだ田中の必死の説得によって生まれたとしている。「とにかく橋本を抱き込むのは竹下らの中堅若手の後輩たちを一網打尽で引き抜くことに通じるわけだ。田中は猫撫で声で必死になって橋本を口説き落した。自分よりも一七歳も若い田中の懸命な姿に、人情家の橋本は今度は同志・佐藤が福田支持であるのを承知しつつ、苦悩の結果、田中支持を決断するのだった」（浅川：50f）。

だが、橋本はそんなにお人好しだったのだろうか。そうであれば、とても佐藤の桎梏（しっこく）から逃れ得たとは思えない。やはりそこには、佐藤政権の中で重用されては来つつも、常に競わされ、冷徹に査定され続けてきた苦い記憶が作用したのではなかったか。それが、一世一代の決断につながったのではないか。それがたとえ、裏切りという決断であったとしても…。

橋本は『履歴書』で、田中の総裁選出馬について、「けじめははっきりしとったですよ。角さんが呼ばれて「君は若いから今度はひとつ…」という話だったが、その前に、（略）「将来、自分は総裁選挙に出る。しかし、あなた（佐藤）がやっている間は最後まで阿修羅になってやりますよ」ということだった。そういうことが一つ前提にあったから」、出馬を断念しろと言われても筋を通したのだ、と説明している。「それと、一般の空気も〝党人総理〟を出したいという希望が強かった」（履歴書：193f）。もちろんそれはそうなのだが、実態は食うか食われるか、生きるか死ぬかの権力闘争であることも間違いなかった。

橋本はいったんこうと決めたら、迷いはなかった。佐藤派内の田中支持グループの座長となり、総裁選に向けて多数派工作の陣頭指揮をとった。

「忠臣トミさん」が田中支持に回った効果は大きかった。佐藤派の若手が雪崩を打って田中支持に回る大義名分がしつらえられた。田中が正式に総裁選立候補を表明した六月二一日、ニューオークラでの事務所開きで橋本は「佐藤総理も田中当選を心から喜んでくれると思う。角栄の栄は栄作の栄、精神も同じ」と述べた（中野：70）。うそぶいた、と言ってもいいだろう。

七月、自民党大会で二回の投票の結果、田中が総裁に選ばれ、田中政権が誕生した。裏切りの報酬は、申し分のないものだった。橋本は、「最重要ポストである党幹事長として処遇された」（浅川：51）。

国民は庶民宰相田中の誕生を熱狂的に歓迎した。「佐藤政権に人心は飽き飽きしていて、五〇代という若い保守政治家の出現」に喝采を送った。「小学校しか出ていないそうだ」「東大でのエリート官僚を縦横に使いこなすらしい」。世論調査に現れた内閣支持率は六八％（朝日新聞）と吉田内閣の支持率を抜いて史上最高となった。

元池田の側近として、今は大平正芳に付いている伊藤は、田中人気を苦々しい気分で眺めていた。田中政権誕生に協力した大平は、派内から「幹事長をつかみ取れ」という期待をかけられながら、その座をやすやすと橋本に奪われていた。伊藤は書いている。「田中角栄の実態を多少なりとも知っている私にとっては、このことがますますいやなものとなってしまう。「大衆とはなんとお人好しなのだろう」と奇妙な感じになる」（伊藤昌哉：92）。

保阪正康によると、「田中は他のこれまでの首相とは違い、自らに忠誠を誓う人物、あるいは支持を明確にする人物のみを重用することで、反対する派閥を徹底してしめつけると宣言したに等しかった」。だが国民の目には、田中はあけっぴろげで気のいい首相だとのイメージが広がっていった（保坂：260f）。

開放的で庶民的なイメージの補強に、橋本も一役かった。橋本は幹事長就任の際、ノホホンと「ごらんの通りだから。足らざるところは総裁が補佐してくれるだろう」と言ってのけた。その言いぶりは、佐藤内閣初代の官房長官就任の際、「総理は官房長官の足らざるところを補う。これ一心同体なり」と言った過去を想起させた。木村武雄は「トミさんはカクさんの羽根布団。福田陣営との緩衝地帯にもなるし、カクさんが疲れると、横になって休むこともできる」と評した（評伝：243）。

日中国交正常化

田中内閣の最大の業績は、日中国交正常化である。そして、その後燃え上がる金権政治批判であっというまに危機に立たされる田中内閣にとって、最初の業績を超える得点はついになかった。

幹事長を受けたとき、橋本は言ったという。「カクさんと話した。田中内閣は何をやるのか。日中問題をやろう。これが田中内閣の目玉だ。これが成功したら解散をやったらいい」。二月、ニクソンが訪中し、上海コミュニケが発表され、日本に激震が走っていた。新時代にどう対応するのか、喫緊の課題だった。橋本は表舞台には出ない。担当するのは、新台湾派を中心とする党内の反対勢力の説得、押さえ込みであった（評伝：245f）。

日中問題は田中内閣発足前からすでに新政権の最重要課題であることが決まっていた。総裁選を前に、七二年七月二日に結成された田中、大平、三木三派連合で、日中問題が取り上げられていたからである。三派連合は事実上の「反福田」連合だった。田中、大平、三木は合同記者会見し「中国問題については、中華人民共和国政府が中国を代表する唯一の正統政府であるという認識のもとに、この政府との間に平和条約の締結を目途として交渉する」と三木が説明した。政策合意は、「三人の中から政権担当者が出た場合、新政権の性格を拘束」するから、避けて通れなかった（評伝：251）。

対中政策は混迷を極めていた。佐藤内閣のとき、対中国関係打開への裏工作として、保利茂による「保利書簡」が物議をかもした。中国の首相、周恩来にあてた同書簡には「私は由来中国は一つであり中華人民共和国政府は中国を代表する政府であり、台湾は中国国民の領土である、との理解と認識に立って居ります。同時に我が日本国は飽迄（あくまで）平和国家福祉国家としての大道を踏まえ、余力を亜細亜に貢献する方策を探究実行すべきであり、況（いわん）や我が国を再び軍国化するが如きは断じて排除すべきであると確信いたし、又その危険と懸念は無用であると確信いたします」とあった。当の保利は〝ニクソンショック〟の産物である、と釈明した（保利：130）。

また当時、外相の福田赳夫は「日中関係の正常化に政府は熱意がない」という野党、自民党内のハト派からの突き上げに対し、「アヒルは水面に首を出してじっとしているように見えるが、水の下では激しく水かきをしている」と述べ、政府が努力していることを強調した。「アヒルの水かき論」と喧伝（けんでん）されたが、言い訳の感はどうにも否めない。

これらに比べると、橋本は明快だった。橋本は親中派、と言っていいだろう。それは、朝日新聞時代に中国大陸を飛び回った〝国際派社会部記者〟としての経験、さらには日中の若者たちの連携をさぐった早稲田時代の大陸遊説の経験と結びついている。

佐藤内閣発足早々の一九六五年二月、官房長官として「吉田書簡は関知しない」と言ってのけ、佐藤首相からこっぴどく怒られた伏線は、ここで回収される。「僕としては官房長官時代から日中友好はやらなきゃいかんと思っていた」と橋本は言う。「吉田書簡は関知しないと言ってだなあ、佐藤内閣の時にも日中友好の端緒をつかみたかったんだよ。沖縄返還の時にも、（安保条約上の極東の安全に関する〝台湾条項〟などがあったが）対中国関係については、日本（の立場）は米国とは違うとしておいた。いずれ近い将来、佐藤内閣も日中友好に取り組まなければならんと考えていたからだ」「佐藤さんはアヒルの水かきを十二分にやってからという考えがあったのだろう。それなのに先走って何だいというわけなんだろう。しかしどこかでショック療法をせぬ限り方向転換は生まれない」（評伝：255）。発言は確信犯だったと告白したことになる。

新幹事長として各新聞社のインタビューを受け、「日中解決、決断の時期。政府レベルで交渉、首相が北京訪問も」などと歯切れ良く答えた。時期はいつごろとの問いには、官房長官時代の「吉田書簡は関知せず」発言を引き合いに出し、あれは「早すぎて失敗した。しかし、もうアクションを起こしてもよい。（略）これまでは少し臆病すぎた。田中首相も決まったものに署名しに行くのではなく、自ら出かけて決めればよい。これからは総理外交の時代だ」と語った（評伝：257）。

田中、大平が北京に飛び、ギリギリの交渉をまとめ上げた劇的なシーンは歴史に残っている。一方で、台湾との断交も、厳しい交渉となった。橋本が幹事長として、空港で訪問団の出発の見送りに行く映像が残っている。茫洋とした橋本が、いつもらしくなく、おどおどとした挙動を示しているようにみえる。日中国交正常化の共同声明の調印式は二九日午前一〇時一八分（日本時間同一一時一八分）から北京・人民大会堂の「東大庁の間」で行われ、「両国の首相、外相がそれぞれ共同声明に署名、声明文を交換し固い握手をかわした」（評伝：275）。

中野士朗は、大平や保利らの、歴史観を踏まえた「懐の深さ」と、ドライな田中の「単純さ」がうまくからみ合った結果が、日中国交正常化の成功だったとしている。そこに、大陸に夢を馳せた若き日の思い出を胸に秘めた橋本も一役かっていたと考えても、あたらピント外れではないのではないだろうか。

アイデア縦横の紙爆弾――選挙には弱かった

自民党幹事長と言えば、権勢を極めた地位である。最大の使命は、選挙に勝つこと。だが、橋本は選挙にはあまり強くなかった。

一見意外に思える。自身の選挙については、橋本は盤石（ばんじゃく）の体制を築き上げていた。一九四九（昭和二四）年一月の第二四回総選挙での初当選をトップ当選で飾ったあと、戦前組のカムバックや保守合同への不参加に伴う無所属出馬などのため、第二五回（一九五二年）には最下位、第二六回（一九五三年）は二位、第二七回（一九五五年）は最下位と足取りがふらついたが、一九五八年五月の第二八回からは一九七二年一二月の第三三回までトップ当選を重ねている。

一二月一〇日、第三三回総選挙が行われた。自身は「楽な選挙」だった。だが、それはよくみると、一般化できない方程式によって組み立てられた特殊な仕組みだった。山田真裕はそれを「説得的権力」と指摘している。橋本は、人事やカネで支持基盤を締め上げ、畏怖（いふ）を感じさせて支配する方法をとらなかったし、とれなかった。橋本は基本的には、同志的結合の上に地盤を築いた。それは、橋本のほかにはなかなかできない芸当であった。そして、橋本にしても、実際には盤石ではなかった。脆（もろ）さはのちにあらわになる。

選挙後の第二次田中内閣組閣において橋本は幹事長に留任、党務に専念する。橋本の政治力はこのときが絶頂であったと言ってよいだろう。だが自民党は惨敗と言ってよかった。日中国交回復という華々しい業績は、公害問題、物価高の前にかき消された。都市部を中心に、自民党離れが進行していた。自民党はカネと利権で頬をたたく、古くて汚い党とみなされるようになっていた。

総選挙で共産党が躍進したことで、マスコミは「自共対決時代」と騒いだ。橋本は共産党躍進の原動力を、理論武装した固い組織と「赤旗」などの〃紙の弾丸・爆弾〃とみていた。共産党の〃紙爆弾〃作戦に負けない党の広報・宣伝活動の重要性を痛感していた橋本は、てこ入れに乗り出した。

一九七三年四月二二日投票の名古屋市長選は社共陣営に凱歌が上がった。橋本は「自由社会に対する一般市民の認識が十分ではない。英米など先進諸国は自由を戦いとったが、日本は与えられた自由で、階級政党に対する警戒心が薄い」という持論を説いてまわった。

七月八日の東京都議選では、逆風の中で陣頭指揮を執った。都議選は善戦した。「橋本は自民党始まって以来の首相を八日間も街頭にクギ付けにするという総力戦をとった。結果は自民党は五一議席、第一党を確保した」（評伝：288）。

橋本は都議選投票の直前、「宣伝戦に全力をあげ、少なくとも三五〇〇万枚のビラを各戸や街頭に配布した。共産党は、その倍くらいの物量戦をやったと思うし、配布組織も完備しているので、わが党が画期的な方法をとったにもかかわらず、物量は共産党の方が強かったといわざるを得ない。だが、内容やまじめな態度という点では、都民から受け入れられ、自由社会を守る戦いが自分たちの問題だとの認識を持ってくれたと語った」（評伝：284）。

次の山場は、一九七四年夏の参院選である。橋本は「政権交代が来年の参院選で起こるとは思わない。混乱は日本の将来のためにもよくない。私が幹事長をやっている限り、そんなことはない」と強い自信をのぞかせた（評伝：289）。

橋本は、メディアを通じた世論工作に邁進(まいしん)した。アイデアは豊富だった。そこから、世論というもの、メディアというものをどのように考えていたかが浮かび上がってくる。

まず機関紙『自由新報』を大刷新することにした。「全国に一万五〇〇〇の自由新報の支局を作り、赤旗に負けない戦う組織を作れ」と指示を飛ばした。全国に網の目をかけて細分し、それぞれに拡張員を置いて部数拡張に当たらせる。夏の参院選までには八〇〇万部が全国で読まれるようにする、という算段であった。七月末の全国県連幹事長・事務局長会議で「県連は、市町村会議員もしくは若手活動家の支局長を早急に決めよ。決まったら八月二〇日までに報告せよ」と期限を切って指令した。

もう一つのアイデアは、議員各自が月一回発行できる個人版号外であった。タブロイド判八ページで、うち二ページを各議員の個人ＰＲに当てる。発注者には一部二〇円を請求するがタダにして配るかどうかは勝手である。これを後援会員を動員して隣近所に配ってもらうという作戦だった。『評伝』は「若き日の朝日新聞札幌支局長として、紙面の編集・制作だけではなく営業にも経験を持った蓄積に裏打ちされて実務面にも目配りのきいたアイデアだった」と自賛している（評伝：285f）。

それまでカタい内容、筆致でとても読む気になれなかった『政策月報』を、総合誌的な内容に大刷新し、『月刊・自由民主』とリニューアルした。機関紙誌の広告を集める「自由企画社」も設立した（足立 1991：154）。

当時、大ブームを巻き起こしていたのが日中国交回復のシンボルとして中国から上野動物園に贈られたパンダだった。これに眼をつけ、選挙カーに等身大のパンダ人形を乗せて走らせた。期待したほどの効果はなく中止になったが、党事務局は親愛の情を込めて橋本を「パンダちゃん」と呼んだ（奥島：54）。

それにしても、メディア出身政治家橋本登美三郎は、こうした素朴なメディアの弾丸効果論を本当に信じていたのだろうか。メディアから発信される情報が飽和状態となり、大衆を動かすというよりは、セグメント化されたそれぞれの集団にいかに働きかけていけるかという課題に重点が移った現在のメディア状況と比べれば、当時はまだまだマスコミの力は強大だった。だが一方で、新聞の影響力はテレビによって蚕食（さんしょく）され、そのテレビにしろ直接的に人々の考えを変えるというよりは長期的な「限定効果」にこそその本質があるとみなされるようになりつつあった。〝紙爆弾〟の威力はもはや低下しつつあったはずだ。

新聞記者出身でマスコミの力を肌身で知り、高度情報社会の到来を予見していたのが橋本とするなら、弱点はむしろ、メディアの力を素朴に信じすぎていたところにあった。その遠因は、まさに新聞が弾丸効果を発揮した（ようにみえた）戦時下に最重要の現場を取り仕切った実感にあったのかもしれない。

一九七四年に入って、田中内閣の支持率はますます下がっていき二〇％台に、不支持率は六〇％台へとはね上がり、支持と不支持が大きく逆転するかたちになった。

夏の参院選を前に橋本は強い危機感を抱いていた。任期満了で改選となる議席は自民七二。橋本は「七二議席のうち、もし五議席でも失うと、参院から閣僚（当時三人）、政務次官（同七人）は出せなくなる。全議員が委員会にクギづけという非常事態になる」と繰り返し檄を飛ばした（評伝：291）。

金権選挙、タレント候補、企業ぐるみ選挙が戦術の柱となった。中野士朗『田中政権・八八六日』によると、全国区三五人の公認候補者が企業グループや有力会社に割り当てられた。タレントの山東昭子は日立グループ、ヤクルト、日本コカ・コーラ、東レなどに応援を求め、バレーボール監督の大松博文は東芝商事、出光、河合楽器という具合であった（339f）。

『読売新聞』一九七四年五月三一日付朝刊は、わきめもふらず企業ぐるみ選挙に邁進する橋本の姿を描いている。東証一部、二部上場の五七二社、非上場の三〇八五社に向け、せっせと手紙作戦。「現在までに二〇〇〇社近い企業から協力の申し出があった」という。こうして掘り起こした一〇万票に及ぶとみられる票を当落線上の候補一〇人に割り振る。批判には「野党が社会主義社会をつくらんがため労組に依存する以上、企業が自由社会を、自らを守るため立ち上がるのはむしろ当然」と反論した。

「十当七落・五当三落」という語がささやかれた。全国区での当選には十億円が、地方区では五億円が必要であり、七億円、三億円では当選はおぼつかないとの意味だった。こんな鉄火場的感覚は、一時的には熱狂を生みはするが、結局は麻薬のように自らの首を締め上げる。だが、田中は一歩立ち止まって結果を考えるというタイプでは毛頭なかったし、橋本もブレーキ役どころか、勇んで狂瀾の渦に飛び込んで行った。

タレント候補の担ぎ出しにも、先頭を切って飛び込んだ。大橋巨泉は『朝日新聞』二〇一三年一月一五日付夕刊ｂｅの紙面で、参院選の前年となる一九七四年に、橋本から立候補の要請があったことを明らかにしている。のちに民主党の国会議員となる大橋は、当然断った。すると、当時司会を務めていた深夜番組「11PM」のプロデューサーに「社長が話したがっている」と言われ、日本テレビ社長の小林與三次に会いにいった。小林は大橋に「おめぇ、偉えんだってなあ」と切り出した。「いや偉くないですよ」と答えると、小林は「角（田中角栄）が、「おめえが出れば三〇〇万票固えって」と言ってるんだよ」と言った。もともとリベラルの大橋は、「収入が激減して、議員の歳費ではいやだ」となんとか理屈をつけて断ったが、数日して、小林が「角のやろうが、金なら三億だろうが、四億だろうが、都合するって言っているから、おめぇ、断れねぇよ」と言ってきたという。

橋本は自ら〝ラブレター〟を出し、有名人の担ぎ出しを図った。タレント候補への風当たりの強さも気にしなかった。『読売新聞』一九七四年五月七日付朝刊のインタビューに「今度ほど人柄、教養、経歴などを慎重に検討して人選したことはない。だれをみても立派な人物だよ。参院議員の二、三割は各界、各層から出てもらいたいというのがぼくの持論だ」と答えている。

「田中角栄総裁が全面的に外で活躍できるように僕は内（党本部）において総参謀長として采配を振るった。総裁遊説には画期的なこととしてヘリコプターをふんだんに使ってもらった」と橋本は後に振り返っている。田中は参院選最終日までに「全国で四万キロ、うちヘリコプターで二万キロ強を走り抜け」飛び回った。「演説は四六都道府県で一四七回、一七一・五時間、聴衆数一五一万人。「演説で歴代総裁の三倍、聴衆も四倍に近い」と橋本は発表した」（評伝：294）。

速度と物量が生み出す熱狂の感覚に、橋本はとらわれていたのだろう。自民党幹事長として勝負を仕切る感覚と、満洲事変で敵将の元に乗り込んでいく感覚、あるいは社の名誉と意地を賭けて南京攻略戦の前線取材を取り仕切る感覚との間には、さほどの距離はなかったはずだ。

七月七日の投票結果は、なんとか保革逆転は免れた。しかし自民党は改選七〇議席を大幅に割って後退したのに対し、共産党の改選議席三倍増をはじめ、社会、公明が勢力を伸ばして保革の議席差は縮まった。自民党の地方区の得票率は保守合同以降初めて三割台に落ち込んだ。

橋本は結果について「保革逆転は防ぐことができたが、われわれの目標よりはるかに下回った。この結果を謙虚に受け止めたい。この一年間の物価狂乱に対する国民の不満が強かったからだと思う」と語った（評伝：295）。

細かく分析すると、作戦は的外れではなかった。全国区に有名人、タレント候補を擁立したことは、無党派票を自民党に引きつけた。また、企業ぐるみ選挙は、従来弱点とされてきたサラリーマン票を自民に引きつけていた。とにかく「保革逆転阻止」の命題だけは最小限達成できた。

だが、すぐに揺さぶりが始まった。三木、福田が閣外に去り、保利も行管庁長官を辞任した（評伝：296）。橋本は留任した。

参院選後の九月、自民党の全国都道府県支部連合会役員全国会議で参院選の総括を行った。橋本は「大局的にみた場合、われわれは最善を尽した」「わが党公認候補は、前回より五〇〇万余票多く集めた」「全体の得票率も、必ずしも皆さんのご努力が実らなかったわけではない」と、強気の姿勢を維持した。

留任する幹事長として当然の言ではあるが、その上で、汲み取るべき教訓として「〝情報化社会〟の流れ」を挙げているのは興味深い。

参院選全国区にはっきりと出現した新傾向は、タレント議員だった。一位に元NHKアナウンサーの宮田輝、三位に放送作家の青島幸男、五位にタレントの山東昭子。山口淑子（よしこ）、コロムビア・トップらも当選した。こうした流れを、橋本は情報化社会がもたらした新しい現象ととらえた。九月一〇日に開かれた会議で、「青島君にいたっては、選挙中、外国に行っておって、なおかつ一八三万票もの票を集めているのであります。（略）現代社会が〝情報化社会〟といわれ、〝多面的社会〟といわれるように、一つの大きな流れの中に、いろんな違った流れが厳然と存在していることを示すものであります」と述べたあいさつが『月刊自由民主』九月号に残っている（51）。

実はテレビの政見放送開始は、青島の提案がきっかけとなっている。青島は一九七五年三月一三日の第七五回国会参議院予算委員会で「かつて佐藤総理に御質問した際に（略）政見放送もラジオだけじゃなしに、テレビを通じて行われるようにしたらいかがでしょうかということを、私その際提案いたしました」との発言を行っている。青島の発言はこうだ。「総理が、私は二〇何日間に五〇〇〇キロ走って五〇万人の方々に親しくお目にかかってお話をしたと、大変自慢げにおっしゃるわけですよ。総理の権力をもってして、五〇〇〇キロ走って五〇万人の方にやっとお目にかかれるかどうかですね。しかも、手を振ってあいさつぐらいのものでしょう。そうなりますと、それはテレビの視聴率から言えばコンマ以下の存在ですね」。

これを、新しい選挙戦術、あたらしい大衆との交信ルートと、橋本はとらえた。青島の提言を発端として、一九六九年九月に改正公選法が施行され、テレビでの政見放送が解禁される。ときあたかも、情報産業振興議員連盟を立ち上げたころであった。

その後橋本は田中政権の幹事長として、金権選挙を推し進める責任者を演じることになる。しかし、一方で、橋本は「情報社会」の新しい選挙のあり方にも思いを馳せていたのである。

なお、この時期、幹事長としてある重要な文書を発表している。一九七四年六月に発表された「福祉社会憲章草案幹事長私案」がそれである。

『月刊自由民主』一九七四年七月号に掲載された解説によると、私案は「われわれの目標は、活力ある福祉社会であって、怠惰を公認するような扶助国家をめざすものではない。根底にあるのは個人の尊厳、個人の自由、選択、努力などの自主性の尊重であるから、これにふさわしい積極的な社会保障をめざし、無為や怠惰を助長するような消極的施策は排除しなければならない」と、福祉ミニマムを確立し、自助努力の尊重を求める内容だった（195）。

この後の橋本の転落を知っている後世の目からは、強欲な利権政治家が体よく福祉削減を狙ったかに見えるかもしれない。だが、橋本が晩年まで持ち続けた協同の理想を考えあわせるならば、そこに伝統的な日本社会の助け合いの精神などを前景化し、福祉の主体を「国家」から「社会」へ転換しようとする意気込みを見出すことはできないだろうか。

この文書は発表当時こそ大きな反響を呼ぶことはなかったが、内容はのちの三木政権に引き継がれ、「日本型福祉社会」論として賛否両論の激しい議論の火種になっていく。

その後、橋本はロッキード事件の黒色高官として、もはや福祉政策の文脈で登場することはなかった。が、今になってその私案を見直してみれば、政治家としての出発点である「協同民主主義」や、晩年に傾倒していく社会教化運動の考え方が濃厚に反映されている。

橋本登美三郎の「協同」が、速度と物量がもたらす熱狂の中でも変わらずに生きつづけていたことは瞠目に価する。同時に、理想の中に沈潜することでは充足しきれない血の滾(たぎ)りを抱えた橋本は、この後、予想もしない展開に巻き込まれていくことになる。

2　七五歳の逮捕——黒色高官のレッテル

金権と辞任

やや時計の針を戻す。一九七三年九月二六日、田中は欧州・ソ連歴訪の旅に出発。すると西ドイツ滞在中の一〇月六日、第四次中東戦争が始まった。石油危機の引き金が引かれた。

世界を大きく変えることになる事件の勃発だが、歴史は重要な順に並んではやってこない。田中は二日後に、戦後日本の首相として鳩山一郎に次いで二人目となるクレムリン訪問を果たす予定となっていた。田中は日中国交正常化をやり遂げたあと、「さあ、次はソ連だ、ソ連だ」とわめくように言っていた、という証言もある（中野：83）。モスクワではブレジネフ書記長と会談、首脳外交で北方領土問題で鋭く詰め寄るなど、一定のポイントを上げた。

田中は上機嫌だった。弱点とされた外交で、日中国交正常化についで得点を上げ、帰国後の政権運営に自信を深めた。

ところが、待っていたのは石油ショックだった。トイレットペーパーがあっという間に店頭からなくなり、灯油の買いだめ騒動が全国で起こった。

一一月二三日、政権の柱石と頼りにしていた大蔵大臣愛知揆一が急死した。政権の人材不足が一気に露呈した。後任は仇敵の福田赳夫である。福田は経済運営の全面委任を求め、田中はこれを呑んだ。日本列島改造計画路線は取り下げられ、インフレ退治の緊縮路線が始まった。

田中がヘリを借りっぱなしにして全国を飛び回り、「十当七落・五当三落」の怒号が飛び交った一九七四年七月の参院選は、こんな状況下で行われたのである。

八月八日、アメリカのニクソン大統領が辞任した。ウォーターゲート事件で疑惑を指摘されていたニクソンが、全米向けのテレビで辞任を発表したのだ。「メディアが大統領を退陣に追い込んだ」歴史的事件だった。同時期、日本でも同様の動きが進行していた。田中はまだ、そのことを知らない。

月刊『文藝春秋』一九七四年一一月号が店頭に並んだのは一〇月一〇日。表紙には「田中角栄研究――その金脈と人脈」「淋しき越山会の女王」とあった。前者は立花隆、後者は児玉隆也によるレポートである。

「私たちの調査結果から、田中角栄氏には四つの側面があることがうかびあがってきた。政治家田中角栄、実業家田中角栄、資産家田中角栄、虚業家田中角栄の四つである」(104)。立花がこう書いた『文藝春秋』は、爆発的な売れ行きを示し、月刊誌としては珍しく増刷がかかった。

幹事長として橋本は「いずれも総裁就任以前であり、さして問題にならない」と軽く受け流した。それが田中の受け止め方でもあった。

だが、一〇月一二日に行われた外国人記者クラブでの講演とそれにつづいての記者たちの質問で、田中は炎上する。外国人記者たちは「文春の記事を正しいと認めるか」「財産を公開しないのか」「税の申告は正しかったとするなら、その裏ガネはどのようにつくられるのか」と迫った。田中は必死に弁明した。「個人の経済活動と政治活動が混交して論じられるのは納得できない」「私の所得申告は、間違いないように税務署にすべて調査してもらい、納税してきた」「アメリカのように、政治家が財産を公表するのは一つの方法だが、日本では当面、いまのやり方が妥当だと思う」。が、海外からのまなざしに、田中の威光が通じるはずもなかった(保坂：318ff)。

一〇月二八日午前八時、橋本は羽田空港で日航特別機のタラップに立つ田中と握手を交わした。田中はニュージーランド、オーストラリア、ビルマの三カ国歴訪の旅に出発した。大揺れの政局を背にしての出立だった。

政権は存亡の危機に直面していた。橋本は党内鎮静化工作に奔走した。が、嵐はおさまらなかった。

田中は一一月八日深夜に帰国し、改造の腹を固めた。第二次田中改造内閣は一一月一一日、発足し、幹事長は橋本から二階堂に代わった。改造内閣の寿命は短いことがみえていた。田中は一一月二六日朝、正式に退陣の決意を表明。「私の決意」と題する声明を読み上げたのは官房長官となっていた竹下登であった（評伝：297）。

参院選後の橋本について、新左翼系の論壇誌だった『現代の眼』一九七四年一〇月号が「続・現代虚人列伝　橋本登美三郎／泥舟「田中丸」沈没に狂った狸爺」と題して橋本を取り上げている。「自民党幹事長として、選挙戦指導の最高責任者の地位にあった」橋本に対して厳しい目を向けているのは当たり前だが、さらに同誌は橋本の最大のミスとして、参院選後、幹事長を辞任せず、「政治家として出処進退を誤った」ことを挙げている。「金権選挙、企業ぐるみ選挙によって保守政治が被った信用の失墜の巨大さを考えれば、橋本は当然、誰が何といおうと、その直後に自ら幹事長の職を辞任すべきであった。だが、彼は何故かそれをしようとしなかった」。こうした行動に対し、「橋本をよく知る人たちの間に、「またか」と、苦々しさの感情をこめた批判の声が上がったことも事実なのである」と同誌はいう。

むろん、幹事長留任は橋本のエゴではなく、政権全体のバランスを考えて田中が判断したものだっただろう。同誌はそうした事情にも触れた上で、それでも「橋本辞任は、党内批判の火の手に対し、当座の〝小消火器〟程度の役割は果たし得たはずだった」と述べている（246f）。

橋本は、大臣の座に対する恬淡とした態度で知られた。佐藤栄作の同志とも言える立場にありながらたびたび同僚や後進に譲るかたちで、入閣が遅れ周囲をやきもきさせた。幹事長としての出処進退を誤ったとすれば、それは権力を手にしたことでその性格を変えたからではなく、むしろ権力に対して執着が薄く、ゆえに厳格な判断を下すこともなかったからではなかったか。

　田中辞任が確実視されるようになった一九七四年一一月中旬から、ポスト田中をめぐって党内は混乱を極めた。自民党副総裁の椎名悦三郎による「椎名裁定」で後任に推挙されたのは三木武夫だった。戦後最初の総選挙で無所属で当選。三木も橋本と同じく「協同」の理念を掲げる政治家だった。「協同組合主義」を掲げる協同民主党に参加し、四七年三月国民党と合同して国民協同党を結成。そのとき協同民主党の「協同組合主義」は、ややあいまいな「協同主義」に改められた。吉田内閣時代の五〇年四月民主党野党派と合同して国民民主党結成。「協同主義」はさらにあいまいな「協同の精神」になった（升味 1985：263f）。

　戦後の三木の出発点は、協同民主主義を掲げる日本民党と極めて近いところにあった。事実、橋本の盟友古沢磯次郎は三木の協同民主党の綱領作成に中心的な役割を果たしている。橋本はその後、リベラルさは保ちつつも融通無碍（ゆうづうむげ）に権力に近づき、時に権力そのものとして振る舞った。三木は保守の中の最左派として「バルカン政治家」の道を歩き、最終的に頂点に上り詰めた。そこで武器にしたのが、「クリーン三木」という看板だった。その看板に叩きのめされ、地に落ちた一人が橋本だったのは、皮肉な巡り合わせというほかはない。

逮捕と裁判

一九七六（昭和五一）年二月四日、米上院多国籍企業小委員会で、ロッキード社から秘密代理人・児玉誉士夫に二一億円の秘密工作資金が流れたと、同社副会長のアーチボルド・コーチャンが証言した。ロッキード事件の始まりだった。

七月二七日、田中角栄逮捕。田中が保釈され、東京拘置所を出た八月一七日、橋本は車で東京を出発し、潮来へ向かった。田中が「目白御殿」で出所祝いのときをすごしていた午後八時ごろ、橋本は潮音寺の慈母観音像の前で頭（こうべ）を垂れ、じっと何事かを祈っていた。

七月に丸紅の檜山廣（ひろ）が逮捕されてから、報道各社は橋本の身辺に記者を張り付けた。が、橋本はほかの灰色高官と違って、つけ回す記者から逃げようとはせず、逆に日程を細かく公開した。だから、毎月欠かしたことのない慈母観音詣でにも記者たちが同行した。

ロッキード事件で名前が挙がってから、潮音寺は「ロッキード観音」「ピーナツ観音」などと呼ばれ始めた。橋本にとって、それは耐えられないことだったのだろう、と朝日新聞は推測している。八月五日、張り番の記者と歩きながら、「この灯籠一本一本をよく見てくれ。寄進者の名が刻んであるだろう。（略）すべて心ある人の浄財でできたんだ」と語りかけたという。

それでも、いらだちは募った。自宅前でテレビのライトを浴びせられて、「よせ」と、いつになく語気強く拒んだり、「ぼくが新聞記者だったころは、こんなやり方はしなかった」と言ったりした。

同じく名前が挙がっていた佐藤孝行が逮捕された二〇日から、報道陣は徹夜で橋本邸を包囲した。のち『朝日新聞』一九七六年一一月一二日付は、記者の交代などで「車が止まるたびに、家の中では電灯がついた」と描写している。二一日午後、橋本は受託収賄容疑で東京地検特捜部に逮捕された。ロッキード事件が、橋本という政治家をその一色に塗り込めてしまったことは疑いようがない。しかし、ロッキード事件、裁判とはなんと言っても田中角栄をめぐるサーガであり、橋本は脇役にすぎない。田中と事件についてはそれこそ無罪論も含めて無数の書籍が上梓され、また侃々諤々の議論が今でも交わされ続けているが、橋本が主役として登場することは事実上皆無といっていい。

橋本の判決を概観しておこう。

以下は、一九八二年六月八日、東京地裁で言い渡されたロッキード事件全日空ルートでの橋本に対する判決理由の抜粋である。ここで、おそらく現代の読者は、意外の念を持つのではないだろうか。というのは、少なくとも橋本にとってこの事件は、ロッキードとはなんのかかわりもなく、単に運輸相時代に全日空から金を受けとったかどうか、その金の性格は何だったかを問うただけのものだからである。

判決によると、橋本は運輸相の地位にあった一九七一年一月中旬ごろ、大臣室で、若狭得治・全日空社長から全日空が大型機を国内幹線に投入することが可能になる一九七四年ごろまで日航の同幹線への大型機投入を延期するよう指導してほしいとの請託を受けた。その後、一九七二年一一月一日ごろ、この請託の謝礼と知りながら、丸紅東京支店において、秘書に五〇〇万円を受領させた、とされている。

現金授受の経緯をもう少し詳しくみてみる。全日空側の現金受渡役は専務の伊藤宏だ。伊藤は一一月一日午前八時過ぎ、橋本の私邸に出向き、応接間に通され、名刺を渡して自己紹介した上で、「全日空からお預かりして参りましたものです」と言いながら、持参したハトロン紙包みの現金五〇〇万円を取り出してテーブルの上に差し出した。橋本は「のちほど担当の秘書に取りにやらせますから」と言ってその場では受けとらなかったので、伊藤は包みを持って辞去し、そのまま丸紅東京支店に出社した。午後、橋本の秘書がやってきたので一五階の応接室で会い、名刺交換の後、「朝、橋本先生に申し上げておきましたものです」と五〇〇万円を差し出したところ、秘書はこれを受けとって帰った――。これが判決に描かれている場面である。

公判で橋本は、大型機導入延期の行政指導は空港整備財源確保のためだとし、また全日空は一九七二年度からの大型機導入能力を持ち、請託の必要性はなかったし、事実請託はなかったと主張。さらに、現金授受についても多忙で面会の余裕もなかったし、秘書も受領を否定していると全面否認した。

念のために言っておくと、ここでいう大型機とは、当時「エアバス」と称されていたもので、従来より多くの乗客を運ぶことができる新鋭の広胴機といった一般的な意味である。のちに設立される欧州の旅客機メーカーの社名ではない。

判決で主張は全面的に退けられるが、その上で、本所次郎の『影の権力者の昭和史』（二〇〇七年）に出てくるエピソードは興味深い。

一九七〇年九月中旬。その年二月に運輸相に就任していた橋本が、美土路昌一同席の上で全日空社長の若狭得治と赤坂の料亭で面会したという場面である。

美土路は、緒方竹虎とともに戦前の朝日新聞黄金時代を支えた人物であり、朝日の航空部長などを務めた経験から、戦後の公職追放・解除を経て全日空の初代社長を務め、さらに朝日新聞社の社長に復帰して「村山事件」後の朝日を建て直したという大立て者である。このとき、美土路は八四歳。朝日の社長からは一九六七年に退いていたものの、新聞界、そして航空業界では変わらぬ尊崇の念を集めていた。

橋本にとって、美土路は早稲田の先輩にあたる。そもそも在学中に美土路の知遇を得たことが朝日入社のきっかけであり、入社時には編集総務だった美土路の面接を受けたという関係である。

「お久しぶりでございます」

橋本登美三郎は座椅子をずらし正座に改まると、入室した痩身の美土路昌一に畳に額をこすりつけんばかりのお辞儀をした。

「やあ、しばらく。しかし、君は運輸大臣だ。下座はおかしかろう。床の間を背にしてくれたまえ」

「とんでもありません。こうして先生と昼食をご一緒できるだけでも、光栄なことと思っております」

「――そうか。席の譲り合いで時間をとるのはもったいない。君の敬老精神をいただくことにしよう」

美土路はさりげなく床の間を背にした席に座った。」

本所はこんなふうに、対面のシーンににじみ出る橋本の美土路への敬愛の念を描いている。

会合の趣旨は、全日空の国際線進出について力添えを願うというものだった。橋本は快諾し、「美土路先生も同席されていることだ。文章にしてお渡ししましょう」と、その場で四項目の要旨にまとめ、日付とサインを入れて若狭に渡した、という（本所③巻：172-177）。

橋本は若狭の依頼を受けて動くが、それはまだ、ロッキード事件とは関係がない。ただ、橋本と美土路、若狭の間柄は極めて親しいものだった、ということがこの描写からわかる。

時期は流れて一九七二年夏。七月七日に田中内閣が発足し、橋本は幹事長に就任した。一方、航空業界ではいわゆる大型機の機種選定が山場を迎えていた。七月二三日には候補のロッキード・L1011トライスターとマクドネル・ダグラスDC10が日本へのデモフライトにやってきた。

そのころ、若狭は橋本から呼び出しを受けたという。前述の通り、橋本には全日空の国際線進出をめぐって恩義がある。若狭は幹事長室に駆けつけた。そこには副幹事長の竹下登も同席していた。

「ところで、例の大型機導入の件だがね。結論から言うと、DC10を採用してもらいたい」と橋本は言ったという。

結局、全日空は橋本の言に背いてトライスターを導入するのだが、さらにこのやりとりを掘り下げて、『ロッキード』を書いた真山仁が、全日空社内関係者の証言を明らかにしている。その後、全日空がトライスター採用を公表した直後、ある会合で若狭と橋本がバッタリと出食わした。これはまずいと思った若狭が宴会場を出ると、橋本が血相を変えて追いかけてきて、「君は酷（ひど）い男だなあ」と叱責したという。同様の場面は本所も描いている。

つまり、橋本は大型機の機種選定において、ロッキード・トライスターを推していたのではなく、その対抗であるDC10を推していたのである。

真山が解説を加えている。検察側が描いた構図は、橋本が全日空から頼まれて、大型機の導入時期を延期するよう動いたのは、開発が遅れていたトライスターを全日空が導入できるようにするためだった、というものだと真山は指摘する。当時、トライスターのエンジンを製造するロールスロイス社が経営危機に陥るなど、トライスターの開発が遅れていたのは事実である。「そこで、全日空がトライスターを採用できるように、エアバス購入時期に関する行政指導に運輸大臣が関与した――。それが検察が描いた構図であり、橋本逮捕に至る道筋であった」というわけだ。

だが、とすれば、橋本がDC10推しだったという証言と矛盾する。「橋本にとって寝耳に水、いや、言いがかりと言ってもいい容疑だった」と真山は指摘している(301ff)。

もちろん、この部分だけを取り上げて事件全体を論じるわけにはいかない。膨大な裁判資料、そしてその膨大な資料の外側にあってまだ隠されている、あるいは見出されていない事実、証言を検証していって初めて真実は明らかになるだろう。

それをなしうるとすれば、神の業であろう。だからこそ、とりあえずの「真実」を確定するために裁判という仕組みがある。本書には、その結論に異議を申し立てる資格はない。

とりあえず、橋本をめぐる裁判の事実認定を受け入れた上で、いくつかの見方を示しておこう。

一九七一年二月二〇日、衆議院予算委員会第五分科会で、佐藤内閣の運輸大臣を務めていた橋本は、社会党の田中武夫の質問に答えた。

質問はこうだ。「国内線向けの航空機、これは大量輸送機として大型のいわゆるエアバスといわれておりますが、それを採用する、そういうことで、ロッキード、ダグラスあるいはボーイングといったようなアメリカの航空三社が、いまや日本の空で販売合戦、空中戦をやっておる、こう聞いております。そこで、このエアバス採用についての運輸大臣の考え方、あるいはどのような方針で指導せられるのか」。

エアバスとはメーカーの固有名詞ではなく、大型機を意味する一般名詞であることはすでに触れた。そのエアバス＝大型機導入が質問のテーマである。

田中は聞く。「こういう大きなものを採用するとなると、滑走路の問題だとか、駐機場の問題だとか、あるいはまた大きな騒音、いまやかましくいわれておる公害、こういうことを含めて相当な受け入れの体制といいますか、そういうものが必要だと思う」。それに対して、橋本が答える。

「エアバスになりますと現在の飛行機の二倍以上の人が乗ることになると思いますが、（略）大事なことは、やはり安全性の問題だと思うのです。何せ、もし万が一のことがありますと、二台分、三台分の事故を起こすわけでありますから、（略）この種の問題は私は消極的に考えていいのじゃないか。できるだけやはり安全性が確保されて、あるいは人の国がやったあとでもいいのですね。そうした経験を積んだ上で取り入れてもいい（略）まず第一に安全性が十分に確保されるということ、同時にまた空港整備がそれに対応し得る、こういう前提を考えていかなければならぬ、こう考えております。」

浅川博忠は、この答弁の際、事務当局は実は「慎重に検討してまいりたい」と記したメモを渡していたと指摘している（浅川：52）。それを橋本が「消極的に考えていいのじゃないか」とわざわざ表現を強めたところが疑われたのだが、実際には「アバウトのトミさん」らしいサービス精神だったのではないか、というのが浅川の見方である。

橋本が官房長官時代に産経新聞の政治部記者だった俵孝太郎が、のちに思い出を書いている。番記者からの縁で、すでに新聞社を退社し自由な立場になっている元記者たちが、互いに声を掛け合って、選挙のたびごとに応援弁士を買って出るのに、俵も加わっていた。ロッキード事件後、橋本は二回当選し、三回目に落選して、政界を去ることになるのだが、そのいずれかの選挙の際、戸川猪佐武とともに水戸駅前で街頭演説をしていると、「朝日新聞の者ですが」と、若い記者が声をかけてきた。「ロッキードの被告の応援をするのはどんなものか」と、俵によると「嫌味ったらしくいってきた」らしい。

俵はきっとなり、「仮にも橋本さんは朝日新聞の先輩だろう、キミら後輩が、他社出身の方々に先輩がお世話になります、自分たちは立場上なにもできませんのでよろしく、というのならともかく、イチャモンをつけるとはなにごとだ」と語気を荒げた。若い記者は「さすがに姿勢を正した」と俵は書いている。

俵によると、「橋本の選挙は、文字通り地を這うような草の根選挙で、無住の寺などに二〇人、三〇人と集めた個人演説会を、無数に開く」。興が乗ったときの「枯れすすき」も、こんなときに飛び出すのだろうが、さすがにこのときはなかっただろう。

と、橋本がふともらした。「ロッキード事件で検察は、丸紅の重役が新聞紙にくるんで持ってきた五〇〇万円を、オレが受け取ったというんだが、ほんとに記憶がないんだ。（略）かりにそうだとしたら、オレの性分だから、だれか貧乏代議士が訪ねてきたときに、渡すつもりでそのへんに置いていたカネと見分けがつかないままに、ホイ、これを持ってけ、といって渡してしまったに決まってる。そもそも田中派の選挙を仕切っていたオレに、だまって置いていかれたその程度のカネが、返すべきカネかどうか、区別がつくと思うか」。

俵は「聞きかたによっては、ひどい暴論のように感じられるかもしれないが、トミさんならそれはそうだろう、と思わせられる面があったことを、私は否定しない」と書いている（俵：171）。

もちろん、橋本の述懐は暴論である。「政治と金」をめぐるその感覚が政治不信を招き、国民の怒りを買い、それが背景となってロッキード事件で塀の中に落ちた政治家たちへの猛烈なバッシングにつながった。国民は、あるいは大衆は、事実関係などそっちのけで高官たちが権力の座から引きずり下ろされ、無慈悲に叩きのめされる姿に溜飲を下げ、喝采を送った。その因果を考えるなら、たとえ五〇〇万円が〝その程度のカネ〟だったとしても、橋本を免責するわけではない。

だが、その〝暴論〟が、現代のメディアが規模とテクノロジー、速度と物量を駆使して作り出してきた熱狂と同根であることも、等閑（とうかん）に付すわけにはいかない。

反対側からの視線もみてみたい。田中政権に代表される金権政治の風土に対するもっとも苛烈な批判者、立花隆のことばである。

一九七七年一月三一日に開かれた橋本の初公判の傍聴記として、立花は「一口で言うなら、全日空ルートの裁判は、もはやロッキード事件の裁判とはいいがたいものである」と書く。

「ここには、ロッキード社の工作も、ロッキード社の秘密代理人である児玉誉士夫の工作も片鱗だにあらわれてこない。世にいうロッキード高官たちの右代表として裁かれているはずの橋本登美三郎、佐藤孝行についていては、ロッキード社のロの字も、トライスターのトの字も出てこない。（略）ロッキード事件の柱である、トライスターがいかにして全日空に採用されるにいたったかということは、この裁判全体にまったく関係してこないのである。ここに登場してくるロッキード社は、もっぱら全日空から金をむしり取られる被害者でしかない」（立花：104f）。

立花はこう指摘し、検察が用意した説明は「現実の全体像が見えないように切り取られた一部という意味において、フィクショナルなものである」（121）と述べる。

立花は橋本に対する同情論を述べているわけではない。逆である。橋本の行為は、単に若狭の陳情を受けてやったのではなく、「もっと錯綜した利害関係の働きかけと、もっと巨大な金の流れのなかで起きたことである」とし、「全日空裁判を見ていくうえで、これが一番欠かせない視点である」と言い切っている（121）。もちろん、そうした視点への答えはいまだに提出されていないし、だからこそ、ロッキード事件をめぐる論考は途切れることなく続いている。

その意味では、たとえ橋本の述懐通り、五〇〇万円の授受が自分でも把握していなかったような些細なものであり、また橋本の行動が検察側の描く構図とは違って複雑で奥行きの深いものであったとしても、それは橋本を免責することにはならない。むしろ、五〇〇万円が〝その程度のカネ〟としか認識されないこと自体が異常であり、そうした状況全体が、政治が個人的な関係や思惑、利害で動くシステムを構成しているという現実への責任は、やはり自民党幹事長として負わなければならなかったものだといえるだろう。

ただ、その上で言えば、橋本への同情論が少なくなかったことも理解できる。

浅川博忠は書いている。「七五歳の高齢に達しての逮捕劇は、彼から幾多の恩恵を授かってきた多数の後輩たちから厚い同情を得たものだ。「好人物のトミさんが意図的に犯罪に関与するわけがない。結局、アバウトな性格が知らぬうちに関与させるに至ったのではないか。それ以外考えられないよ」との後輩たちの声が続出した」（浅川：53）。

初公判以来五年四カ月を経た一九八二年六月八日、橋本は懲役二年六月、執行猶予三年、追徴金五〇〇万円を宣告された。控訴は棄却、上告して係争中に橋本は生涯を閉じることとなる。

石原慎太郎は、「あの事件で私が一番同情を禁じえなかったのは、当時の幹事長として連座したとされた橋本登美三郎氏」だと書いている。「あの人のいい、それ故にいささか杜撰（ずさん）なところ」がある橋本が、「問題にされたくらいの額の金」のために事件に巻き込まれたというのは、いかにも信じがたい、というのである（石原：272f）。この石原の回想もまた、当時の政界の常識からすれば橋本の行動はまったく問題ではなく、ただし、その常識そのものが問われるべき問題であったのだ、というふうに解釈することができる。

ＮＨＫをめぐる風説

ロッキードとならぶ橋本の〝黒い〟部分と言えば、ＮＨＫとの癒着にふれないわけにはいかない。

橋本が西湖会という後援会組織を持ち、その中に若手組織として青雲西湖会という組織を作っていたことはすでに触れた。橋本の後援会組織を研究した山田真裕は、この西湖会という組織の成長自体が、橋本の政治家としての成長と連動していると指摘している。

とくに莫大な資金を持っていたわけでも、地元を支配するだけの人脈や権力を持っていたわけでもない橋本は、その出発点に自身を中心とする同志的結合を置かざるを得なかった。「説得的権力」である。ようやく代議士の座にたどり着き、その支援組織がエゴネットワークの段階を過ぎてから、さらなる組織拡大に向け橋本や彼のスタッフが用いた戦術のひとつが、就職の斡旋だった。「橋本がいわば郵政族議員であったことは就職の斡旋においては強みだったようである。ＮＨＫや電電公社に橋本は地元の子弟を多く送り込んだ」と山田は指摘している。それが、就職で恩義を受けた若者たちによる青雲西湖会、さらにその父母を集めた報徳西湖会などであった（山田：三章48）。

地元への利益誘導の仕組みとしては、利権や猟官制（りょうかん）と結びついて集票に威力を発揮する米国の「マシーン」が思い浮かぶが、山田はアメリカのマシーンと橋本の後援組織とのちがいを分析している。それによると、就職の斡旋についてはアメリカのマシーンなどでも行われているが、橋本による就職の斡旋とマシーンのそれとは、斡旋される職にちがいがある。橋本の斡旋する職が選挙区内に必ずしも限定されない企業や団体であるのに対し、マシーンが斡旋する職は地元自治体あるいは地元自治体関連企業の現業職である。マシーンの場合、斡旋された側に対して強制力を有するが、橋本に就職を斡旋してもらったものは必ずしも選挙区にいないので、強制力がやや薄い。現実に、「選挙を重ねるうちに「もう恩は返した」といって、選挙運動から離れていくケースもあった」という（山田：三章48）。

それをつなぎ止めたのは、橋本の個人的魅力だった。「西湖会システムの動員は基本的には、（略）橋本との連帯に依拠した脆弱かつ不安定なもの」だったが、それを補強したのが橋本個人のパーソナリティだったのである（山田：三章50）。それは、だれにでもできる芸当ではなく、一般化できる選挙戦略でもなかった。

青雲西湖会の会則には、「日ごろ先生を敬愛し、教えを受けているもので構成する」という下りがあった。ロッキード事件発覚後にみれば狂信的にさえ映るその表現は、事件前に橋本が発揮していた人格的魅力がどんなものであったかを語っているということもまた、可能かもしれない。

ともあれ、橋本がNHKに対して人事・採用を含む強大な影響力をふるっていたことは事実のようだ。NHKにおける橋本とのかかわりでしばしば名前があがるのが、元会長の海老沢勝二である。橋本逮捕を目前に緊迫するNHK報道フロアで、当時政治部デスクだった海老沢は「橋本先生は俺が一番よく知っている！　金なんかもらってない！」と大声を出し、周囲は絶句したという。証言は同僚の政治部デスクで、のち椙山（すぎやま）女学園大学教授を務め、「マスコミ九条の会」呼びかけ人でもある川崎泰資（やすし）である。

川崎は、NHK内部の西湖会名簿をみたことがあったという。「NHK全体で二〇〇名にも届くかというような数だった記憶がある。海老沢氏がその中心人物であったことは間違いない」（田村：82）。

NHKの不祥事が相次いで発覚していた〇四年九月、衆院総務委員会で参考人として陳述した海老沢はこう気色ばんだことがある。「茨城県人は何か海老沢とつながりがあって、情実人事を受けていると週刊誌に書いてあるが、そういうことはありません」(柳川：88)。だが『朝日新聞』一九九七年七月九日付「ひと」欄にある通り、海老沢自身、橋本とは同郷の潮来出身で、父親は橋本の後援会幹部だった。

「かつて、NHKのある部長が、トミさんの顔でNHKに入った横すべり組の職員は、一四〇人から一五〇人はいるだろうといっていたことがある。正式試験にトミさんの口添えのあったもの、あらかじめトミさんの顔でアルバイト(長期臨時雇用)で入ってきて、そのあと正式職員になったものとふた通りあるが、後者だけでも五〇人を下らないだろうといわれていた」。『現代』の記事にある内部証言である(小板橋：144)。

一九八九年に会長に就任しながら、一九九一年に辞任する島桂次は、NHKで「横道入社」が横行していたと暴露している。「青雲西湖会」NHK支部が橋本による「横道入社」の受け皿だった、とし、「橋本氏がNHKに入れたのは、「西湖会」経由を含めておよそ三〇〇人はいたはずだ。彼の全盛時代は、橋本氏のところへ行けば、茨城県の人間なら誰でも入れるという噂があった」と述べている(島：91)。「いまの幹部の中にも、「横道入社」組で、橋本登美三郎氏健在の頃は「西湖会」の有力メンバーだった人物もいる」と述べてもいる(島：93)。

一九六六年に波野拓郎という人物が『知られざる放送』という内幕モノを刊行した。波野拓郎とは筆名で、実態は「放送界に身を置く数人の共同執筆」だという。NHK、そして放送界全体に対して暴露を含む厳しい批判を展開する同書には、たびたび橋本が登場する。

いわく、「定期的に職員は考課カードなるものを渡され」るのだが、「その職員記入欄の最後に「紹介者の氏名」という項目があると」いう。そしてその欄に「自民党代議士の名前を書き込むものが、目立ってふえてきた」として、こう慨嘆する。

「とにかく、ひどいものさ。佐藤栄作とか、橋本登美三郎とか、大臣クラスの政治家を紹介者にもてば、かなりムリな希望までスラッと通っちまうんだからねェ」（波野：40f）。

ＮＨＫ解説委員を経て岐阜県御嵩町長を務めた柳川喜郎は、「ＮＨＫには、筆記試験の難しい正規採用ではなく、長臨（長期臨時職員）という形で雇って四、五年働いたら、正式な社員にするケースがあるんです。ある時、茨城の地方政治家が、長臨の息子が世話になっているからって、担当部長に利根川のシジミを大量に送ってきたこともありました。採用されたかどうか、わからないけれど、あれも潮来市だったなあ」と述べている（柳川：88f）。

こうした、よく言えば融通無碍なワキの甘さ、厳しく言えば公私混同は、アバウト政治家橋本の特徴だった。人の好さ、そして説得的権力を可能とするパーソナリティの魅力が、こうしたマイナス面と表裏の関係にあったとすれば、橋本の晩年の落魄をただ気の毒に思うわけにもいくまい。

終章

槿花一日ロッキード観音（一九七五―一九九〇）

水雲山潮音寺の慈母観音開眼法要で、橋本が撒く蓮弁に手が差し伸べられる（『慈母観音開眼記念写真集』より）

泰山不要欺毫末　泰山　毫末を欺るを要せず
顔子無心羨老彭　顔子は老彭を羨む心無し
松樹千年終是朽　松樹は千年なるも終には是れ朽ち
槿花一日自為栄　槿花は一日なるも自ら栄を為す
何須恋世常憂死　何ぞ須いん　世を恋いて常に死を憂うるを
亦莫嫌身漫厭生　亦た身を嫌いて漫りに生を厭う莫かれ
生去死来都是幻　生れ去き死に来たる　都て是れ幻
幻人哀楽繋何情　幻人の哀楽　何の情をか繋げん

（白居易　放言五首　其五）

1　〝母〟への回帰――開眼法要埋めた人波

連なるバス三〇〇台

「観音の慈雨」と受けとることもあるいは可能だったかもしれないが、一九七五（昭和五〇）年六月五日、潮来は雨模様だった。夜明けとともに、貸切バス三〇〇台が集まってきた。自家用車で、あるいは国鉄を乗り継ぎ、はたまたあるいは徒歩で、舟で、続々と人が集まってきた。

その数、三万人。列をなす老若男女がめざしたのは、橋本登美三郎が創建した水雲山潮音寺である。潮来町の東、橋本の母登美が紫の雲たなびく中に観音さまをみた方角に立つ。「一万坪（三万三〇〇〇平方メートル）の土地に慈母観音本堂、霊堂、大講堂、修養道場、記念館、幼稚園、図書館など七堂伽藍の形式を」（履歴書：126f）とった同寺はこの日、薬師寺管長高田好胤（こういん）を大導師（だいどうし）として開眼法要を迎えた。

全日空のヘリコプター「ことぶき号」が〝祝・慈母観音開眼〟の文字幕を垂らして飛来し、地元青年三〇〇人が梵鐘（ぼんしょう）を打ち鳴らした。一〇〇人の稚児（ちご）衆が先導した慈母観音像が絹の白布に包まれ、輿（こし）に乗って入場、安置された。

続いて献燈（けんとう）、献華、献菓子、献茶の儀。橋本は創建願主として本尊慈母観音の除幕に臨んだ。舞台正面に吊るされた薬玉がイラン大使のアブドル・フセイン・ハムザーヴィ、韓国大使の金永善（キムヨンソン）ら在日外交団によって割られ、金銀の蓮弁（れんべん）がひろがる。見守る来賓の中に、政界から原田憲、大久保武雄、亀岡高夫、小沢辰男、仮谷忠男、小渕恵三、石井一、保岡興治、竹内藤男、岩上二郎。経済界から大久保謙、日向方齊、立石一真、豊田英二。文化界から川内康範、古賀政男、澤田政廣、東山魁夷、黛敏郎。言論界からは毎日新聞社長の田中香苗、毎日放送社長の高橋信三の姿があった。

高田好胤が慈母観音像前に進み、墨を含ませた開眼筆をたかだかと掲げて開眼を行った。午後零時一五分。続いて、橋本が水雲山開基の「願文」を言上する。ヘリコプターがみたび飛来し、五色の瑞雲を表した煙幕を張った。

鐘楼の梵鐘には、浪逆干拓地を埋め立てるという相談のあった一九六八年の秋のある日、橋本の脳裡にすらすらと浮かんだという、

　御仏の久遠の鐘の　あまねくば
　阿羅振る世とて　やはらぎあるべし
　　母と子を護らせ給へ　慈母観音

との慈母観音賛歌が刻まれていた（足立 1986：90f）。

潮音寺の立つ「日の出」と名付けられた地はもともと、湖だった。一九三一年、食糧増産の方針の下に浪逆浦の公有水面約二〇〇町歩（六〇万坪）の干拓が行われ、戦争での中断を経て一九四八年に完成した。ただし、食糧増産から一転しての減反政策という戦後の社会変動に翻弄され、一方で鹿島臨海工業地帯が誕生し人口が急増したことを受けて、干拓地を埋め立てて住宅地とし、人口二万のニュータウンを作ることになったという経緯を持つ。

寺を建てるのは、橋本の念願だった。埋め立てに際し、協力を頼まれた橋本は、「農民の皆さんの幸福のために全力を尽してご協力を致しますが、（略）一つ条件がある。それは新しい街を造るにあたり、単なるベッドクウンではなく、心のよりどころとなるべき信仰の基礎となるべきものを造ってもらいたい」と条件を出していた（履歴書：132）。

埋め立てに使われた土砂は湖底からパイプをつないで運ばれた。広大な日の出の地は、晴れた日には無数の貝殻が白く乱反射して目を刺す。

無から有を生み出したように立つ潮音寺。この日は橋本の生涯における絶頂と言えた。境内入り口横には浅草を模した仲見世まであった。

橋本は、一人の老女を伴って進んだ。傍らに立つのは、戦死公報を受けた一人息子が必ず生きていると信じて引揚船の着く舞鶴港の岸壁に立ち続けた「岸壁の母」端野いせだった（山岡編：46）。

前年一二月九日、田中内閣は金権批判を受け総辞職した。開眼法要の二日前の六月三日、佐藤栄作は不帰の客となった。

橋本は佐藤の「「作願院繹和栄」」の戒名を霊堂に、絶筆の軸を記念館に納め」た。田中角栄は開眼法要の二日後にお参りに来て、「建物は金さえあれば出来るかもしれぬが、短期間にこれだけの信者を集められたのは君の人徳だ」とほめながら、クスノキを記念植樹していった（履歴書：128）。

開山の年、橋本は『月刊自由民主』一〇月号に、高田好胤との対談のかたちで登場している。そこで唐突に、妻の美也が「もらい子」だったことを明かしている。

「ぼくも実は数年前までは知らなかった。本人も数年前に兄弟に聞かされてわかったらしい」。橋本は美也の両親とずっと同居し、この時点でも美也の父親は九三歳で健在だった。「ぼくはずっと一緒の家に住んでいて、本当の親子だとばかり思っていたんです」。

本当は他人なのに、その情愛は真実の親子以上だ――と橋本は続ける。「ぼくが慈母観音を創建した目的は、（略）親子の愛の姿を社会の基本として育てたいためです。（略）そして現代の荒らぶれた人心をやわらげると同時に、世界平和と人類の繁栄を祈り、ここを社会教化運動の大本山としたいのがぼくの願いです」（95）。

ここには、テレビ局に放送中止の圧力をかけ、選挙戦で紙爆弾を降らせるメディア政治家の姿はみられない。代わって浮かぶのは、慈悲と道徳を説く宗教家、社会運動家の姿だ。

橋本が示した仏心は、内容よりも影響力の拡大を追い求める「メディア人間」が、その発信力の強度低下に見舞われたときに必ずたどる「モラル装置化」の道にみえる。だが現代大衆社会においては、速度が熱狂を生み出す仕組みこそ編み出されてはいても、それをスローダウンさせ、停止するまでの安全運転マニュアルは必ずしも用意されていない。

仏心と刺傷事件

潮音寺に込めた仏心は、ことごとく暗転していく。

開山の翌年夏、橋本はロッキード事件で逮捕される。逮捕される四日前の夜、橋本は潮音寺の境内にいた。『週刊新潮』一九七六年九月九日号は「盆踊りの輪の中に入って、余裕シャクシャク踊っていた」と描くが、そんなはずはない。すでに触れた通り、周囲には各紙の記者が臨戦態勢で張り付いていた。

「ご利益なかった？慈母観音」と題した『週刊新潮』記事は、次のように書く。

「水郷潮来の駅から車で五分の埋め立て地のド真ん中にコッゼンとして湧出した「慈母観音」。ご存じ黒い高官・橋本が願主となり奉賛会長となって建立した。正式名称、水雲山潮音寺。本堂、鐘楼にはじまって仲見世から幼稚園まで揃えた一万二〇〇〇坪の総工費は七億円とか。奉賛会員名簿には丸紅、全日空の社長らの名前もズラリ。境内に植えた樹木の中、ひときわ高いクスの木には田中角栄の名札も付いていた。

「いまは災い転じて福となすの心境、アジサイ、アヤメ、サツキ…将来は花の寺にしたい」（代務住職山田法胤氏）。疑惑の中で、〝ロッキード観音〟などと陰口をたたかれて、黒い花など咲かねばよいが…」(20)。

キャッチーな「ロッキード観音」というフレーズは、あっというまに広がっていく。

これだけの寺院を建てようとすれば莫大な資金が必要になるのは言うまでもない。「〝慈母観音奉賛会〟を組織し、みずからが会長におさまり、寄付金集めをしたらしい」と、いわゆる奉加帳方式で財界から資金を分捕ったと描くのは、『週刊ポスト』一九七六年四月二三日号である。「奉賛会の役員の顔ぶれのなかには、まず顧問として関西電力会長・芦原義重氏、前経団連会長・植村甲午郎氏、トヨタ自動車販売会長・神谷正太郎氏、住友金属工業会長、日向方齊氏、三菱商事会長、藤野忠次郎氏、松下電器相談役・松下幸之助氏など、また副会長には三井不動産会長・江戸英雄氏、山下新日本汽船会長・山下三郎氏など、ずらりと一流の顔ぶれを配しているほか、理事の中には話題の人物、全日空社長の若狭得治氏、丸紅元会長の檜山廣氏の名前もある」(184f)。

翌年三月五日、潮音寺境内で刺された。その日、七六歳の誕生日だった。境内には一〇〇人前後の参拝客がいた。本堂隣の西湖霊堂で祈願祭を終え、十数人の信者と本堂へ向かった。七、八メートル歩いたところで、紺の背広に赤いネクタイの男が、体当たりするようにとびかかった。胸を刺された橋本は犯人からナイフを奪い、「こいつだ」と言って上にかざした。男はすぐに取り押さえられた。

刺される直前、橋本は「先生！」という女性の声を聞き、振り向いたため、とっさに急所を外れた――という。だが、現場には橋本に声をかけたという女性はいなかった。空耳だったのだろうか？いや、観音さまが知らせてくださったのだ、と橋本は『季刊慈母観音』一九八五年冬季号で回想している(9f)。

雑誌は「傷そのものは深さ一センチ、幅二センチほど、当時は全治一〇日間と発表されたが、本人の自覚症状は相当に〝重症〟であったとみえ、以来約七カ月間もロッキード法廷にでていない」と、まるで大した傷ではなかったように書いた(渡辺乾介：128)。だがのちに、橋本は額賀福志郎に後継を託す際、「前に慈母観音で刺された胸の傷の影響で、選挙のような激しい運動は無理だと医者にいわれた」と明かしている(ぬかが：125)。

犯人に、とりたてて思想的な背景はなかった。「ロッキード疑獄で悪いやつは許せないと思ってやった」と逮捕された男は供述したという（松本：15）。メディアの生み出す熱狂とともに新聞記者としてのキャリアを積み、マスコミ操作の名の下にメディアをコントロールしようと試みた橋本は、思いもかけないかたちでメディアの力をみせつけられたのである。

『週刊サンケイ』一九七七年三月二四日号は、「病院に運ばれたセンセイを一目見た、ある中年のご婦人は、こうのたもうた」と書いている。「目をつぶっているお姿は、まるで生き神様のよう」。地元における橋本の政治力は変わらず強大だった。だが、記事は同時に問いかけている。「生き神様が、何故に刺されなければいけないのか」（32）。その答えは、メディアという魔物の気まぐれにあるというべきかもしれない。

2　速度と熱のメディア政治

支配なき権力

ロッキード事件での逮捕を受け離党した橋本は、無所属で一九七六年一二月の第三四回総選挙に出馬し、当選。無所属議員として政治活動を続ける。

無所属ではありながら、自民党県連の推薦は得ていた。連続一〇回当選を果たし、うち六回はトップ当選という盤石の支持を誇った橋本だが、このときは言うまでもなく保釈後から地元に張り付き、市町村単位の西湖会の集まりや幹部宅の挨拶回りに精を出した。

『朝日新聞』一九七六年一一月一五日付夕刊によると、橋本は午前九時、水戸偕楽園そばの、徳川光圀をまつる常磐神社で選挙戦第一声を上げた。西湖会の幹部が「第一位当選で疑いを晴らそう」と訴えたあと、橋本がマイクを持ち、「私の心境はきょうの秋晴れのようだ。(略)なんら黒い雲がないのに、あるようにいわれるが、断じて恐れるものではない」と語気を強めた。『いはらき』一九七六年一一月一一日付によると、西湖会は登録会員三万人、支援団体を含めると支持者は五万五〇〇〇人。「初心に帰ったつもりで」とボルテージを上げた。美也も初めて選挙区回りを行った。

開票が始まり、一回目の選管発表で四位。最終的に七万三〇三四票を集めて三位で当選したが、「トップ当選で潔白証明」というわけにはいかなかった。前回から約二万七〇〇〇票も減らしたが、陣営は「幹事長に就任する前に戻っただけで、基礎票は固かった」と強気だった。

『朝日新聞』一九七六年一二月六日付によると、午後一一時、橋本は報道陣をシャットアウトした選挙事務所内で「得票が前回を下回ろうとも一つひとつはダイヤモンドであり、真珠」だと感謝を述べた。

一九七九年一〇月、増税解散と呼ばれた第三五回総選挙も、橋本はほとんど地元に張り付き、各地をこまめに歩いた。「橋本は第三三回総選挙以来のトップ当選となったが、得票数自体は得票順位が三位だった前回と大差な」かった(山田:四章25)。投票日に台風一八号が関東を中心に暴風雨をもたらし、投票率が低下したことも橋本に有利に作用した。

第三六回総選挙は、ハプニング解散と言われた。社会党が提出した内閣不信任案が、自民党内の亀裂から可決されてしまい、大平は臨時閣議を招集し解散を決定する。

山田真裕は、関係者の証言として、このころの橋本は自民党政権の先行きについての悲観及び健康上の問題などから、立候補に対して消極的だったとしている。しかし、後継が決まっておらず、周囲が押し切った形で立候補が決まった。前回トップ当選だった橋本は、はやくから当選圏内とみられていたが、次点に終わる。

橋本の得票は幹事長時代の得票数と大差なかった。西湖会の絶対的な集票力が低下したわけでは必ずしもなかったが、茨城一区の有権者数の増加によって実質的に目減りしていたのである。八〇歳を目前にした橋本自身がもはや若さを取り戻すことが不可能なように、橋本を中心とする個人的ネットワークの組織化に始まった西湖会システムもまた、老いに直面していた（山田：四章35）。

落選後、橋本は進退について多くを語らなかったものの、内々には「僕を必要としなくしたんだから、僕はやらないよ」と言っていた（山田：五章1）。NHKの海老沢勝二を後継に立てようとし、海老沢本人もその気になっていたという説もある（田村：83）。だが、海老沢の兄が事業に失敗した後であったこと、父親が入院生活を続けていたことなどから辞退したという。橋本は、海老沢に初挑戦の時に落選しても諦めるなという意味で「一回目はきついぞ、二回やるつもりでいろ」とアドバイスしたほどだったというが、実現しなかった（石井：79）。西湖会を中心とする後援会関係者たちは、次の選挙ではトップ当選させるから立候補してほしいとの要望を橋本に出した。

橋本は自分の子供を後継者とする意思はなかったようである。橋本は先妻のつなとの間にできた太郎らともつながりを保っていたが、太郎自身が政界入りをかたくなに拒否していたという証言もある。

橋本は自分の後継者は若くても苦労をした人でなければならないと常日ごろから口にしていたという。第一政務秘書である香取衛に立候補が打診されたが、健康上の問題などから辞退した。「代わりに誰を推薦するかを尋ね、香取が名を挙げたのが額賀福志郎であった」。

潮来の事務所で額賀と会見し、「自分の後継者として衆議院選挙に立候補する気はないかと問うた」。額賀は立候補を決断した（山田：五章2）。

山田真裕は、橋本が構築した集票システムを分析し、その出発点が社会運動型であったと指摘している。自ら日本民党という政党を立ち上げ、しかも実質的になんら機能しないまま解散した橋本は、政治活動を行う専門家集団に頼ることができず、もっぱら理想と情熱による社会運動型の選挙を展開せざるを得なかった。

説得的権力とは、支配なき権力である。橋本は、有権者を拘束するための誘因を提供できるほどの資源を、すくなくとも当初においては持っていなかった。有権者は橋本以外の候補者を選択しても構わなかった。とにもかくにも橋本は自分自身の〝素〟の魅力を訴えるほかなかった（山田：八章13）。

あえてそこに付け加えるなら、橋本はメディア出身という政治資源を、自らの資産として活用しようと試みていたのではないか。徒手空拳で戦後初の総選挙に挑んだ際、橋本は「大新聞社の部長という要職をやったのだから、そのことを書いたポスターと新しい感覚で街頭演説をやれば当選できる」という甘い期待を抱いていたことを、晩年になって『季刊慈母観音』一九八八年冬季号で明かしている（10）。

それは、現実にはまったく通用せず、橋本は党を解散し、自由党に入って「政治の論理」の中で生きていく覚悟を定める。

だが、橋本は完全に「メディアの論理」を断ち切って、以後「政治の論理」の中で生きる道を選んだと言い切れるであろうか。橋本は党務、閣務にまみれながらも、放送、教育、情報産業振興といった先進的な政策にみずからの理想を投影してきた。それが、たとえばNHKや電電公社をめぐる利権といったかたちで「政治の論理」と結びついたのは、政治家橋本にとっての幸運であり、致命傷でもあった。

本共同研究で採用されている理論的枠組みでは、「政治の論理」は理念や理想の実現を目指し、「メディアの論理」は影響力の最大化をめざす行動原理とされている。だが、大衆新聞の完成とともにメディア人としてのキャリアを積んだ橋本にとって、どうも影響力の最大化というテーゼこそ「政治の論理」として目指すべき〝理念〟に昇華していた気配がある。それは、影響力の拡大が自明のこととなる「メディアの政治化」第Ⅲ局面にどっぷりと浸かり、またその恩恵を受けた橋本の、メディア政治家たるゆえんと言うべきかもしれない。

橋本の事例を通じて、山田は後援会に代表される個人的集票システムを成立させているのは、支配の側面が弱い説得的権力であると主張する。そのことは、少なくとも候補者選択のレベルでは、政治が民主的に動いていることを意味する。だが、それは皮肉な結果を招く。だからこそ、政治家は自らの当選を安定したものにするために金をはじめとする多くの資源を投入せざるを得ない。それは構造的腐敗につながる。橋本はその逆機能に巻き込まれ、晩節を汚したのである。

その逆ループから逃れるすべはなかったのだろうか。本書では、その方法論として、自らを「モラル装置化」によって増大する矛盾を軟着陸させる手法を指摘してきた。橋本ははっきりとその道を目指していた。そもそも、橋本はモラリスティックな人間でもあった。飛鳥京への着目、重症心身障害児救済への熱意、社会教化の唱道、そして仏教への傾倒。おそらく、七四歳での潮音寺の創建を機に、後継者を選び、引退して回想録を書く晩年を橋本は夢想していたに違いない。また、それをうかがわせる発言をいくつも残している。

ただし、それはロッキード事件という超弩級のできごとによってひっくり返されてしまう。『評伝』は「ロッキード事件の渦中に巻き込まれていなかったら、もっと早くに政界を引退し、文字通り有終の美を飾ることができただろう」とする。「が、同事件での汚名を晴らすためにもと、昭和五五年、七九歳で連続一三回当選を目ざして出馬に踏み切ったものの、五〇〇〇票弱の差で涙をのんだ」(313)。

自分に向かって牙をむいてきた「メディアの論理」は、モラル装置化によって店じまいをしようとしていた橋本にとって払いのけられるようなものではなかった。それこそが、橋本が今に至るまで、ほとんどと言っていいほど再評価の対象にならず、単に忘れ去られた政治家となっている最大の原因だ。

対照的なのが、田中角栄である。橋本より一七歳若かった田中は、ロッキード事件に正面から対抗しようとした。その方法論は、本書が依拠する「メディア化の四段階」モデルの最終段階に相当する「自己メディア化」だった。

田中はみずからを包囲する圧倒的なメディアの圧力に抗し、闇将軍と呼ばれるような自己メディア化を成し遂げて権力を握り続け、政界に影響を与え続けた。最終的に悲劇的な結末を迎えたにせよ、たとえば、立花の「田中角栄研究」と同じ文藝春秋社が出す『週刊文春』に事件から半世紀近くたって連載された真山仁の『ロッキード』が、全面的な田中への同情と再評価に彩られているのは、長い時を経て田中が勝ち取ったひとつの勝利と言えるのではないだろうか。

　田中と同様に全面否認し、自らの無罪を訴えていた橋本が忘れ去られた理由はどこにあったのか。それは逆説的ながら、朝日新聞記者だった自らのメディア出身という出自だったように思えてならない。すでに触れたように、橋本は濡れ衣を主張しながら、逃げ隠れせず、メディアを信じた。潔いと言えば言えようが、ありていに言えばそれは自らの「気の弱り」でもあった。

　落選した年の秋、橋本は「煩悩にもいろいろありますが、いま私の悩みは、不安というか、いらだちというか、些末な神経から逃れて、恍惚の境地でありたいということです」と『季刊慈母観音』一九八〇年冬季号に書いた(15)。「もちろん、恍惚の人を願っているわけじゃありませんが、ある種の厭世観に興味を覚えている、と言ったら不真面目だと叱られましょうね」と続ける橋本から、人生の最後に直面した絶望を読み取っても間違いではあるまい。

　一九八二年六月。一審判決言い渡しを二日後に控えた六日、潮音寺で年に一度の大法要に臨んだ。『読売新聞』一九八二年六月七日付朝刊によれば、橋本は集まった三〇〇〇人の信者、支援者に次のように語りかけた。「人類は暗闇の中にあります。物質文明は華やかなのに、なぜ私たちは心に不安を感じるのでしょう。それは宗教する心が失われているからです。信仰なき政治は、砂上の楼閣に過ぎないのであります」。

平成となった一九九〇年一月一九日、橋本は肺炎をこじらせ亡くなった。八八歳。二カ月前に米寿の祝賀会を開催したばかりだった。

情報産業振興議員連盟の機関誌とも言える『情報化研究』一九九〇年三月号は、日本の半導体産業の隆盛に道を開いた超LSI研究開発と、それまで電電公社が独占していた通信回線を開放し、コンピュータと通信の融合の道を開いたことの二点をとりわけ特筆すべき業績に挙げ、「わが国に牢固として存在する縦割り行政を横断的に組織」し、「従来の経緯とか部内の対立を調整し高所判断によって政策化」したと述べて死を悼んだ(19)。

「凡俗の常識では、とうてい理解できない政治家でありました」と、『週刊新潮』一九九〇年二月一日号が「墓碑銘」の欄で政治評論家の言を紹介している。「まったく趣味もなく、日常会話の極端に少ない人といわれ、いつも茫洋とした顔でいるけれど、〃あれが曲者で、頭のなかは権謀術数が渦巻いている〃と評されていました」(123)。権謀術数はその通りとして、では協同や情報社会といった理想は残っていたのだろうか。あるいはまだ、満洲事変勃発に沸き立つ編集局の喧噪、南京入城の軍靴の響き、ニッカ・サントリー・オールドパーやら十当七落・五当三落やらとうそぶく権力ゲームのざわめきがこだましていたのだろうか。

大衆社会への階梯

速度は大衆社会に下りていく階梯として機能している。私自身の記憶をたどれば、新聞記者時代、締切まであと一分、いや、すでに締切を過ぎて輪転機を止めて待っているという修羅場は珍しくなかった。すでにゲラは上がっていて、その中に空け組みされて原稿を待っているスペースが白く浮かんでいる。あと一分。あと三〇秒。もはや「早くしろ」などという叱咤すら飛ばない奇妙な静寂がぽっかりと出現している。

そこでは、たいがいの内省や逡巡、熟慮や自制は吹き飛んでしまう。時間の経過を高速度撮影によるスローモーションみたいに変えてしまうアドレナリンの分泌に翻弄されながら、新聞記者は大衆の原像、いや幻像を見る。

満洲事変の初報が飛び込んできた一九三一年九月一九日未明の東京朝日新聞社編集局は、まさしくそんな場所であったに違いない。東京朝日と大阪朝日とでは、事変勃発を伝える紙面の作りが大きく違ったことはよく知られている。「政府の仮想敵国」とまで称された大正デモクラシー時代の栄光を残していた大阪朝日は、慎重な紙面作りを行った。対して、東京朝日は大衆に向けてぐっと踏み込んだ紙面を作った。

ちなみに、当日の東朝整理部長は、戦後右翼的評論家として活動を続けた武藤貞一という人物だった。武藤は活躍を認められ、その後天声人語の筆者として大阪本社へ異動する。抜擢したのは、朝日における絶対的な権力者であった村山龍平。が、速度と熱狂に乗った武藤は、戦後の朝日にとってあまり都合のいい存在ではなかった。天声人語は今も朝日の金看板だが、その筆者としては武藤の名はほぼ黙殺されている。

話を元に戻すと、その、躍るような東京朝日編集局に、おそらくは社会部遊軍（内勤）だった橋本登美三郎もいただろう。鉄火場と化した編集局（ニュースルーム）ほど、血湧き肉躍るものはない。当日、朝日にとって、あるいは日本にとって重要かつ本質的な問題だったのは、戦争に踏み込む前の熟慮であり、沈思黙考であったことはまちがいないが、実際に冷静に戦争を危惧し、熱狂を危ぶむ感情があったとすれば、それは大方のところ後付けの理屈か、でなければ主役から外れた者の僻（ひが）みにすぎなかった。

橋本も痺（しび）れるような興奮を覚えたに違いない。その後の軌跡は、すでに書いた通りである。満洲に馬占山との会見をものにし、南京攻略戦取材では前線総司令として陥落の一部始終を目撃した。当時の橋本の筆致からは、そうした現場に立ち会ったことへの興奮こそあれ、一歩引いた立場からの内省や批判は感じられない。

だが、戦後も橋本は最後まで、そうした興奮について言い訳をしたり、後付けの釈明を行ったりはしなかった。もちろん、開き直って当時の興奮を偽悪的にあげつらうこともしていない。橋本はただ、茫洋として笑っていただけである。橋本は政治家時代、夜回りに来る新聞記者たちを相手に、よく中国大陸での取材をめぐる武勇伝をして愉（たの）しんだという。その内容は今となっては知るすべもないが、橋本がそのとき、日中戦争の意味について、報道が社会に与えた影響について、いろいろと考察してみせたとは考えられない。ただ、取材活動におけるちょっとしたエピソードやこぼれ話、思い出をおもしろおかしく、披露してみせただけだろう。八〇歳を越えて、南京陥落のときの証言を求めに来たジャーナリストを、軽くあしらったときのように。

それはむろん、「重要で本質的なこと」をわざと話から外しているのである。そんな新聞記者は、めずらしくない。なぜなら、満洲事変において完成形を見出した現代の大衆新聞で働き、速度がもたらす熱狂を経験した新聞記者が、結果として大衆社会に与えた影響を少しでも自覚していたならば、自分自身の存在を棚に上げて、その内実を云々するなどという偽善に耐えられるはずがないからである。

本書冒頭で、橋本の三三回忌法要で元ボディガードの空手家が氷柱割りの演武で振り払おうとしたのは、「政治のメディア化」という〝魔〟だったのではないかと述べた。結局のところ、橋本が〝魔〟の向こう側に見たのは、「重要で本質的なこと」であるがゆえに口にできない、口にしてはいけないという倒錯した大衆社会のルールだった。そのルールは今も変わらず、現代を支配している。

橋本が、「好人物」で「アバウト」な人物像のかげに、「ムッツリ」として近寄りがたく、かつ気性の荒い側面を隠し持っていたことに、これまでしばしば触れてきた。その二面性は、潮来から東京に、周縁から中心に移動してきたマージナル・マンの特性であると同時に、大衆新聞の全盛期にかかわった者たちが共有していた速度や熱狂、そしてそれに対する後ろめたさと秘密の感覚から生み出されたものと考えるのが自然である。

橋本とつきあいのあった評論家の俵孝太郎は、橋本が米寿に達した年の暮に記者が集まって、日本記者クラブで祝賀会を開いた際のもようを記している。政界引退後、潮音寺に籠もっていることが多かった橋本も、この晩は久しぶりに昔なじみにかこまれて大喜び、「ちょっと挨拶する、といって、一時間近くも立ったまま話した」という。

「一時間の挨拶には、立って聞いている参会者も参った」と俵は書いている。「みんな、それなりに老人ばかり」だからだ。と、「しばらくして、橋本が風邪をこじらせて入院した、という話が伝わってきた。あれだけ元気だったのだからたいしたことはないだろう、といっているうちに、年を越した正月に亡くなってしまった」。

増上寺で行われた葬儀で、夫人の美也にお悔やみを申し述べたら、「最期まで付き合ってやっていただいてありがとうございました、と挨拶された」という。「そういえば、トミさんのところには、ロッキード事件以降、足が遠のいた奴らが少なくなかったんだなと、橋本の晩年の寂寥に、あらためて思い至ったものだ」と、俵は愛惜を込めて書いている（俵：174）。

橋本の死後、潮音寺に参る参拝客はほとんどみられなくなった。境内は雑草が生い茂る状態になっていた。荒れ寺、と言っていい状態だった。

二〇〇八年三月一日付読売新聞に、潮音寺を取り上げる記事が掲載された。薬師寺からやってきた大谷徹奘 副住職に取材した記事だ。

参拝客が激減したことを伝え聞いた薬師寺が東関東別院として復興することになり、二〇〇四年六月、当時東京担当の執事だった大谷が副住職として送り込まれた。「誰もいない本堂で読経する姿が心を動かしたのか、法話や写経に足を運んでくれる参拝者も増えた」。「決心と再起のお寺」とパンフレットに刷り込み、心の学舎（まなびや）として広く開放したいと願っている、とある。

だが、そこに東日本大震災が起きた。干拓地を埋め立てた地盤は震災で液状化を起こし、立ち入り禁止にせざるを得なかった。

東日本大震災後、一六棟あった建物は四棟を残して解体を余儀なくされた。各種店舗が入居して賑わっていた仲見世も姿を消し、駐車場に変わった。

潮音寺が、橋本の権勢を背景に創建された寺院であることはまちがいない。二〇二〇年から住職を務める村上定運（じょううん）は、冒頭に触れた橋本の三三回忌法要で、橋本の功績にも言及した。しかし、もはや橋本に、あるいは政治にすがってどうにかなる時代ではない。「これからは、地域の寺として生きる道をさがさなければならない」と村上は言う。

とは言え、そもそも橋本の没後、日本はバブルが崩壊し、「失われた三〇年」に突入してしまった。潮来の町も成長がとまり、人口減少に見舞われている。

いったい、これからどうなるのだろう。そう思って境内を歩いていると、小さな希望をみつけた。

潮音寺は今、花の寺として境内の一部を地域に開放し、草花を植えてもらっている。その一角に、手入れされたボタン、ダリア、アジサイ、バラなどが丹精されている。

聞くと、周辺に増えてきた外国人たち、とりわけ東南アジアの仏教国から来た人々が集まり、寄進して花を育てているそうだ。

地域の寺としての潮音寺が、毎年八月に一万本のろうそくを境内いっぱいにともす「万燈会（まんとうえ）」は、すっかり夏の風物詩として定着した。橋本が寺を開いたときの熱狂こそないが、その代わり、ゆらゆらと揺れる無数の灯りを眺める地域住民の視線の先には、穏やかな日常へのいつくしみがある。

橋本は保守政治家として生涯を終えたが、若いころは国際聯盟に理想を燃やし、中国大陸に日中連携の夢を追った。戦後になってからも世界連邦論者だった。

なにもない天地に突然出現した大寺に、三万人の人々が押し寄せ、その中を歩む橋本へわれさきに手を差し伸べた。潮音寺開山会の熱狂はたしかに、政治家橋本登美三郎の頂点だったが、栄華は驚くほど早く消え去ってしまった。

槿花一日のロッキード観音。

だがそこには今、思いもかけないルートでやってきた新しい営みが再び、たしかに芽吹きつつある。

あとがき

本列伝シリーズで私が執筆者の末席を汚す意味があるとすれば、四半世紀にわたって新聞社の現場にいた経験を持っている、ということくらいだろう。メディアの現場にいる者は少数の例外を除いて「メディア論」や「ジャーナリズム論」から距離があるが、五〇の手習いで学究の世界の門を叩いたからといって、理屈を振りかざしてもみっともない。せっかくならば現場感覚からあまり離れずに、現場でこっそりと共有されている「ものごとの感触」を書いてやれ、と思った。

それはたとえばこういうことである。新聞記者がジャーナリズムを語るとき、たとえ公衆の面前では権力の監視という命題や、弱者に寄り添うという規範や、健全な民主主義の実現に資するという大義について話していても、記者同士の内輪の場面になると、話の本筋はいつの間にか夜回りの苦労だったり、締切直前のスリルだったり、抜いた抜かれたの武勇伝になる。それはいったいなんなのか。

記者のついつい格好をつけて「ワルぶる」傾向かもしれないし、カッコいいことを大上段に語ることを恥ずかしく思う「照れ」かもしれない。あるいは、いい記者に必然的に付随する「おまけ」の魅力みたいなものかもしれない。

しかし、ひょっとして「権力監視」や「弱者への寄り添い」や「民主主義への貢献」がおまけで、

「夜回りの苦労」や「締切直前のスリル」や「抜いた抜かれた」こそが本筋であったとしたら？

そんな恐ろしいことを考えさせるのが、橋本登美三郎である。なぜなら、かれの生涯はそうでも考えないと脈絡が付かない矛盾に満ちているからである。

幼いころは「弱虫・秀才型」の本ばかり読んでいる虚弱児で、いじめられっ子の友人に心を寄せる優しい子供だった。それが中学に入るとバンカラに変貌し、早稲田時代は雄弁会に所属して大山郁夫や浅沼稲次郎といった社会主義者と極めて近いところにあった。中国大陸の若者と連携して東アジア社会そのものを変えていくという壮大な夢を持ち、朝鮮半島や台湾の独立運動にシンパシーを寄せた。

朝日新聞社に入れば、その自由主義的なスタンスに共鳴し、戦後も「協同主義」を掲げいわば左派の立場を政治家としての出発点とした。その後も重度心身障害児（者）救済の取り組みや、福祉社会実現への呼びかけを続け、最晩年には仏教に傾倒して社会教化を説いた。

だが、そうしたリベラルな肌合いとまったく衝突するように、満洲事変や南京陥落の勇ましい取材経験を興奮する読者を前にトクトクと講演して回った。六〇年安保に際しては今で言う反社会勢力を動員しようと試みたという説が流れたり、言論の自由を踏みにじるようにテレビ局に圧力をかけたりした。恥じることなく地元への利益誘導、族議員としての就職斡旋に精を出し、田中内閣では金権政治、金権選挙の先頭に立って旗を振り、ロッキード事件では塀の内側に落ちてしまった。

この矛盾にどう説明をつけるべきか。こう考えた。どちらが本当の橋本、というわけではない。その後ろに、本当の橋本が隠れているのだ、と。ちょうど、新聞記者が内輪の飲み会で初めて、本心を表出するように。

だから、橋本登美三郎は、そして大多数の新聞記者は、善人でも悪人でもない。ただ、速度というもののの魅力を目にして、それにとりつかれてしまっただけなのだ。ヴィリリオがいう「成功、それはより優れた速度性能に手が届くこと、百花一律なドレスアップを自分だけ免れているような気がすること」に、たまたまメディア、あるいは政治という装置の内部にいたために触れてしまったことの帰結に正直であっただけなのである。

橋本はアバウトで気のいい、ホトケのトミさんとして知られたが、一方でむっつりとして無口で、取っつきが悪かったという証言は本書でも紹介した通りいくつもある。それは、大衆社会において新聞記者は当事者であり、けっしてどこかの高みから批判を垂れて済むような存在ではないのだという自覚からきたものだったに違いない。

殺到する外電、数行殴り書きされるハシからひったくられていく原稿用紙、整理部員の頭の中から流れ出す見出し、機械と化したように動く文選工の手、それらを統括するデスクや編集長の短く厳しく無礼かつ的確な指示。インキがべたべたと手に付くままに上がってくる大刷り、瞬時に回転数を上げる輪転機の轟音。そうした営み全体が織り成す新聞というシステムが速度を上げて大衆社会に入り込んでいく、まさにその瞬間に橋本は立ち会った。

速度は、本来リベラルで、弱者の味方であり、内気で病弱なはずの橋本を、金権政治のやりとりに、切った張ったのパワーゲームにのめり込ませていった。戦後「協同」の理念を掲げ、助け合いの精神に基づく福祉国家をめざした橋本が、打って変わって大金をばらまき、ヘリを駆使して総選挙の大勝負に臨む自民党幹事長となって感じていたのは、まさしく新聞記者時代に感じた速度の感覚と同種のなにかだったのではなかったか。ロッキード事件で、「田中派の選挙を仕切っていたオレが、五〇〇万程度の金を気にすると思うか」という言葉を正面から批判する気には、私はなれない。「汝(なんじ)らのうち、罪なき者まず石をなげうて」である。

新聞が作り手に速度と熱の感覚をもたらすものだとすれば、共同研究の成果を一冊の本にまとめるというのは、格段に高踏的な作業である。締切は月単位、年単位であり、その分、一歩引いたところからの視点が求められる。本書は、基本的に一秒先の締切に向かって走ることを生業(なりわい)とし、快感を覚えていた元新聞記者の内省の記録でもある。

「近代日本メディア議員列伝」に橋本登美三郎を取り上げようと思ったのは、共同研究で「大阪系全国紙」を担当していたときに視界に入ってきたからである。朝日、毎日からは多くの政治家が輩出している。朝日で言えば緒方竹虎、河野一郎といった首相をうかがった大物がいる。毎日で言えば、平民宰相と呼ばれた原敬(たかし)は元大阪毎日新聞社長。取り上げる候補には事欠かない。

ただ、そうした「大物」はすでに評伝もあるし、研究も進んでいる。もちろん、先行研究を乗り越える新しい知見を導き出すことこそ研究の醍醐味(だいごみ)だが、一方で、生来の天邪鬼(あまのじゃく)が頭をもたげた。「王道を行くな。脇道を行け」と。

橋本登美三郎が「脇道」とは誤解を招く表現かもしれない。当選回数一二回は本列伝で取り上げられる政治家の中でもっとも多い数字である。首相の座をうかがうことこそなかったが、佐藤内閣の官房長官を務め、運輸相、建設相を歴任、さらに田中角栄内閣の幹事長として権勢をほしいままにした。だが、ロッキード事件で逮捕、有罪となり、政治家としてはその功績はほとんど忘れ去られ、今や黒色高官のイメージしか残っていない。まして橋本がもともと朝日新聞記者だった事実は、一般にはほとんど知る人すらいないだろう。

加えて、「脇道」というにはもうひとつ理由がある。本書冒頭で三三回忌のシーンを紹介したが、橋本はまだ「歴史」になりきっていない。ロッキード事件後も橋本は当選を重ねたが、支援を続ける地元有権者たちに当時、全国から冷ややかな視線が送られた。具体的には言えないまでも、今でもそのトラウマめいた感情が地元には残っていると感じる。ゼネコン汚職で、盟友とも言えた茨城県知事、竹内藤男が逮捕されたこともあるだろう。今回の取材過程でも、そうした空気ははっきりと感じられた。なぜ橋本について掘り起こそうとするのか、迷惑だと暗にほのめかす空気があった。

本書がジャーナリズムではなく、歴史学の方法論に基づく著作だとすれば、「歴史」になりきっていない対象を取り上げるのは決して褒められたことではなかったかもしれない。

しかし、そうした危険性をあえて背負ってでも、橋本登美三郎とは追いかけるに価する対象だった、と今は思う。橋本は、多彩で、しばしば相互に矛盾する複数の側面を持っている。内気で病弱な少年時代とバンカラで行動的な青年時代。地元とのつながりと、地元を離れたいという欲求。記者としての名声とコンプレックス。リベラルさと保守性。理想政治と現実政治。仏心と金権。よく言えば融通無碍、悪く言えば矛盾だらけの人生を、橋本は最後に統合しようとした気配があるが、突然見舞われたロッキード事件という嵐に巻き込まれるかたちで、その機会は失われた。

冒頭、橋本の墓は二つあると書いたが、実はもうひとつある。潮来市街にある古刹（こさつ）長勝寺に、父高次郎、母登美ほか一族の墓と並んで「勲一等橋本登美三郎」と刻まれた墓が立っている。二〇二四年一月に訪れたとき、誰が供えたのか、一対の仏花が風に揺れていた。

多かれ少なかれ、「メディア議員」は「ジャーナリズム研究者に無視されてきた」（佐藤卓己『池崎忠孝の明暗』あとがき）が、中でも橋本は最たるものだろう。その橋本に、わずかでも違う方向からの光が当てられたとしたら、本書の狙いは大半達せられたことになる。

二〇二四年一月

松尾理也

※本書は、科学研究費基盤研究（B）「近代日本の政治エリート輩出における「メディア経験」の総合的研究」（代表者・佐藤卓己、研究課題 20H04482）および同若手研究「占領期大阪の新聞と「関西ジャーナリズム」の変容をめぐるメディア社会学的研究」（研究課題 22K13555）の研究成果の一部である。

引用文献

以下は参照文献リストではなく、引用の典拠を示すために本書で直接引用した文献に限り列挙したリストである。橋本登美三郎自身が執筆あるいは対談やインタビューに応じるなどした文献については著作年譜に示した。本文中に日付や発行日を明記した新聞記事、雑誌記事等は省略している。

・浅川博忠『自民党・ナンバー2の研究』講談社文庫・二〇〇二年
・朝日新聞社編『満州・上海事変全記』朝日新聞社・一九三二年
・朝日新聞社編『支那事変戦線より帰りて』朝日新聞社・一九三七年
・朝日新聞百年史編修委員会編『朝日新聞社史 大正・昭和戦前編』朝日新聞社・一九九一年
・足立利昭編『慈母観音開眼記念写真集』慈母観音出版社・一九七五年
・足立利昭『自民党人物風雲録―吉田茂から大平正芳まで』新世代システムセンター・一九八三年
・足立利昭「願主・橋本登美三郎先生小伝―その宗教観」山岡剛編『慈母観音十年史』慈母観音奉賛会・一九八六年
・足立利昭「アイデア縦横の猛烈幹事長―続・自民党を築いた人々⑨橋本登美三郎」『月刊自由民主』一九九一年一一月号
・天野郁夫『大学改革の社会学』玉川大学出版部・二〇〇六年
・雨宮昭一『戦後の越え方』日本経済評論社・二〇一三年
・荒瀬豊「思想統制の今日的問題状況―主としてマス・コミの動向を中心に」『教育評論』一九六四年一月号
・有山輝雄「福澤諭吉と「人民交通」」『「中立」新聞の形成』世界思想社・二〇〇八年
・池田一之『記者たちの満州事変―日本ジャーナリズムの転回点』人間の科学社・二〇〇〇年
・石井清司「テレビ界のトップたち⑧海老沢勝二」『政財界ジャーナル』一九九二年八月号
・石原慎太郎『国家なる幻影―わが政治への反回想』文藝春秋・一九九九年
・潮来町史編さん委員会編『潮来町史』潮来町役場・一九九六年

・井出武三郎編『安保闘争』三一書房・一九六〇年
・伊東圭一郎編『東京朝日新聞通信部の思出』非売品・一九三五年
・伊東五郎編『写真集明治大正昭和鹿島・潮来・神栖・牛堀』国書刊行会・一九八六年
・伊藤隆、森田美比「大正中期〜昭和三〇年の反既成政党勢力─茨城県の場合」『社會科學研究』一九七七年八月号
・伊藤昇（述）「遊軍の本質示した社会部記者」『別冊新聞研究　聴きとりでつづる新聞史』一九八九年一二月号
・伊藤昌哉『実録自民党戦国史─権力の研究』朝日ソノラマ・一九八二年
・稲葉三千男「〝安保〟とマスコミ」『国民文化』一九六九年一二月号
・井上友一郎「机の下で生まれた長官夫婦」『週刊現代』一九六五年四月二二日号
・茨城農政十年史編集委員会編『茨城農政十年史』茨城県興農推進連盟・一九五八年
・今井正剛「南京城内の大量殺人」高梨正樹編・猪瀬直樹監修『目撃者が語る昭和史第五巻日中戦争』新人物往来社・一九八九年
・今西光男『新聞　資本と経営の昭和史─朝日新聞筆政・緒方竹虎の苦悩』朝日選書・二〇〇七年
・今西光男『占領期の朝日新聞と戦争責任─村山長挙と緒方竹虎』朝日選書・二〇〇八年
・岩上二郎『わが愛の哲学』川又書店・一九七六年
・岩川隆『忍魁─佐藤栄作研究』徳間文庫・一九八四年
・岩川隆『日本の地下人脈─戦後をつくった陰の男たち』祥伝社文庫・二〇〇七年
・植田公男「樺太の夏」『樺太』一九三九年七月号
・魚住昭『渡邉恒雄─メディアと権力』講談社・二〇〇〇年
・臼井健治『日本のコンピューター開発群像』日刊工業新聞社・一九八六年
・梅棹忠夫『情報の文明学』中公文庫・一九九九年
・逢坂巌『日本政治とメディア─テレビの登場からネット時代まで』中公新書・二〇一四年
・大下英治『児玉誉士夫闇秘録』イースト新書・二〇一三年

・大嶽秀夫「外国人日本研究者による参入」『ＵＰ』一九九六年九月号
・大坪景章編『ドキュメント成田空港―傷だらけの15年』東京新聞出版局・一九七八年
・小笠原信之『ペンの自由を貫いて―伝説の記者・須田禎一』緑風出版・二〇〇九年
・岡村二一「政治家と人相」『政治公論』一九六〇年七月号
・岡本光三編『日本戦争外史 従軍記者』新聞時代社・一九六五年
・奥島貞雄『自民党幹事長室の30年』中公文庫・二〇〇二年
・尾崎士郎「早稲田大学について」永井道雄編『近代日本の名著⑥日本の教育思想』徳間書店・一九六七年
・風間道太郎『尾崎秀実伝』法政大学出版局・一九六八年
・片岡浪秀「古垣鐵郎と野村秀雄にみる放送と新聞の関係」『Arts and Media』大阪大学大学院文学研究科文化動態論専攻アート・メディア論研究室・二〇一七年七月号
・金田茂郎「「青少年保護育成条例」制定の動向と子どもの権利」『教育』一九六四年六月号
・河谷史夫『新聞記者の流儀―戦後二四人の名物記者たち』朝日文庫・二〇一二年
・北浦雅子『哀しみと愛と救いと 重症心身障害児を持つ母の記録』佼成出版社・一九六六年
・北岡伸一『自民党―政権党の三八年』中公文庫・二〇〇八年
・木下半治著『右翼テロ―泥沼にうごめく反動団体』法律文化社・一九六〇年
・木本正次『砂の十字架―鹿島人工港ノート』講談社・一九七〇年
・楠田實『首席秘書官―佐藤総理との10年間』文藝春秋・一九七五年
・「楠田實資料（オンライン版）」『近現代史料データベース』ジャパンデジタルアーカイブズセンター https://j-dac.jp/KUSUDA/index.html
・倉成正、中山太郎ほか「特別座談会 越えるべき多くの壁―これから議員連盟が果すべき役割」『コンピュートピア』一九七四年二月号
・倉光俊夫「そんなのはいやだ」『政界往来』一九六五年九月号

・建設者同盟史刊行委員会『早稲田大学建設者同盟の歴史―大正期のヴ・ナロード運動』日本社会党中央本部機関紙局・一九七九年
・小板橋二郎「NHKを壟断する怪物たちの正体」『現代』一九八〇年八月号
・高坂正堯「佐藤栄作―「待ちの政治」の虚実」渡邉昭夫編『戦後日本の宰相たち』中央公論社・一九九五年
・香山健一『未来学入門』潮新書・一九六七年
・香山健一「情報社会論序説」『別冊中央公論経営問題特集号』一九六八年一月号
・国際聯盟協会編『国際聯盟協会会務報告』大正一五年度、国際聯盟協会
・小堺昭三『破天荒一代―ごじゃな奴（上）』角川文庫・一九八一年
・児島宋吉（述）「異色紙「都新聞」の幹部」『別冊新聞研究 聴きとりでつづる新聞史』一九八一年一〇月号
・後藤美也「ある感想」『生活科学』一九四八年八月号
・後藤美也「最後の晩餐」『婦人生活』一九五一年四月号
・後藤田正晴『情と理―カミソリ後藤田回顧録（上）』講談社文庫・二〇〇六年
・小林宏一「メディア性とメディア秩序―メディア論の今日的課題」児島和人編『講座社会学⑧社会情報』東京大学出版会・一九九九年
・小林宏治『知識産業の未来を拓くコンピュータ時代への挑戦』実業之日本社・一九六八年
・小林春男、原園光憲『妖怪の系譜―小林春男の手記』人間の科学社・一九八四年
・小松左京『やぶれかぶれ青春記・大阪万博奮闘記』新潮文庫・二〇一八年
・酒井三郎『昭和研究会―ある知識人集団の軌跡』中公文庫・一九九二年
・坂本英雄「思想的犯罪に対する研究」『司法研究第八輯』司法省調査課・一九二八年
・佐藤栄作『佐藤栄作日記第一巻』朝日新聞社・一九九八年
・佐藤卓己「「放送＝通信」教育の時代―国防教育国家から生涯学習社会へ」佐藤卓己、井上義和編『ラーニング・アロン』新曜社・二〇〇八年

・佐藤卓己『負け組のメディア史—天下無敵野依秀市伝』岩波現代文庫・二〇二一年
・佐藤俊樹『社会は情報化の夢を見る』河出文庫・二〇一〇年
・佐藤寛子『佐藤寛子の「宰相夫人秘録」』朝日新聞社・一九七四年
・産経新聞取材班『国会議員に読ませたい敗戦秘話』産経新聞出版・二〇一六年
・塩崎弘明「革新運動・思想としての「協同主義」—その諸相と比較」『年報・近代日本研究』一九八八年一一月号
・塩崎弘明『国内新体制を求めて—両大戦後にわたる革新運動・思想の軌跡』九州大学出版会・一九九八年
・篠田弘作『政界三十三年』篠田政治経済研究会・一九七八年
・信太澄夫『地方文化のカルテ』今井書店・一九七三年
・島桂次『シマゲジ風雲録—放送と権力・40年』文藝春秋・一九九五年
・島田滋敏『「よど号」事件 三十年目の真実』草思社・二〇〇二年
・白根礼吉「コンピュータリゼーションと思考革命」『講座 情報社会科学⑾知識と思考革命I知識の構造』学習研究社・一九七六年
・社会部史刊行委員会編『社会部記者—大毎社会部七十年史』毎日新聞大阪本社社会部内社会部史刊行委員会・一九七一年
・城敏夫「緒方竹虎の心境」『財界』一九五五年一二月号
・須田禎一『独絃のペン・交響のペン—ジャーナリスト30年』勁草書房・一九六九年
・千田夏光『砂のつぶやき』新日本出版社・一九八二年
・竹中佳彦「戦後日本の協同主義政党—協同主義の通俗化と分化」『年報政治学』一九九八年号
・立花隆『ロッキード裁判とその時代①』朝日文庫・一九九四年
・立石泰則『覇者の誤算—日米コンピュータ戦争の40年』講談社文庫・一九九七年
・田中香苗回顧録刊行会編『回顧田中香苗』非売品・一九八七年
・俵孝太郎『政治家の風景』学習研究社・一九九四年
・田原総一朗『マイコン・ウォーズ』文藝春秋・一九八一年

・田原総一朗『日米インテリジェンス戦争―アメリカが仕掛けたソフトの罠』文藝春秋・一九八九年
・田原総一朗『日米IT戦争のカラクリ（田原総一朗自選集3）』アスコム・二〇〇五年
・田村建雄「追いつめられたNHKのドン」『SAPIO』二〇〇五年一月五日号
・千葉県立佐原高等学校創立百周年記念事業実行委員会内校史編纂委員会編『佐原高等学校百年史』千葉県立佐原高等学校創立百周年記念事業実行委員会・二〇〇一年
・佃均『日本IT書記　第四分冊』ナレイ株式会社・二〇〇五年
・土屋礼子「毎日・朝日の二大新聞社における「東亜」の組織と記者たち」『インテリジェンス』二〇一五年三月号
・都筑久義「作家以前の尾崎士郎―その社会主義運動について」『国文学研究』一九七三年二月号・早稲田大学国文学会
・鉄道人佐藤栄作刊行会編『鉄道人佐藤栄作』「鉄道人佐藤栄作」刊行会・一九七七年
・戸川猪佐武『保守を支える人々』民族と政治社・一九六七年
・徳川義親『江南ところどころ』モダン日本社・一九三九年
・中野士朗『田中政権・八八六日』行政問題研究所出版局・一九八二年
・夏堀正元「NHKの自主規制」『現代の内幕―恐るべき日本』山王書房・一九六八年
・波野拓郎『知られざる放送―この黒い現実を告発する』現代書房・一九六六年
・日本労働組合総評議会編『月刊総評』一九六〇年一一月号
・ぬかが福志郎『風雲ヤセがまん記』茨城新聞社・一九八六年
・根津朝彦『戦後日本ジャーナリズムの思想』東京大学出版会・二〇一九年
・野依秀市『楽土激土』秀文閣・一九三八年
・萩森健一『本社の南方諸新聞経営―新聞非常措置と協力紙』朝日新聞社史編修室・一九六九年
・パーク、R.E.「人間の移住とマージナル・マン」『実験室としての都市―パーク社会学論文選』（町村敬志、好井裕明訳）御茶の水書房・一九八六年（Park, Robert E. Human Migration and the Marginal Man, American Journal of Sociology, XXXIII, May 1928, pp.881-893.）

・畠中秀夫「「南京大虐殺」説の周辺」『じゅん刊世界と日本』一九八五年一月号
・八十年史編集委員会編『早稲田大学雄弁会八十年史』早稲田大学雄弁会OB会・一九八三年
・服部龍二『田中角栄―昭和の光と闇』講談社現代新書・二〇一六年
・林雄二郎『情報化社会』講談社・一九六九年
・早野透『田中角栄―戦後日本の悲しき自画像』中公新書・二〇一二年
・土方正巳『都新聞史』日本図書センター・一九九一年
・「評伝・橋本登美三郎」刊行会編『評伝・橋本登美三郎』評伝・橋本登美三郎刊行会・一九八九年
・平輪光三『野口雨情―近代作家研究叢書（五八）』日本図書センター・一九八七年
・福地周蔵『日本再建の方向と郷土建設』福地政治文化研究所・一九四七年
・福家俊一「ロシア娘が「オーチン　ハラショー」」『週刊読売』一九八六年四月一三日号
・藤倉修一『マイク余談』隆文堂・一九四八年
・藤本亀「支那事変を飾る報道戦線の華」浜野基一編『カメラの戦士浜野嘉夫』浜野基一・一九三八年
・古澤磯次郎『古澤磯次郎関係文書』国立国会図書館憲政資料室所蔵
・保阪正康『田中角栄の昭和』朝日新書・二〇一〇年
・細川隆元『昭和人物史』文藝春秋・一九五六年
・細川隆元『実録朝日新聞』中央公論社・一九五八年
・細川隆元「政界人物点描」警視庁警務部教養課編『自警』一九六〇年一二月号
・細川隆元『朝日新聞外史―騒動の内幕』秋田書店・一九六五年
・細川隆元『隆元のはだか交友録―時事放談こぼれ話』山手書房・一九七七年
・北海道社会事業協会編『函館大火災害誌』北海道社会事業協会・一九三七年
・保利茂『戦後政治の覚書』毎日新聞社・一九七五年
・本所次郎「巨額暗黒資金―影の権力者の昭和史三巻」だいわ文庫・二〇〇七年

・本田毅彦「イギリス高等教育におけるオープン大学―エリート主義とオープン性の相克」佐藤卓己、井上義和編『ラーニング・アロン』新曜社・二〇〇八年
・牧本次生『日本半導体復権への道』ちくま新書・二〇二一年
・増田米二『コンピュートピア―コンピュータがつくる新時代』ダイヤモンド社・一九六七年
・増田米二『原典情報社会』ティビーエス・ブリタニカ・一九八五年
・升味準之輔『戦後政治 1945―55年（下）』東京大学出版会・一九八三年
・升味準之輔『現代政治 1955年以後（上）』東京大学出版会・一九八五年
・松尾理也「ポスト政論新聞・大阪系全国紙の迂回路」佐藤卓己、河崎吉紀編『近代日本のメディア議員』創元社・二〇一八年
・松下竜一『砦に拠る』筑摩書房・一九七七年
・松田浩『ドキュメント放送戦後史Ⅱ』双柿舎・一九八一年
・松本健一「〝美文〟だけでは揺るがぬ戦後体制」『朝日ジャーナル』一九七七年三月一八日号
・松行康夫「行政への挑戦」相島敏夫監修『コンピュータの限りなき挑戦』コンピュータ・エージ社・一九七〇年
・真山仁『ロッキード』文藝春秋・二〇二一年
・御厨貴「国土計画と開発政治―日本列島改造と高度成長の時代」『年報政治学』一九九五年号
・溝上瑛「新聞記者出身の政治家の「挫折」」『中之島から―大阪朝日の夕刊コラム』現代創造社・一九九四年
・三田村武夫『戦争と共産主義―昭和政治秘録』民主制度普及会・一九五〇年
・宮崎吉政『No.2の人―自民党幹事長』講談社・一九八一年
・武藤富男『私と満州国』文藝春秋・一九八八年
・村井哲也「Sオペレーションと総理官邸」『解題』https://j-dac.jp/KUSUDA/kaidai.html
・森詠「成田開港の仕掛人はだれか」『中央公論』一九七八年四月号
・安田寿明「情報産業の演出者たち」YTV情報産業研究グループ編『情報産業物語――知られざる陰の演出者たち』現代

教養文庫・一九七二年
・柳川喜郎（述）「海老沢勝二NHK会長支配、いま明かす」『AERA』二〇〇五年一月三日号
・矢部貞治『矢部貞治日記 銀杏の巻』読売新聞社・一九七四年 a
・矢部貞治『矢部貞治日記 欅の巻』読売新聞社・一九七四年 b
・山内和夫「東海大学政治経済学部創設の理念と実際」『東海大学紀要政治経済学部』二〇一六年号
・山岡剛編『慈母観音十年史』慈母観音奉賛会・一九八六年
・山岡剛「わが半生の記 情報産業とともに(1) 一本の電話が変えた人生」『情報化研究』一九九二年四月号
・山岡剛『情報産業とともに』産経新聞ニュースサービス・一九九七年
・山田真裕「自民党代議士の集票システム：橋本登美三郎後援会、額賀福志郎後援会の事例研究」筑波大学大学院博士課程社会科学研究科博士学位請求論文・一九九二年
・山本鉱太郎『新・利根川図志（下）』崙書房出版・一九九八年
・山本武利『朝日新聞の中国侵略』文藝春秋・二〇一一年
・有楽町人「政界新天気図（三）」『国会』一九五二年三月号
・吉村正、山田栄三『水戸っぽ・橋本登美三郎の半生』日東出版社・一九七一年
・和田純・五百旗頭真編『楠田實日記―佐藤栄作総理首席秘書官の二〇〇〇日』中央公論新社・二〇〇一年
・渡辺乾介「『田中角栄』政界浮上㊙計画」『宝石』一九七八年六月号
・渡邉恒雄『派閥と多党化時代』雪華社・一九六七年
・渡邉恒雄『政治の密室―総理大臣への道』雪華社・一九六六年
・渡辺保史「デジタルメディアの生態史―コンピュータと人間の20世紀⑲」『SCIaS』一九九八年八月七日号
・渡辺良智「情報社会論の再考察」『青山学院女子短期大学総合文化研究所年報』二〇〇三年一二月号
・渡辺利太郎「僕達の雄弁会時代」八〇年史編集委員会編『早稲田大学雄弁会八十年史』早稲田大学雄弁会OB会・一九八三年

橋本登美三郎　主要著作年譜

＊著作、関連文献についてはゴシック体で示した。

一九〇一（明治三四）年（0歳）
三月五日、茨城県潮来村で廻漕問屋「和田勘」を営んでいた橋本高次郎、登美の三男として生まれる。

一九〇七（明治四〇）年（6歳）
潮来町尋常小学校入学。

一九一三（大正二）年（12歳）
尋常小学校卒業。高等小学校入学。

一九一五（大正四）年（14歳）
三月、高等小学校卒業。中学校編入に向け猛勉強を開始する。

一九一六（大正五）年（15歳）
千葉県立佐原中学校三年生に編入。

一九二〇（大正九）年（19歳）
三月、佐原中学校卒業。

一九二一（大正一〇）年（20歳）
四月、早稲田第二高等学院に第一期生として入学。一一月、原敬暗殺。

一九二三（大正一二）年（22歳）
早稲田大学政経学部政治学科進学。五月、軍事研究団発足にあたり反軍事教練運動で活躍する。九月、関東大震災。

一九二四（大正一三）年（23歳）
六月、清浦奎吾内閣が倒れ、加藤高明・護憲三派内閣出現。雄弁会で「全国制覇」遊説旅行を敢行、北海道から樺太まで渡る。

一九二五（大正一四）年（24歳）
台湾、中国、満洲、朝鮮と遊説旅行。
「北京にて」『国際知識』一九二五年一〇月号

一九二七（昭和二）年（26歳）
年初から早稲田での大山郁夫の処遇をめぐる「大山事件」で中心的存在として活動するも三月、早稲田大学政経学部政治学科卒業。四月、朝日新聞東京本社入社。金融恐慌。このころ、田邊つなと結婚。

一九二八（昭和三）年（27歳）
三月一六日、長男太郎出生。

一九三一（昭和六）年（30歳）
九月、満洲事変勃発。秋、特派員として満洲に飛ぶ。東京朝日新聞一二月九日付「北満の飛将軍　馬占山と語る」

一九三二（昭和七）年（31歳）
一月二八日付東京朝日「戦線で活躍する事六〇数日、元気で帰社した」と短信。七月一八日、二男豪二郎出生。九月、朝日新聞東京本社札幌通信局長。
「馬占山の印象」朝日新聞社編『満洲・上海事変全記』朝日新聞社　四月二〇日

一九三四（昭和九）年（33歳）
三月、函館大火。根室通信部経由で原稿を送り速報合戦で勝利。

一九三五（昭和一〇）年（34歳）
二月二七日、母登美死去。

一九三六（昭和一一）年（35歳）
二月、朝日新聞東京本社南京通信局長。二・二六事件起こる。九月二五日付東京朝日新聞「全支報道陣を強化」社告で「南遣艦隊に橋本登美三郎」。一二月、西安事件。

一九三七（昭和一二）年（36歳）
七月七日、北京郊外で日中両軍が衝突（盧溝橋事件）。急激に日中関係が悪化し、八月、南京を大使館員らとともに脱出。「南京脱出記」が朝日紙上を飾る。
「南京籠城から脱出まで」朝日新聞社編『支那事変戦線より帰りて』朝日新聞社　九月二〇日
「来るべき新支那」『中央公論』一〇月号

一九三八（昭和一三）年（37歳）
五月、朝日新聞東京本社上海総局次長として上海に赴任。九月四日、佐藤栄作が鉄道省監督局鉄道課長として上海に赴任。

一九四〇（昭和一五）年（39歳）
八月、朝日新聞東京本社東亜部次長（兼満洲支局長）。このころから有志と日本の将来について考える「土曜研究会」を主催。

一九四一（昭和一六）年（40歳）
九月初め、満洲支局長として満洲国国務院総務庁弘報処長を務めていた武藤富男を訪ね、朝日新聞の満洲移駐案の下工作を行う。一〇月、朝日新聞大阪本社通信部長。

一九四三（昭和一八）年（42歳）

一一月、朝日新聞東京本社報道部長。

一九四四（昭和一九）年（43歳）

四月、朝日新聞東京本社東亜部長。

一九四五（昭和二〇）年（44歳）

八月、終戦。玉音放送翌日に辞表提出（受理は一一月）。退職金は六七〇〇円。一〇月一日、日本協同組合協会発足。一一月、日本自由党結成される。一二月一日、日本民党結党準備会開く。一二月三日、緊急綱領案決定。一二月九日、橋本が民党として初めての座談会を茨城で開催。

一九四六（昭和二一）年（45歳）

四月の第二二回総選挙で茨城県選挙区に立候補し落選。五月、第一次吉田政権成立。六月、日本民党解党。九月、潮来町長。

一九四七（昭和二二）年（46歳）

四月二二日、潮来町大火。三日後に第二三回総選挙（新憲法下第一回総選挙）、落選。五月、茨城県町村会副会長。六月、片山哲内閣成立（社会、民主、国協三党の連立政権）。大火からの復興のため、当時としては巨額の三〇〇万円を起債。

一九四八（昭和二三）年（47歳）

三月、潮来町農業協同組合長。一二月、茨城県信用農業協同組合連合会理事。一〇月、第二次吉田内閣成立。

一九四九（昭和二四）年（48歳）

一月二三日、第二四回総選挙で一一人の立候補者中、五万四〇六〇票を獲得しトップ当選。二月、湿田単作地域農業改良促進対策審議会審議委員。霞ヶ浦治水対策に乗り出す。自由党青年部副部長。一〇月、中華人民共和国成立。

一九五〇（昭和二五）年（49歳）

四月、自民党電気通信事業の公共企業体移行に関する特別委員会委員長。九月、自民党組織局組織部副部会長。六月、朝鮮戦争勃発。

一九五一（昭和二六）年（50歳）

「自由党早稲田派―わが党を語る」『早稲田学報』九月号

一九五二（昭和二七）年（51歳）

二月、自由党政調会電通部長。一〇月、第二五回総選挙。一一月、衆院電気通信委員長。

一九五三（昭和二八）年（52歳）

四月、バカヤロウ解散で第二六回総選挙。五月二一日、第五次吉田内閣発足。副総理となった緒方竹虎から篠田を通じ派入りを要請されるも動かず。六月、湿田単作地域農業改良促進対策審議会会長。

「電波随想」『電波時報』二月号／「型、型、型」『政界往来』一二月号

一九五四（昭和二九）年（53歳）

二月、造船疑獄。一二月七日、吉田内閣総辞職、一二月一〇日、鳩山内閣誕生。一二月、自由党政調会副会長。

「国勢調査視察記」『電波時報』九月号／「わが党の電波政策」『電波時報』一二月号

一九五五（昭和三〇）年（54歳）

一月二四日、鳩山が施政方針演説の後解散。二月、第二七回総選挙。三月、第二次鳩山内閣成立。自由党筆頭副幹事長に就任。幹事長は石井光次郎。一〇月一三日、左右社会党が統一、日本社会党に。一一月、保守合同に際して佐藤栄作、吉田茂とともに無所属に。自由民主党発足。

一九五六（昭和三一）年（55歳）

一月二八日、緒方竹虎急逝。四月五日、自民党党大会で総裁公選、鳩山信任。一一月二日、鳩山引退表明。一二月一四日、石橋湛山首班指名。

「民放は育っているか」『ＡＢＣ』一一月号

一九五七（昭和三二）年（56歳）

一月二四日、石橋肺炎で倒れる。二月一日、吉田茂、佐藤栄作とともに、自民党に入党。二月二三日、石橋内閣総辞職。三月二一日、岸信介が自民党総裁に選出される。五月、自民党電信電話事業特別委員会副会長。八月、自民党選挙対策委員会幹事。

「教育放送法を制定すべし」『電波時報』七月号

一九五八（昭和三三）年（57歳）

五月、自民党副幹事長。五月二二日、第二八回総選挙。九月、警職法改正案が浮上。

「年頭所感」『電波時報』一月号／「テレビはいかにあるべきか」『電波時報』四月号

一九五九（昭和三四）年（58歳）

一月一六日、児玉誉士夫立ち会いの下、岸・大野密約の証文。一月二四日、自民党党大会で岸再選。二月、自民党電信電話拡充特別委員長。六月二日参院選で岸勝利、内閣改造で池田

勇人入閣。河野一郎は閣外に去る。

一九六〇（昭和三五）年（59歳）

田中角栄、保利茂、愛知揆一、松野頼三とともに「佐藤派五奉行」。一月一六日、岸訪米阻止で全学連が羽田で警官隊と衝突。一月一九日、ワシントンでの日米安保条約改定調印式。二月五日、安保改定法案国会提出。五月一九日夜、新条約・新協定衆院強行採決。デモ激化。六月一五日、樺美智子の死。六月一六日、アイク（アイゼンハワー米大統領）訪日断念。六月一七日付東京七紙が「暴力を排し…」共同宣言掲載。六月一九日午前零時、安保改定自然承認。六月二三日、岸退陣表明。七月一四日、党大会で池田勝利。池田内閣誕生で建設大臣として初入閣。一〇月一二日、浅沼稲次郎刺殺。一一月、第二九回総選挙。

七月八日、つなとの離婚成立。

「（述）経済成長に合わせた新計画立案」『経済時代』九月号

「道路の重要性」川真田郁夫『メキシコへの道―世界道路会議に学ぶもの』徳島新聞出版部　一〇月一日

一九六一（昭和三六）年（60歳）

四月二四日、先妻つな死去。

五月、自民党電信電話事業特別委員会副会長。八月、自民党選挙対策委員会幹事。

「新段階に入る国土総合開発（国土総合開発一〇周年記念式典挨拶）」『国土』三月号

一九六二（昭和三七）年（61歳）

五月、新産業都市建設促進法公布。七月一四日、総裁選で池田が無競争再選。佐藤栄作に同行し外遊、ケネディと会談。

一一月、池田内閣が「第二国際空港建設の方針」を閣議決定。

「「電電十年の歩み」に寄す」『電電十年の歩み』通信興業新聞社　九月二〇日

一九六三（昭和三八）年（62歳）

一月の自民党大会で派閥解消の声高まる。六月、運輸相綾部健太郎が「浦安沖」、建設相河野一郎が「木更津沖」第二空港案発言。七月、新空港実務者会議で内陸案。七月、自民党広報委員長。一一月、第三〇回総選挙。一二月一一日、航空審議会が浦安沖、霞ヶ浦周辺、富里の三つを有力候補として答申。梅棹忠夫が『情報産業論』発表。

一九六四（昭和三九）年（63歳）

一月一五日、楠田實が中心となる「Sオペ」第一次報告書。五月、大野伴睦他界。六月二七日、佐藤が科学技術庁長官を辞し、政策文書「明日へのたたかい」発表。「Sオペ」報告書が下敷き、「社会開発」掲げる。七月四日、佐藤・藤山・

石井三派が反池田連合、橋本が佐藤派のとりまとめ役として活躍。「ニッカ・サントリー・オールドパー」流行語に。七月一〇日、自民党大会、池田三選。九月九日、池田入院。一〇月、東京オリンピック。一〇月一八日、河野、田中が相次いで池田を見舞う。一一月九日、池田裁定。午後、佐藤栄作首班指名。橋本が官房長官に就任。

一九六五（昭和四〇）年（64歳）
七月八日、河野一郎急死。八月、池田勇人死去。八月、佐藤栄作沖縄訪問「沖縄返還なければ戦後は終わらない」。一一月一八日、官房長官橋本が新空港富里案内定を発表（橋本は空港関係閣僚懇談会の座長）。一二月一八日、日韓基本関係条約発効、日韓国交正常化。
「日本電信電話公社・経営改善の道」に寄せて」『日本電信電話公社　経営改善の道』通信興業新聞社　四月一五日
「序文」岡本光三編『従軍記者―日本戦争外史』新聞時代社　九月一〇日

一九六六（昭和四一）年（65歳）
内閣官房の機能強化をめざした内閣法改正案に基づき、官房長官が国務大臣に昇格、六月、認証式。六月一七日、川島正次郎が三里塚案提示。六月二二日、佐藤総理と友納千葉県知事の会談で三里塚案決定。七月四日、新東京国際空港、成田市に閣議決定。八月、佐藤第二次改造内閣で建設相に。一二月一日、佐藤再選。一二月二七日、黒い霧解散。自民党万国博覧会対策特別委員長に。
「（述）住宅道路は佐藤内閣の優先政策」『政界往来』一一月号

一九六七（昭和四二）年（66歳）
一月二九日、総選挙。四月一五日、東京都知事選で美濃部亮吉当選。「コンピュートピア」創刊。一一月、佐藤訪米。自民党総務会長に。一二月一一日、佐藤が小笠原返還に関し非核三原則言明。
「コンピュータで民意を反映する」『コンピュートピア』一月号

一九六八（昭和四三）年（67歳）
六月、小笠原諸島返還。一一月一〇日、最初の沖縄行政主席選挙で野党・屋良朝苗が当選。一一月二七日、佐藤三選。
一二月、自民党都市政策調査会長。

一九六九（昭和四四）年（68歳）
一月、情報産業振興議員連盟を設立し会長。四月、飛鳥古京を守る会会長。三月、沖縄「核抜き本土並み」固まる。五月、新全国総合開発計画（新全総）閣議決定。七月、新構想大学懇談会座長、「橋本私案」を世に問う。一一月、佐藤・ニクソン会談で沖縄の核抜き本土並み、七二年返還発表。一二月、

第三二回総選挙。
「(小林宏治らとの座談会)やってくる情報化社会」『コンピュートピア』四月号/「新構想大学に関する大綱」『国会月報』八月号

一九七〇(昭和四五)年(69歳)
二月、第三次佐藤内閣で運輸大臣。三月、よど号のっとり事件。八月二〇日、国鉄鹿島線開通式で、担当大臣としてテープカット。一〇月二九日、総裁公選、佐藤と三木が一騎打ち、佐藤四選。
「最適な交通投資のために」『時の動き』九月号/「(述)政府・自民党の通信政策を語る」『新聞経営』九月号/「巻頭言」『トランスポート』一〇月号

一九七一(昭和四六)年(70歳)
二月二六日、鹿島開発描いた石原裕次郎主演映画『甦る大地』公開。勲一等旭日大綬章。四月、統一地方選で美濃部、黒田、飛鳥田の革新陣営が勝利。七月一五日、ニクソンが「七二年五月までに訪中」米中和解。八月一五日、ドル金交換停止「ニクソンショック」。一〇月、ポスト佐藤に向け田中の「政党政治研究会」初会合。
吉村正、山田栄三『水戸っぽ・橋本登美三郎の半生』日東出版社 三月一日
「これからの運輸政策—運輸大臣に聞く」『トランスポート』一月号/「(広瀬正雄との対談)ユーザーの立場に立った通信行政の推進を!」『コンピュートピア』九月号

一九七二(昭和四七)年(71歳)
一月、米サンクレメンテで日米首脳会談。沖縄返還が五月一五日と決まる。二月、ニクソン訪中、上海コミュニケ。五月九日、木村武雄の名で佐藤派議員集まり田中支持の旗揚げ。六月一七日、佐藤が正式に退陣表明「テレビカメラはどこかね」。七月七日、田中内閣発足で自民党幹事長。九月二九日、日中共同声明、日中国交正常化。一二月一〇日、総選挙。自民惨敗、社共躍進。
「情報化社会実現のための基盤整備」『ビジネスコミュニケーション』一月号

一九七三(昭和四八)年(72歳)
衆院議員二五年、永年勤続表彰。二月、橋本が党内に「非常事態宣言」発し始める。四月二二日、名古屋市長選で社共陣営勝利。七月八日、東京都議選。一〇月六日、第四次中東戦争勃発。狂乱物価、トイレットペーパー・パニック。一一月、愛知揆一急死を受け福田赳夫が蔵相就任。

一九七四(昭和四九)年(73歳)

七月、参院選。「自由社会を守るために」巻紙を大量に発送。ヘリチャーター、タレント候補、企業ぐるみ選挙。一〇月九日、文藝春秋「田中角栄研究—その金脈と人脈」「淋しき越山会の女王」刊行。一一月、内閣改造で幹事長辞任。一二月九日、田中内閣総辞職。

「情報化社会に備える」『コンピュートピア』二月号／「いまこそ自由社会を守る行動力を」『月刊自由民主』七月号／「ひらかれた党へ、近代化に邁進」『月刊自由民主』九月号／「真の安定成長が未来を開く」『月刊経済』一〇月号

一九七五（昭和五〇）年（74歳）

六月三日、佐藤栄作死去。六月五日、水雲山潮音寺開山。

「発刊のことば」『慈母観音開眼記念写真集』慈母観音出版社　九月五日

「（稲葉秀三らとの座談会）わが国コンピュータ産業のすすむべき道」『コンピュートピア』二月号

森敦との対談「いい勉強になったといってるョ、角さんは」『サンデー毎日』四月二日号／「（安西浩らとの座談会）佐藤栄作元総理を偲ぶ　政治史に輝く偉大な業績—人情家だった佐藤さん」『月刊自由民主』六月号／「巻頭言　人間的・情報化社会」「（小林宏治、安田寿明との対談）てい談・明日の情報化問題を考える」『情報化研究』八月号／「巻頭言—慈母観音の顕現」「心のやわらぎをもとめ社会教化の大本山として」『季刊慈母観音』夏季号（創刊号）／「（高田好胤との対談）混同されている個性と野生」『月刊自由民主』一〇月号／「巻頭言—母の心は観音の心」「俗説つれづれ草（一）心の眼で見る～一生一度の兄弟げんか～是非よりも納得～腹が立ったら一歩退け～愛はいたわり」『季刊慈母観音』冬季号

一九七六（昭和五一）年（75歳）

二月四日（日本時間）、米上院外交委多国籍企業小委員会でロッキード証言（事件の第一報）。二月二四日、児玉誉士夫邸ほかを特捜部が捜索。三月一三日、児玉を脱税容疑で在宅起訴。四月一〇日、米国からの資料が検察庁に到着。五月一〇日、児玉を外為法違反で追起訴。六—七月、全日空、丸紅の関係者を逮捕。七月二七日、田中角栄逮捕。八月一六日、田中角栄起訴。八月二〇日、佐藤孝行逮捕。八月二一日、橋本登美三郎逮捕。一二月五日、第三四回総選挙、無所属で立候補し当選。自民党が単独過半数を割り込む。一二月一七日、三木が退陣表明、後継に福田赳夫。

「（述）佐藤栄作」自由民主党広報委員会出版局編『秘録・戦後政治の実像：自民党首脳の証言で綴る風雪の三〇年』六月一日

『私の履歴書—激動の歩み』慈母観音出版社　六月一〇日

「巻頭言—教育と宗教」「俗説つれづれ草（二）二人の兄、高治と豊造のこと～生と死と愛～歌舞伎をよこから観る」『季刊慈

母観音』春季号／「巻頭言─新しい試練の時」『情報化研究』三月号／「(述)思い出の政治家　佐藤栄作」『月刊自由民主』四月号／「巻頭言─物中在心」「俗説つれづれ草（三）母は慈母観音～父母恩重経は〝人間釈迦〟のさけび～「慈母観音縁起」にまつわること」『季刊慈母観音』夏季号／「巻頭言─空の心なり」「俗説つれづれ草（四）愛は人の生命なり～人の情はありがたい～若い人たちのいじらしさ」『季刊慈母観音』秋季号

一九七七（昭和五二）年（76歳）

三月五日、慈母観音（水雲山潮音寺）境内で刺される。二九日、山田法胤住職が祈願の「表白」。八月四日、全快祝賀会。

「巻頭言─自己完成が宗教の第一歩」「俗説つれづれ草（五）あの日のこと～お経の心」「美しい母と子の説話（俗説つれづれ草番外編）」『季刊慈母観音』春季号／「巻頭言─現世浄土」「俗説つれづれ草（六）往生とは往いて生きることなり～偶然とはどういうことか～高いところから低いところから～慈母観音肌身お守はいかなるT・P・Oでも肌身につけていましょう」「身代わり観音～中国地方の伝説より」『季刊慈母観音』秋季号

一九七八（昭和五三）年（77歳）

三月三〇日、ホテルニューオータニで二〇〇〇人を招いて「全快を祝う会」。田中角栄が「どうしてこんないい人に、こんなめぐりあわせがきたのか」と祝辞。一〇月二四日午前八時五〇分ごろ、バイクで乗りつけた男が潮音寺本堂に侵入、ガソリン一〇リットルをまいて放火し逃走。

「巻頭言─血縁と無血縁」「俗説つれづれ草（七）万代に結ぶ夫婦愛～超自然なるもの～身体は言葉を待っている～少年、少女の自殺について」『季刊慈母観音』春季号／「巻頭論文─新時代への出発点に立って」「輝く！二一世紀のわが茨城」「〝心〟の政治に曇りなし（細川隆元との対談）」『季刊西湖』四月号／「巻頭言─善き友」「俗説つれづれ草（八）天寿～「健康な身体に健全な心」が宿るか」『季刊慈母観音』秋季号

一九七九（昭和五四）年（78歳）

六月三日、焼失した潮音寺本堂内陣などの再建がなり、本堂再建祝賀・創建五周年記念大法要。一〇月七日、第三五回総選挙で当選。自民党敗北（増税解散）。

「巻頭言─ご寄進に心から感謝いたします」「俗説つれづれ草（九）人の心は亡びない～悟りは生きる心～愛・憎ということ～書道」『季刊慈母観音』夏季号／「巻頭言─滅・不滅」「俗説つれづれ草（一〇）父・母と子の対話～豊年感謝まつりの餅つき」「わが母の像─母は慈母観音」『季刊慈母観音』秋季号

一九八〇（昭和五五）年（79歳）

六月一二日、大平首相急死。六月、第三六回総選挙（ハプニング解散）で落選。

「巻頭言―有情・無情」「俗説つれづれ草（一一）生きていること（姪との対話）～地獄・極楽」『季刊慈母観音』夏季号／「巻頭言―喜びと、感謝と、敬いの心」「俗説つれづれ草（一二）意図、さまざまな人心～恍惚と非恍惚の境～煩悩成仏」『季刊慈母観音』冬季号

一九八一（昭和五六）年（80歳）

「巻頭言―王三昧」「俗説つれづれ草（一三）人の性は善か、悪か～末おそろしい神童的知識～煩悩」『季刊慈母観音』夏季号／「巻頭言―母・愛・母・愛」「俗説つれづれ草（一四）父と娘の会話」『季刊慈母観音』冬季号

一九八二（昭和五七）年（81歳）

四月九日、鹿島開発をテーマとした柳町光男の映画『さらば愛しき大地』公開。六月八日、一審判決。懲役二年六月、執行猶予三年、追徴金五〇〇万円。

「巻頭言―阿・吽」「俗説つれづれ草（一六）こぼれた一粒の米も～母の愛とは」『季刊慈母観音』冬季号

一九八三年（昭和五八）年（82歳）

一二月一八日、第三七回総選挙で後継の額賀福志郎当選。

「流れの変わる時代であった」「革命の戦火くすぶる中を」八〇年史編集委員会編『早稲田大学雄弁会八〇年史』三月一日（なお、この二本の原稿は『雄弁会五〇年史』所収のものを再掲したと同書編集後記にあるが、確認できていない）

「巻頭言―宗教する心」「俗説つれづれ草（一八）老化痴呆症を防ぐ一つの方法～運、不思議なことなど」『季刊慈母観音』冬季号

一九八四（昭和五九）年（83歳）

「巻頭言―生死観」「俗説つれづれ草（一九）和顔愛語～観音信仰は現世利益の信仰です」『季刊慈母観音』夏季号／「巻頭言―徳を以て怨みに報いる」「俗説つれづれ草（二〇）死は生の原点、柴田賢次郎さんの死をいたみつつ～織田信長の幸若舞」『季刊慈母観音』冬季号

一九八五（昭和六〇）年（84歳）

国際科学技術博覧会（つくば科学万博）開催。橋本は顧問を務める。

「巻頭言―南無」「俗説つれづれ草（二一）葬式のこと、戒名のこと～自然のすがた、空のすがた」『季刊慈母観音』夏季号／「巻頭言―人を知るは難し」「俗説つれづれ草（二二）奇蹟・偶然・因縁～生と死のはざま」『季刊慈母観音』冬季号

一九八六（昭和六一）年（85歳）

経世会最高顧問。五月一六日、二審判決（一審通り有罪）。

「巻頭言―小さな悪もするなかれ」「俗説つれづれ草（二四）いろは歌と日本文化～信仰心は生死を超える」『季刊慈母観音』夏季号／「巻頭言―ことばの怒りをまもれ」「俗説つれづれ草（二五）テレビドラマ「いのち」についての随想～身内ありて律あり天理教中山教祖のお言葉」『季刊慈母観音』冬季号

一九八七（昭和六二）年（86歳）

「巻頭言―愛不奪」「俗説つれづれ草（二六）仏経典の読経のよみ方はいまのままでよいか～三ツ児の母〝アンナさん〟万歳」『季刊慈母観音』夏季号／「巻頭言―愛別離苦、怨憎会苦」「俗説つれづれ草（二七）官房副長官のころ～副幹事長のころ～竹下新総理に期待する」『季刊慈母観音』冬季号

一九八八（昭和六三）年（87歳）

「巻頭言―自力本願、他力本願」「俗説つれづれ草（二八）不思議とはなんだろう」『季刊慈母観音』夏季号／「巻頭言―愛こそ人のいのちなり」「俗説つれづれ草（二九）米寿のこと、生きるということは?～かえりなんいざ昔に―選挙を考える」『季刊慈母観音』冬季号

一九八九（平成元）年（88歳）

「巻頭言―機縁」「俗説つれづれ草（三〇）迷信か、信仰か～白い蛇その他のこと～現世浄土のこと」『季刊慈母観音』夏季号

「評伝・橋本登美三郎」刊行会編『評伝・橋本登美三郎』「評伝・橋本登美三郎」刊行会　一〇月五日

一九九〇（平成二）年

一月一九日、慢性呼吸不全のため死去。八八歳。戒名大鑑院西湖慈登大居士。

松尾理也 MATSUO Michiya

1965年兵庫県生まれ。産経新聞社に入社し、社会部、外信部を経てロサンゼルス特派員、ニューヨーク特派員、フジサンケイビジネスアイ編集長などを歴任。イラク戦争など戦場取材経験も持つ。その後大阪芸術大学短期大学部に転じ、教授、メディア・芸術学科長。京都大学大学院教育学研究科博士後期課程修了。博士（教育学）。主な著書に『ルート66をゆく―アメリカの「保守」を訪ねて』（新潮新書）、『大阪時事新報の研究』（創元社）、『前田久吉、産経新聞と東京タワーをつくった大阪人』（創元社）など。

近代日本メディア議員列伝 11巻

橋本登美三郎の協同――保守が夢みた情報社会

2024年5月20日 第1版第1刷発行

著　者　松尾理也
発行者　矢部敬一
発行所　株式会社創元社
https://www.sogensha.co.jp/
〔本　社〕〒541-0047 大阪市中央区淡路町4-3-6
Tel. 06-6231-9010 Fax. 06-6233-3111
〔東京支店〕〒101-0051 東京都千代田区神田神保町1-2 田辺ビル
Tel. 03-6811-0662
装　丁　森裕昌
印刷所　モリモト印刷株式会社

ISBN978-4-422-30111-2 C0336

近代日本メディア議員列伝

全巻構成

四六判・上製　各巻平均 350 頁
各巻予価：2,970 円（本体 2,700 円）

1 巻◆片山慶隆『大石正巳の奮闘――自由民権から政党政治へ』
【第 13 回配本 ·2025 年 7 月刊行予定】

2 巻◆井上義和『降旗元太郎の理想――名望家政治から大衆政治へ』
【第 2 回配本・既刊】

3 巻◆河崎吉紀『関和知の出世――政論記者からメディア議員へ』
【第 5 回配本・既刊】

4 巻◆戸松幸一『古島一雄の布石――明治の侠客、昭和の黒幕』
【第 14 回配本 ·2025 年 9 月刊行予定】

5 巻◆白戸健一郎『中野正剛の民権――狂狷政治家の矜持』
【第 3 回配本・既刊】

6 巻◆佐藤卓己『池崎忠孝の明暗――教養主義者の大衆政治』
【第 1 回配本・既刊】

7 巻◆赤上裕幸『三木武吉の裏表――輿論指導か世論喚起か』
【第 4 回配本・既刊】

8 巻◆佐藤彰宣『石山賢吉の決算――ダイヤモンドの政治はあるか』
【第 9 回配本 ·2024 年 11 月刊行予定】

9 巻◆福間良明『西岡竹次郎の雄弁――苦学経験と「平等」の逆説』
【第 7 回配本 ·2024 年 7 月刊行予定】

10 巻◆石田あゆう『神近市子の猛進――婦人運動家の隘路』
【第 11 回配本 ·2025 年 3 月刊行予定】

11 巻◆松尾理也『橋本登美三郎の協同――保守が夢みた情報社会』
【第 6 回配本・既刊】

12 巻◆松永智子『米原昶の革命――不実な政治か貞淑なメディアか』
【第 10 回配本 ·2025 年 1 月刊行予定】

13 巻◆山口仁『田川誠一の挑戦――保守リベラル再生の道』
【第 8 回配本 ·2024 年 9 月刊行予定】

14 巻◆長﨑励朗『上田哲の歌声――Why not protest?』
【第 12 回配本 ·2025 年 5 月刊行予定】

15 巻◆河崎吉紀『近代日本メディア議員人名辞典・付総索引』
【第 15 回配本 ·2026 年 1 月刊行予定】